図解 即 戦力

オールカラーだから、
仕訳例が一目でわかる！

勘定科目 と仕訳 が

これ 1冊で

しっかり

本

税理士
樋渡 順

JN028351

技術評論社

はじめに

　執筆を進めている最中に、新型コロナ感染者が一気に広がり、緊急事態宣言が発令されました。感染の不安とともに、今後さらなる経済への影響が心配されます。

　弊所のお客様も、飲食業を中心に大きな影響を受け、一時は前年同月比で9割減という壊滅的な状況にまで売上が落ち込んだ方もいらっしゃいました。

　このように売上が大幅に下がった事業者に対して、国や自治体では緊急融資や給付金、補助金、助成金の支給、さらには納税猶予など、さまざまな経営支援、財政支援を行っています。

　いち早く緊急融資の申し込みや給付金などの申請ができた事業者の方は、売上が元の水準に戻らないにしても、当面の資金が確保でき、少し心に余裕を持って事業計画の見直しなどに取り組めているのではないでしょうか。

　早々に融資や給付金などの手続きができた方には1つの共通点があります。それは『日々の経理をしっかり行っている』ということです。例えば、持続化給付金を申請するには、前期同月比で事業収入が50%以上減少した月がある、という要件を満たしていなければなりません。売上が50%以上下がっているのかどうかを確認するためには、当然、月ごとの売上が集計できていなければなりません。

　毎年、決算や確定申告時期に慌てて書類を整理して一気に集計している方や、簿記のルールに沿った会計帳簿を作成していない方は、今回の給付金を申請するまでに時間がかかったのではないでしょうか。残念ながら、書類が足りずに申請が通らなかったという事業者の方もいらっしゃいます。

　また、日々の経理が疎かになっていると、経営状況をすぐに数字で把握できず、一気に資金不足に陥ったり、融資の申請に時間がかかったりして、対応が後手後手に回ってしまいます。事業者の皆様がご自身の事業の状況を正しく理解し、必要な時に正しい経営判断をスピーディに行うために、数字を大事にして頂きたいです。戦後最大の経済危機といわれる今ならば、なおさら日々の経理をしっかり行っていくことが、大切な事業を守ることにつながります。

　当書籍が、経理に悩んでいる方や、一から勉強してみようと思っておられる皆様に、少しでもお役に立てるものになったら、本当に嬉しいです。

2020年末　樋渡順

1章　仕訳の基本

2章　貸借対照表の勘定科目

資産の部

流動資産

固定資産

負債の部

純 資 産 の 部

3 章　損益計算書の勘定科目

営業外収益・費用

1

仕訳の基本

仕訳のしかた

仕訳から決算書作成まで

法人や個人事業主では日々モノやお金の出入りがありますが、それらを取引といいます。法人などは、この日々の取引を一定のルールにしたがって帳簿に記録・集計し、最終的に決算書を作成します。

日々の取引を帳簿に記録・集計し、最終的に決算書を作成するまでの一連の作業（ルール）は簿記と呼ばれます。そして簿記のルールにしたがって、取引を帳簿に記録していくことを仕訳といいます。法人などは、取引を行うたびに簿記のルールに沿って正しい仕訳を行い、最終的に決算書を完成させます。

決算書は、正式には財務諸表と呼ばれ、法人及び個人事業の事業成績を明らかにするために作成されます。決算書には、一定時点における会社の財政状態を示す貸借対照表と、一定の会計期間における会社の経営成績を表す損益計算書があります。決算書を分析することで、会社の現状を把握し、問題点や課題がないかといった経営分析ができます。

貸借対照表には「資産」「負債」「純資産」を集計・記録し、損益計算書には、「収益」「費用」を集計・記録していきます。

▼図　決算書ができ上がるまでの流れ

日々の取引を「仕訳帳」に仕訳する

仕訳帳から勘定科目ごとに「総勘定元帳」へ転記する

総勘定元帳から「試算表」を作成する

※試算表を作成すると、仕訳帳から総勘定元帳へ正しく転記されているのかチェックできる

決算整理を行い、「決算書」を作成する

簿記のキホン

簿記は、大きく単式簿記と複式簿記の2つに分けることができます。単式簿記はお小遣い帳や家計簿のようなもので、基本的に収支のみを帳簿に記録していくため、とてもシンプルな形式です。ただし、日々のお金やモノの出入りは把握できますが、儲けがいくらあったのか、また財産がどのぐらいあるのかは明らかにできません。

単式簿記では、正確な事業成績を把握するために十分な情報を得られないため、企業会計では、その欠点を補うことができる複式簿記が用いられています。

複式簿記は、1つの取引を原因と結果という2つの側面からとらえて、この2つの側面を左右（「借方」と「貸方」）に分けて仕訳をし、帳簿に記録していきます。仕訳をする際には、取引の内容を端的に表した勘定科目を使用します。例えば、勘定科目には「現金」や「売上高」などがあります。

仕訳のルール

次の取引例で「仕訳のポイント」を押さえます。

（例）商品を販売して、売上金10万円を現金で受け取った

ポイント①　取引は「原因」と「結果」の2つの側面に分けられる

すべての取引は、原因と結果の2つの側面に分けることができます。例では、商品を販売したという「原因」と、それにより売上金10万円を現金で受け取ったという「結果」に分けることができます。

▼図　取引を2つの側面に分ける

商品を販売して、売上金10万円を現金で受け取った

 原因

 結果

商品10万円を販売した　　　　売上金10万円を現金で受け取った

ポイント② 原因・結果それぞれに、適切な勘定科目を付ける

　取引を帳簿に記録していく際に、**勘定科目**を使用します。勘定科目は取引内容を端的に表した名前で、「資産」「負債」「純資産」「収益」「費用」の5つのいずれかのグループに所属しています。

　今回の例の場合、「商品を販売した＝**売上高**」、「現金で受け取った＝**現金**」の勘定科目を使用することが決まっています。売上高は「収益」のグループに、現金は「資産」のグループに属しています。

▼図　勘定科目

原因	結果
商品 10 万円を販売した	売上金 10 万円を現金で受け取った
↓	↓
売上高	現金
「収益」グループ	「資産」グループ

ポイント③ 「借方」と「貸方」に分けて記帳

　複式簿記の取引は、**借方（かりかた）**と**貸方（かしかた）**に分けて記帳します。借方、貸方に特に意味はなく、簿記上、左側を借方、右側を貸方と呼びます。

　資産が増えるときには借方に、負債が増えるときには貸方に仕訳をするというように、どちらに記帳するのかは簿記のルールで決まっています。そして、必ず借方と貸方に記載する金額は同額になります。

　勘定科目ごとに、借方・貸方いずれに記帳するのか決まっています。

▼表　借方・貸方のルール

勘定科目グループ	どちらに記帳するのか（借方または貸方）	
	増えた場合	減った場合
資産	借方	貸方
負債	貸方	借方
純資産	貸方	借方
収益	貸方	借方
費用	借方	貸方

今回の例を当てはめてみます。

▼表　仕訳のやり方

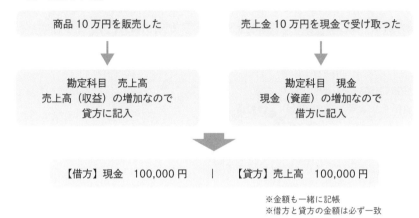

単一仕訳の流れ

1つの取引について、借方（左側）と貸方（右側）の勘定科目・金額が1つだけのものを**単一仕訳**といいます。「仕訳のルール」（P.11 参照）で取り上げた取引例は、単一仕訳になります。

> （例）現金売上　商品を販売して、売上金 10 万円を現金で受け取った

この取引を例題として、手順を追って、単一仕訳の具体的な流れを説明していきます。

①取引を「原因」と「結果」の2つの側面に分ける

「仕訳のルール」のところで説明したように、この取引は次のように分けられます。

原因　商品 10 万円を販売した

結果　売上金 10 万円を現金で受け取った

②「商品を販売した」を記帳する

　商品を販売した際には、売上高の勘定科目を使用します。売上高は「収益」のグループに属しています。収益が増える場合は「貸方（右側）」に記帳します。

　なお、必ず原因から記帳する必要はありません。取引の内容によって、仕訳しやすい順序で記帳してみてください。

借方（左側）		貸方（右側）		摘　要
勘定科目	金額	勘定科目	金額	
		売上高		

③「売上金を現金で受け取った」を記帳する

　現金を受け取った際には、現金の勘定科目を使用します。現金は「資産」のグループに属しています。資産が増える場合は「借方（左側）」に記帳します。

借方（左側）		貸方（右側）		摘　要
勘定科目	金額	勘定科目	金額	
現　金		売上高		

④それぞれの「金額」を記帳する

　売上金10万円を現金で受け取ったので、金額は借方も貸方も10万円を記帳します。なお、借方・貸方の勘定科目を記帳する際に、それぞれ金額まで記帳してもよいでしょう。ご自身の理解しやすい方法、やりやすい方法で進めてください。

借方（左側）		貸方（右側）		摘　要
勘定科目	金額	勘定科目	金額	
現　金	100,000	売上高	100,000	

⑤摘要を記入する

　取引内容ごとに使用する勘定科目を決め、仕訳を行いますが、あとで仕訳を確認した際に内容の詳細を把握するために「摘要」欄に具体的な内容を記しておくとよいです。今回の場合、「商品販売」としていますが、例えば取引先名を記入したり、具体的な商品の内容を記したり、自社で把握したい内容を記入しておくと見直した際に役立ちます。

借方（左側）		貸方（右側）		摘　要
勘定科目	金額	勘定科目	金額	
現　金	100,000	売上高	100,000	商品販売

なお、本書において仕訳例を解説する際、下記のような表記になります。

①取引の大まかな内容

②取引の具体的な内容

③仕訳例　借方は赤枠、貸方は青枠で表示し、摘要例は貸方の下に表示します。

複合仕訳の流れ

　単一仕訳よりも少し複雑な仕訳の例も挙げておきましょう。借方と貸方の両方または片方に、複数の勘定科目・金額を表示する仕訳を複合仕訳といいます。会計ソフトを使用したり、手書きしたりして、複合仕訳を行う場合、通常は振替伝票で仕訳を行います。

　それでは複合仕訳に関して、具体例を取り上げて説明します。

（例）従業員に4月分の給与（基本給32万円、家族手当2万円、住宅手当1万円）から社会保険料5万円、源泉所得税1万円、住民税2万円を天引きして普通預金口座から振り込んだ

　この取引を例題として、手順を追って、複合仕訳の具体的な流れを説明していきます。

①取引を「原因」と「結果」の2つの側面に分ける

原因　従業員の労働の対価として、給与の支払いが発生した

結果　給与から社会保険料などを差し引き、普通預金から振り込んだ

②「従業員の労働の対価として、給与の支払いが発生した」を記帳する

　従業員に給与を支給する際、給与手当の勘定科目を使用します。給与手当は「費用」のグループに属しています。費用が増える場合は「借方（左側）」に記帳します。基本給だけでなく、家族手当や住宅手当も給与手当の勘定科目を使用します。

借方（左側）		貸方（右側）		摘　要
勘定科目	金額	勘定科目	金額	
給与手当				

③「給与から社会保険料などを差し引き、普通預金から振り込んだ」を記帳する

　普通預金口座から支払いをする際、普通預金の勘定科目を使用します。普通預金は「資産」のグループに属しており、資産が減少する場合には「貸方（右側）」に記帳します。

　また、給与から天引きする社会保険料、源泉所得税、住民税は、会社がいったん預かり、年金事務所などに納めるものなので、預り金の勘定科目を使用します。預り金は「負債」のグループに属しており、負債が増える場合には「貸方（右側）」に記帳します。社会保険料などは、まとめて預り金の勘定科目で記帳してもよいですが、残高を正確に把握するために、「補助科目（勘定科目の内訳項目）」を設定しておくとよいでしょう。

借方（左側）		貸方（右側）		摘　要
勘定科目	金額	勘定科目	金額	
給与手当		普通預金 預り金（社会保険料） 預り金（源泉所得税） 預り金（住民税）		

④それぞれの「金額」を記帳する

　取引の内容を確認しながら、それぞれに金額を入れていきます。複合仕訳の場合も、必ず借方の合計額と貸方の合計額が一致します。一致していない場合は、金額の記帳に間違いがないか、借方に記帳すべき勘定科目を貸方に記帳していないかなど、誤りの原因を確認していきましょう。

借方（左側）		貸方（右側）		摘　要
勘定科目	金額	勘定科目	金額	
給与手当	350,000	普通預金	270,000	
		預り金（社会保険料）	50,000	
		預り金（源泉所得税）	10,000	
		預り金（住民税）	20,000	

⑤摘要を記入する

　取引内容があとからわかるように「4月分給与支給」といった摘要を記入します。複合仕訳の場合は、勘定科目ごとに摘要を入れておくと、あとで元帳を見返す際によりわかりやすくなります。

借方（左側）		貸方（右側）		摘　要
勘定科目	金額	勘定科目	金額	
給与手当	350,000	普通預金	270,000	4月分給与支給
		預り金（社会保険料）	50,000	4月分社会保険料
		預り金（源泉所得税）	10,000	4月分源泉税
		預り金（住民税）	20,000	4月分住民税

　本編では、下記のような表記になります。本編は行数の都合上、摘要を1つにまとめてしまっていますが、振替伝票で複合仕訳を行う場合は、勘定科目ごとに摘要を入れることをおすすめします。

例 従業員への給与支給

従業員に4月分の給与（基本給32万円、家族手当2万円、住宅手当1万円）から社会保険料5万円、源泉所得税1万円、住民税2万円を天引きして普通預金口座から振り込んだ。

借方		貸方	
給料手当	350,000円	普通預金	270,000円
		預り金（社会保険料）	50,000円
		預り金（源泉所得税）	10,000円
		預り金（住民税）	20,000円
		摘要例：4月分給与支払い	

貸借対照表について

貸借対照表の概要

　貸借対照表（Balance Sheet　略称 B/S）は、一定時点における会社の財政状態を示した表で、主要な決算書の１つです。貸借対照表の形式は左右に分かれていて、左側が資産の部、右側が負債の部と純資産の部で構成されています。

　左側の資産の部は、会社の資金をどのような形で保有しているかという資金の運用形態を示し、右側の負債の部及び純資産の部は、会社がその資金をどこから調達してきたのかという資金の調達方法を示しています。

　貸借対照表は、左右の金額が必ず同じになります。すなわち、

資産 ＝ 負債 ＋ 純資産

になるということです。貸借対照表が、英語でバランスシート（Balance Sheet）と呼ばれる理由です。

▼表　貸借対照表の形式

資産の部

　資産の部は、流動資産、固定資産、繰延資産の３つに区分され、上から現金化しやすいものの順に並んでいます。

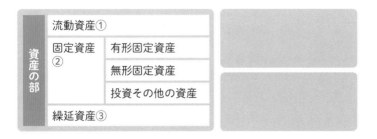

①流動資産

　前渡金や売掛金など、1年以内に現金化できる資産になります。流動資産を多く持っているということは、資金ショートを回避できる要素が大きいということになります。

②固定資産

　建物や機械装置、長期貸付金など、現金化するのに1年以上を要する資産を指します。固定資産は、さらに有形固定資産、無形固定資産、投資その他の資産の3つに区分されます。

　有形固定資産は土地や車両運搬具などの形のある資産です。無形固定資産は特許権や商標権など物理的な形を持たない資産で、主に法律上の権利などが該当します。投資その他の資産は長期貸付金や投資有価証券など長期利殖目的または他企業を支配する目的で保有する資産や、長期前払費用など前記のいずれにも当てはまらない資産が該当します。

③繰延資産

　本来なら費用に計上されるべき支出でも、その効果が翌期以降に及ぶことから、一時的に資産として計上するものです。創立費や開業費、開発費などが該当します。

負債の部

　負債の部は、他人資本とも呼ばれ、株主や会社以外の第三者から調達した資金が計上されます。例えば、買掛金や借入金などが該当します。負債の部は流動負債と固定負債の2つに区分されます。

①流動負債

　支払手形や短期借入金など、1年以内に返済期限が到来する負債は流動負債に計上します。

②固定負債

　長期借入金や社債など、返済期限が1年を超えるものは固定負債に計上します。

純資産の部

　純資産の部は自分で集めたお金であり、自己資本を表します。純資産の部は**株主資本**と**株主資本以外**に区分されます。

①株主資本

　資本金と**資本剰余金**、**利益剰余金**などの項目に区分されます。資本金は株主から出資を受けた会社の元手であり、返済義務のないお金です。資本剰余金は株主から出資を受けたお金や増資時に株主から集めた資金のうち、資本金とされなかった部分で、「元手」という実態から資本金と特に違いはありません。利益剰余金は会社の

設立時から現在までの儲けのうち、税金や配当などで支出されずに会社内部に残っている「利益」です。つまり株主資本は、株主から出資を受けた「元手」と、会社内部に蓄積されている「利益」の2つで構成されています。

②株主資本以外

評価・換算差額などや、新株予約権などが表示されます。

本書で扱う勘定科目

貸借対照表（B/S）において、本書で扱う勘定科目は次の通りです。

資産の部	流動資産	1	現金	P.28	負債の部	流動負債	34	支払手形	P.110
		2	小口現金	P.32			35	買掛金	P.112
		3	当座預金	P.34			36	短期借入金	P.114
		4	普通預金	P.36			37	未払金	P.116
		5	受取手形	P.38			38	未払費用	P.118
		6	売掛金	P.42			39	前受金	P.122
		7	有価証券	P.44			40	仮受金	P.126
		8	商品(棚卸商品)	P.46			41	預り金	P.128
		9	前渡金・前払金	P.48			42	未払法人税等	P.132
		10	短期貸付金	P.50			43	未払消費税等	P.134
		11	立替金	P.52			44	仮受消費税	P.138
		12	未収金・未収入金	P.54		固定負債	45	長期借入金	P.142
		13	仮払金	P.56					
		14	前払費用	P.58					
		15	仮払消費税	P.60			46	社債	P.144
		16	貸倒引当金	P.64					
	固定資産	17	建物	P.66	純資産の部	株主資本	47	資本金	P.146
	有形固定資産	18	建物付属設備	P.70					
		19	構築物	P.72					
		20	機械装置	P.74					
		21	車両運搬具	P.76					
		22	工具器具備品	P.80					
		23	土地	P.82					
		24	建設仮勘定	P.84					
		25	減価償却累計額	P.86					
	無形固定資産	26	ソフトウェア	P.88					
	投資その他の資産	27	出資金	P.92					
		28	長期前払費用	P.94					
		29	長期貸付金	P.98					
		30	敷金・保証金	P.100					
		31	保険積立金	P.102					
	繰延資産	32	創立費	P.104					
		33	開業費	P.108					

損益計算書について

損益計算書の概要

損益計算書（Profit and Loss Statement 略称 P/L）は、会社の一定の会計期間における経営成績を表した表で、こちらも主要な決算書の1つです。損益計算書をみれば、「どのぐらいの売上が上がり」、「その売上を得るためにどのような費用を使い」、「最終的にどれだけの利益を得たのか」がわかります。

損益計算書のフォーマットは勘定式と報告式の2つがあり、勘定式は次の表の形式になっています。

▼表　損益計算書の形式

売上高①

― 売上原価②

売上総利益③

― 販売費及び一般管理費④

営業利益⑤

＋ 営業外収益⑥

― 営業外費用⑦

経常利益⑧

＋ 特別利益⑨

― 特別損失⑩

税引前当期純利益⑪

― 法人税等⑫

当期純利益⑬

上から加算・減算していき、段階的に「5つの利益」を計算

会社の経営成績を表す

①売上高

　会社が本業で稼いだ収益です。有価証券の売却や助成金の受取など、本業以外で得た収益は含みません。

②売上原価

　売上高に対して費やした費用です。販売する商品の仕入原価や、製品を製造する場合の原材料などが含まれます。

③売上総利益（1つ目の利益）

　売上高から売上原価を差し引いて計算される利益で、粗利益とも呼ばれます。

④販売費及び一般管理費

　営業活動を行う上でかかった費用です。給与などの人件費や移動の際の旅費交通費、事務所の水道光熱費などが該当します。

⑤営業利益（2つ目の利益）

　売上総利益から販売費及び一般管理費を差し引いて計算される利益で、本業で得た利益になります。

⑥営業外収益

　本業以外の収益で、経常的に発生するものです。預金利息や株の配当などが該当します。

⑦営業外費用

　本業以外の費用で、経常的にかかるものです。借入金の利息や、有価証券売却損などが該当します。

⑧経常利益（3つ目の利益）

　営業利益に営業外収益を加算し、営業外費用を減算して計算される利益で、会社が通常の事業活動で得た利益になります。

⑨特別利益

　会社の経常的な事業活動とは直接かかわりのない、その期のみ特別な要因で発生した臨時的な利益のことです。会社が保有している固定資産の売却益や、長期保有目的の株式の売却益などが該当します。

⑩特別損失

　会社の経常的な事業活動とは直接かかわりのない、その期のみ特別な要因で発生した臨時的な損失のことです。会社が保有している固定資産の売却損や、火災や盗難、

災害による損失などが該当します。

⑪税引前当期純利益（4つ目の利益）

　経常利益に特別利益を加算し、特別損失を減算して計算した利益で、法人税などの**税金を支払う前の利益**になります。

⑫法人税等

　会社の利益に応じて課税される法人税、法人事業税、法人住民税などです。

⑬当期純利益（5つ目の利益）

　税引前当期純利益から法人税などの税金費用を差し引いた、**会社の一会計期間の最終利益**になります。すべての収益からすべての費用を差し引いた純利益を表します。

本書で扱う勘定科目

　損益計算書（P/L）において、本書で扱う勘定科目は次の通りです。

			48	売上高	P.150
売 上 高			49	家事消費等（自家消費）	P.154
費用（経費）	販売費及び一般管理費	売上原価	50	期首商品棚卸高	P.158
			51	仕入高	P.160
			52	外注費・外注工賃	P.164
			53	期末商品棚卸高	P.168
		人件費	54	役員報酬	P.170
			55	給与手当	P.174
			56	専従者給与	P.176
			57	賞与	P.180
			58	退職金	P.182
			59	法定福利費	P.186
			60	福利厚生費	P.188
			61	雑給	P.192
		その他経費	62	広告宣伝費	P.194
			63	荷造発送費・運賃・荷造運賃	P.196
			64	販売促進費	P.198
			65	水道光熱費	P.200
			66	車両費・車両関連費	P.202
			67	事務用品費	P.204
			68	消耗品費	P.206
			69	賃借料	P.208
			70	支払保険料・保険料・損害保険料	P.210
			71	修繕費	P.212
			72	租税公課	P.216
			73	減価償却費	P.220

決算整理について

法人及び個人事業主が必ず行わなければならないのが決算です。決算とは、決められた期間（個人事業主であれば1月～12月の1年間）における経営成績と財政状態を明らかにするために行う手続きです。具体的には、日々の記帳にもとづいて作成した試算表に、追加の仕訳を加えて決算書を作成し、納めるべき税金を確定させます。この決算で行う作業の総称を決算整理といい、その際に追加する仕訳を決算整理仕訳と呼んでいます。

▼表　決算整理の具体的な作業例

項目	具体例	仕訳例
現預金の残高確認、現金過不足の処理	決算まで現金過不足の原因が判明しなかったら、雑収入・雑損失へ振替	現金過不足／雑収入 雑損失／現金過不足
売掛金・買掛金の残高確認	請求書や仕入先などへの残高確認依頼書より期末時点の残高が合っているか確認	売掛金／売上高 仕入高／買掛金
売上原価の算定	期末時点の在庫を仕入高から差し引くなど、売上原価を確定させるための処理	期首商品棚卸高／商品 商品／期末商品棚卸高
仮勘定の整理	期中に仮払金・仮受金で処理していたものを確認し、正しい科目に振替	旅費交通費／仮払金 仮受金／売上高
経過勘定の確認（見越し・繰延処理）	決算時点で未払いだが、当期に計上すべき費用を計上	支払利息／未払費用 前払費用／地代家賃
減価償却費の計上	固定資産などの購入価額のうち当期の費用とすべきものを減価償却費で計上	減価償却費／建物 減価償却費／車両運搬具
有価証券の評価替え	時価で評価替えを行う有価証券とその時価をチェック	有価証券評価損／有価証券
各種引当金の計上	貸倒引当金などの引当金を計上	貸倒引当金繰入額／貸倒引当金 貸倒引当金／貸倒引当金戻入益

決算整理が完了したら、決算書が完成します。その決算書をもとに、個人事業主の場合、所得税の確定申告書を、法人の場合は、法人税申告書を作成し、納めるべき税金を確定させます。

2

貸借対照表の
勘定科目

現金

対象 個人・法人
消費税区分 対象外

貸借対照表

資産	流動資産		負債	流動負債
	固定資産	有形固定資産		固定負債
		無形固定資産	純資産	株主資本
		投資その他の資産		株主資本以外
	繰延資産			

> **どんな科目か** 手持ちのお金のことをいい、一般的には硬貨や紙幣になります。また、銀行などに持っていくと、いつでもお金に換えられる小切手や郵便為替などの**通貨代用証券**と呼ばれるものも現金に含まれます。例えば、他社に販売した商品の売上金を小切手で受け取った場合、借方に現金を記帳して、現金が増えたという会計処理を行います。

> **摘要** 現金売上、預金の引き出し、売掛金回収、仮払金精算、債務の支払い、経費の支払い、送金小切手、外国通貨、トラベラーズチェックなど

≫ 増加する取引

手持ちのお金などが増える取引で、借方に現金を記帳します。

事務用品を買うために、普通預金口座から現金3万円を引き出した。

借方 現金	30,000 円	貸方 普通預金	30,000 円
			摘要例：預金引き出し

≫ 減少する取引

手持ちのお金などが減る取引で、貸方に現金を記帳します。

収入印紙を購入して、代金1万円を現金で支払った。

借方 租税公課	10,000 円	貸方 現金	10,000 円
			摘要例：収入印紙購入

仕訳例

例 現金売上

商品を販売して、売上金 10 万円を現金で受け取った。

借方 現金	100,000 円	貸方 売上高	100,000 円
			摘要例：商品販売

例 預金預け入れ

昨日、現金で受け取った売上金 5 万円を普通預金口座に入金した。

借方 普通預金	50,000 円	貸方 現金	50,000 円
			摘要例：売上金入金

例 他社振出小切手の受取

❶ A 社に商品 2 万円を販売し、代金として A 社振出の小切手を受け取った。

借方 現金	20,000 円	貸方 売上高	20,000 円
			摘要例：商品代金を小切手受取

❷ 後日、❶で受け取った小切手を、銀行で当座預金に入金した。

借方 当座預金	20,000 円	貸方 現金	20,000 円
			摘要例：A 社振出小切手の入金

なお、相手先から実際に振り出された日より先の日が振出日付として記載された小切手（先日付小切手といいます）を受け取ることがありますが、その場合、借方は現金ではなく**受取手形**になります。

例 他社振出小切手の受取（同日に入金した場合）

商品 2 万円を販売し、代金として A 社振出の小切手を受け取り、同日に当座預金に入金した。

借方 当座預金	20,000 円	貸方 売上高	20,000 円
			摘要例：商品販売

(例) **現金過不足**

❶ 期中に現金残高を確認したところ、帳簿残高よりも手許現金が 3,000 円少なかった。

借方 現金過不足	3,000 円		貸方 現金	3,000 円
				摘要例：現金過不足

❷ ❶の原因を確認したところ、電話代 2,000 円を支払った際に記帳し忘れていたことが判明した。

借方 通信費	2,000 円		貸方 現金過不足	2,000 円
				摘要例：電話代 3 月分支払い

❸ 決算になっても、残りの現金過不足の原因が判明しなかった。

借方 雑損失	1,000 円		貸方 現金過不足	1,000 円
				摘要例：現金過不足振替

記帳する際は、随時、手許現金残高と帳簿残高が一致しているのかを確認していきます。一致しない場合、一時的に現金過不足の勘定科目を使用し、手許現金と帳簿残高を一致させた上で、原因を確認していきます❶。

期中に原因が判明した際には、現金過不足を正しい勘定科目に振り替えます❷。

決算時になっても現金過不足の原因がわからない場合は、雑収入（営業外収益）または雑損失（営業外費用）の勘定科目に振り替えます❸。

(例) **外国通貨の処理（法人の処理）**

❶ 現金 20 万円を 2,000 米ドルに換え（1 米ドル = 100 円）、為替手数料 2,000 円を現金で支払った。

借方 米ドル通貨	200,000 円		貸方 現金	202,000 円
支払手数料	2,000 円			
				摘要例：2,000 米ドルに両替

❷ 海外出張に行き、現地で交通費 500 米ドルを支払った（1 米ドル＝ 105 円）。

(借方) 旅費交通費	52,500 円

(貸方) 米ドル通貨	52,500 円
	摘要：交通費（500 米ドル）支払い

❸ 決算に際し、保有している 1,500 米ドルを決算時の為替レート（1 米ドル＝ 110 円）
を用いて円換算した。

(借方) 米ドル通貨	15,000 円

(貸方) 為替差益	15,000 円
	摘要例：期末時レート換算（1,500 米ドル）

日本円から米ドルへの単なる両替なので、原則、仕訳の必要はありませんが、帳簿
上の管理は日本円と米ドルを分けておいた方がわかりやすいため、現金と別に**米ド
ル通貨**や**外貨**といった勘定科目を作って振り替えましょう。為替手数料は**支払手数
料**の科目で計上します❶。

現地で交通費の支払いや買い物をした際には、その日の為替レートで円に換算して
記帳します❷。

期末時に外国通貨が手元に残っている場合、期末日の為替レートで円に換算します。
帳簿残高と円換算した手許現金に差額が出たら、その差額は**為替差益**（営業外収益）
や**為替差損**（営業外費用）で処理します。今回の例では、両替した際の為替レート
は 1 米ドル＝ 100 円なので、期末時点の米ドル通貨の帳簿残高は「1,500 米ドル×
100 円＝ 150,000 円」になっています。決算時の為替レート（1 ドル＝ 110 円）で
円に換算すると「1,500 米ドル× 110 円＝ 165,000 円」となり、15,000 円の差額
が出ました。その差額を為替差益で計上します❸。

> **ポイント**
> ### 使用する為替レート
>
> 為替レートには TTS（売値）、TTB（買値）、TTM（仲値）の 3 つがありますが、法人税
> 法上は原則として取引日の TTM を用いることになっているので、この値を用いて換
> 算していくとよいでしょう。ただし継続して適用することを前提に、他の為替レート、
> 換算方法を選択することも可能です。毎日の為替レートは各金融機関のサイトで公
> 表されています。
>
> 個人事業主の場合、12 月末時点で外国通貨が手元に残っていても、12 月末時点の
> 為替レートで換算する必要はありません。ただし、海外出張の際に外貨で買い物な
> どをした場合は、買った日の為替レートで円換算して記帳します。

小口現金

対象 個人・法人
消費税区分 対象外

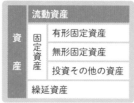

貸借対照表

資産	流動資産		負債	流動負債
	固定資産	有形固定資産		固定負債
		無形固定資産	純資産	株主資本
		投資その他の資産		株主資本以外
	繰延資産			

 どんな科目か 少額の出費を管理するために、通常の現金とは別に設ける現金のことです。通常、月の初めに支店の小口現金係に決まった金額を前渡しして、日々の支払いを行ってもらいます。小口現金係は支払った内容を小口現金出納帳に記帳し、経理担当者に報告を行い、使った分だけ、翌月に補給ないし随時補給してもらいます。決算書上では、小口現金勘定は現金勘定に含めて計上します。

摘要

預金から振替、預金から補給、小口経費の支払い、預金への振替など

⊗ 増加する取引

日々の細かい出費を管理してもらうために、小口現金係に現金を渡します。借方に小口現金を、貸方には現金の渡し方によって現金や普通預金などを記帳します。

小口経費を支払うために、5万円を普通預金口座から引き出し、小口現金係に渡した。

| 借方 小口現金 | 50,000円 | 貸方 普通預金 | 50,000円 |
| | | | 摘要例：小口現金渡し |

⊗ 減少する取引

小口現金係から経費の支払いの報告を受けたら、小口現金が減ったという処理を行います。借方には通信費などの費用科目を記帳し、貸方に小口現金を記帳します。

小口現金係から切手2,000円と事務用品費3,000円の支払いをしたとの報告を受けた。

借方 通信費	2,000円	貸方 小口現金	5,000円
事務用品費	3,000円		
			摘要例：小口経費の支払い

仕訳例

例 小口現金渡し

小口経費の支払いのために、小口現金係に現金 3 万円を手渡した。

借方 小口現金	30,000 円	貸方 現金	30,000 円
			摘要例：小口現金渡し

例 小口経費の支払い

小口現金係から交際費 1 万円、旅費交通費 6,000 円の支払いを行ったとの報告を受けた。

借方 交際費	10,000 円	貸方 小口現金	16,000 円
旅費交通費	6,000 円		
			摘要例：小口経費支払い

通常は 1 か月分をまとめて月末または翌月初に支払報告を受け、記帳を行います。それと同時に使用した分だけ資金の補給を行います。または、残金を受取り、いったん小口現金をゼロとしたところで、毎月決まった金額を小口現金係に渡すという方法を取る場合も多くあります。

例 小口現金の補給

小口現金が 2 万円減ったので、同額の現金を小口現金係に手渡した。

借方 小口現金	20,000 円	貸方 現金	20,000 円
			摘要例：小口現金補給

例 決算整理

期末に、小口現金残高 15,000 円を現金に振り替えた。

借方 現金	15,000 円	貸方 小口現金	15,000 円
			摘要例：科目振替

当座預金

対象 個人・法人
消費税区分 対象外

貸借対照表

> **どんな科目か** 小切手や手形の支払いを行うために開設する**決済専用の口座**です。他の預金と異なり、利息は付きません。預金を引き出す際には、小切手や手形が必要で、普通預金のように自由に ATM で引き出すことはできません。**当座借越**ができるのも特徴の1つで、口座開設時に当座借越契約を結ぶことで、引き出しの際に預金残高が不足していても、あらかじめ決められた限度額の範囲内であれば、手続き不要で金融機関から借り入れができます。

> **摘要** 預け入れ、引き出し、振込入金、売掛金回収、買掛金支払い、期日取立入金、普通預金から振替、小切手の振出、支払手形の期日決済など

≪ 増加する取引

当座預金口座の残高が増える取引で、借方に当座預金を記帳します。

当座預金口座を開設し、現金1万円を預け入れた。

借方 当座預金	10,000 円	貸方 現金	10,000 円
			摘要例：現金預け入れ

≪ 減少する取引

買掛金支払いなど当座預金口座の残高が減る取引で、貸方に当座預金を記帳します。

取引先への買掛金の支払いとして、小切手3万円を振り出した。

借方 買掛金	30,000 円	貸方 当座預金	30,000 円
			摘要例：買掛金（〇〇会社2月分）の支払い

仕訳例

例 売上代金の預金入金

商品10万円を売り上げ、代金を小切手で受け取り、すぐに当座預金に預け入れた。

借方 当座預金	100,000円

貸方 売上高	100,000円
	摘要例：売上金入金

例 普通預金から当座預金へ振替

普通預金口座から当座預金口座に5万円を振り替えた。

借方 当座預金	50,000円

貸方 普通預金	50,000円
	摘要例：資金振替

例 支払手形の決済

2万円の商品を仕入れた際に振り出した手形が決済された。なお、商品仕入時には「仕入高　20,000円／支払手形　20,000円」の仕訳を行っている。

借方 支払手形	20,000円

貸方 当座預金	20,000円
	摘要例：支払手形決済

例 当座借越の処理

❶ 決算時、当座借越契約をしている当座預金の残高がマイナス5万円になっていた。

借方 当座預金	50,000円

貸方 短期借入金	50,000円
	摘要例：当座借越振替

❷ 翌期首の処理

借方 短期借入金	50,000円

貸方 当座預金	50,000円
	摘要例：期首再振替

決算時にマイナス分を**短期借入金**に振り替えて、翌期首に再振替（逆仕訳）します。

普通預金

対象 個人・法人
消費税区分 対象外

貸借対照表

			負債	流動負債
資産	流動資産			固定負債
	固定資産	有形固定資産		
		無形固定資産	純資産	株主資本
		投資その他の資産		株主資本以外
	繰延資産			

> **どんな科目か** いつでも預け入れ、引き出しができ、利息も付く預金口座です。もっとも広く知られている預金で、お財布代わりに日常的に使え、生活に便利な機能も豊富に揃っています。例えば、給与や年金などの自動受取や、公共料金や家賃などの自動支払いができます。
>
> > **摘要** 預け入れ、振込入金、売上代金入金、売掛金回収、利息の入金、口座振替、引き落とし、貯金預け入れ、自動引き落とし、当座預金からの振替など

≫ 増加する取引

普通預金口座の残高が増える取引で、借方に普通預金を記帳します。

手元にある現金2万円を普通預金口座に入金した。

借方 普通預金	20,000 円	貸方 現金	20,000 円
			摘要例：現金預け入れ

≫ 減少する取引

普通預金口座の残高が減る取引で、貸方に普通預金を記帳します。

携帯料金1万円が普通預金口座から引き落とされた。

借方 通信費	10,000 円	貸方 普通預金	10,000 円
			摘要例：携帯代3月分

仕訳例

例 売上代金の預金入金

集金してきた売上代金3万円を普通預金口座に入金した。

借方 普通預金	30,000 円

貸方 現金	30,000 円
	摘要例：売上金入金

　売上代金を現金で受け取った場合、いったん、「現金／売上高」と処理して、その
あと上記の処理を行いますが、集金日と同日に普通預金に預け入れる場合は、直接、
「普通預金／売上高」と処理しても問題ありません。

例 預金利息の入金

預金利息5円が普通預金に入金された。

借方 普通預金	5 円

貸方 受取利息	5 円
	摘要例：利息受取

　個人事業主の場合、貸方は**事業主借**で記帳し、事業の収益から除きます。

例 売掛金の振込入金

取引先から売掛金8万円が普通預金に振り込まれた。

借方 普通預金	80,000 円

貸方 売掛金	80,000 円
	摘要例：売掛金入金

例 買掛金の支払い

仕入先に対する買掛金7万円を○×銀行の普通預金から振り込んだ。

借方 買掛金	70,000 円

貸方 普通預金(○×銀行)	70,000 円
	摘要例：買掛金支払い

　普通預金口座を複数開設している場合は、補助科目を設定して口座ごとに記帳します。

受取手形

対象 個人・法人
消費税区分 対象外

貸借対照表

資産	流動資産	
	固定資産	有形固定資産
		無形固定資産
		投資その他の資産
	繰延資産	

負債	流動負債
	固定負債

純資産	株主資本
	株主資本以外

 どんな科目か　販売やサービスの提供など、通常の営業取引を行った際に、対価として受け取る手形のことです。同じ売上債権である売掛金に比べて、資金の回収までの期間が長いのが特徴です。

> **摘要**　手形売上、手形の受取、手形による回収、約束手形受取、裏書手形受取、為替手形受取、手形の割引、手形の裏書、手形の不渡りなど

≫ 増加する取引

商品を販売し、約束手形を受け取った場合、決まった期日に手形に記載されている金額を受け取る権利（債権）を得ることになります。債権はプラスの財産なので、借方に受取手形を記帳します。

得意先に商品8万円を販売し、代金は手形で受け取った。

借方 受取手形	80,000 円

貸方 売上高	80,000 円
	摘要例：手形売上

≫ 減少する取引

支払期日になり、保有している受取手形の代金が支払われると手形債権が消滅します。受取手形が減少するので、貸方に受取手形を記帳します。また、受取手形を裏書きして他社への支払いに充てたり、受取手形を銀行などに買い取ってもらったりする（手形の割引）際にも、受取手形が減少します。

約束手形の期日が到来し、10万円が当座預金口座に入金された。

借方 当座預金	100,000 円

貸方 受取手形	100,000 円
	摘要例：手形の期日取立

仕訳例

例 手形による売掛金回収

売掛金 15 万円を約束手形で受け取った。

借方 受取手形	150,000 円

貸方 売掛金	150,000 円
	摘要例：手形の受取

例 手形の取立入金

取引銀行に取立を依頼してあった取引先の約束手形 20 万円が、満期日に決済され、普通預金口座に入金された。

借方 普通預金	200,000 円

貸方 受取手形	200,000 円
	摘要例：手形代金受取

ポイント

約束手形と為替手形

受取手形には、約束手形と為替手形の 2 種類があります。約束手形は、手形の振出人が受取人に対して、手形に記載した金額を決まった期日に支払うことを約束するもので、2 者間の取引で使用します。為替手形は、手形の振出人が支払人（支払いを引き受けた人）に対して、手形に記載した金額を決まった期日に受取人に支払うように依頼するもので、3 者間の取引の際に使われます。

例 手形の裏書（直接減額法）

❶ A 社に商品 10 万円を掛けで販売した。

借方 売掛金	100,000 円

貸方 売上高	100,000 円
	摘要例：商品販売

❷ ❶の売掛金 10 万円（期日 6/30）を、約束手形で受け取った。

借方 受取手形	100,000 円

貸方 売掛金	100,000 円
	摘要例：約束手形の受取

❸ B 社に対する買掛金 10 万円の支払いのため、❷の約束手形を裏書譲渡した。

借方 買掛金	100,000 円	貸方 受取手形	100,000 円
		摘要例：裏書手形 A 社　6/30 期日	

❹ A 社に裏書譲渡した約束手形 10 万円が満期日に決済された。

仕訳不要

　通常、手形は支払期日まで待ち、支払期日が到来したら代金を受け取るものですが、期日を待たずに第三者に譲渡することもできます。これを手形の裏書といい、受け取った手形を他の支払いに充てることができます❸。

　裏書譲渡した手形の期日には、会計処理は不要です❹。手形の裏書譲渡の処理方法は複数ありますが、この直接減額法が一般的で簡易な方法です。

例 手形の割引（直接減額法）

❶ 資金繰りの都合により、C 社振出の約束手形 100 万円（期日 6/30）を支払期日前に取引銀行にて割り引いた。割引料 4 万円が差し引かれ、残額が当座預金口座に入金された。

借方 当座預金	960,000 円	貸方 受取手形	1,000,000 円
手形売却損	40,000 円		
（支払利息割引料）			
		摘要例：割引　C 社　6/30 期日	

❷ 6 月 30 日、C 社の受取手形 100 万円が期日になった。

仕訳不要

　手形は、期日を待たずに銀行に買い取ってもらうことができます。これを手形の割引といいます。そして、銀行には割引を行った日から満期日までの利息を支払うことになります❶。

　割引した手形の期日には、会計処理は不要です❷。手形の割引の処理方法も複数ありますが、この直接減額法が一般的で簡易な方法です。

例 手形の不渡り

D社の受取手形5万円（期日6/30）が不渡りになった。

借方 不渡手形	50,000円	貸方 受取手形	50,000円
		摘要例：D社 6/30 期日　不渡り	

裏書や割引をせず、手元に手形がある場合、受取手形を**不渡手形**に振り替える処理をします。

例 裏書手形・割引手形の不渡り

❶ E社からの受取手形7万円（期日6/30）を、F社への仕入代金として裏書譲渡した。

借方 仕入高	70,000円	貸方 受取手形	70,000円
		摘要例：裏書譲渡　E社　6/30 期日	

❷ ❶のE社の裏書手形7万円が不渡りになり、F社に7万円を現金で支払った。

借方 不渡手形	70,000円	貸方 現金	70,000円
		摘要例：不渡手形　E社　6/30 期日	

裏書譲渡したり、割り引いたりした手形が不渡りになった場合、手形所有者から手形代金を代わりに支払うように請求されます。不渡りになった相手に代わって手形代金を支払った時は、支払った金額を**不渡手形**で計上します。不渡手形は、不渡りになった相手に対する請求権ですので、資産（投資その他の資産）で計上し、回収を求めていくことになります。

例 手形の更改

F社振出の約束手形100万円を保有していたが、F社の申し出で期日を1か月後とする約束手形に書き換えた。その際、期限延長の利息として現金で1万円を受け取った。

借方 受取手形	1,000,000円	貸方 受取手形	1,000,000円
現金	10,000円	受取利息	10,000円
		摘要：F社受取手形の更改	

取引先の都合で手形の支払期日を延長するために手形を書き換えることがあります。その際は、旧手形の期日から書き換えた新しい手形の期日までの期間に応じて利息を受け取り、**受取利息**で計上します。

売掛金

対象 個人・法人
消費税区分 対象外

貸借対照表

資産	流動資産		負債	流動負債
	固定資産	有形固定資産		固定負債
		無形固定資産		
		投資その他の資産	純資産	株主資本
	繰延資産			株主資本以外

どんな科目か 商品を販売したり、サービスの提供を行ったりした際に、代金を後日払ってもらう約束をしていながら、まだ受け取っていない代金のことです。金額の大きな取引や、会社間の取引の場合、決まった期日までに支払うような契約を結ぶことが多くあり、これを**掛取引**といいます。売掛金は、掛取引による売上代金を受け取る権利のことをいい、売上債権になります。売上債権には、売掛金の他に手形を受け取る**受取手形**もあります。

摘要 掛売上、売上代金回収、サービス代金未収、クレジット売上の未入金分、買掛金と相殺、掛け回収、掛売上の返品、前受金の振替など

増加する取引

商品の掛販売などで、後日代金を受け取ることになっているときに、その代金を売掛金として計上します。売掛金は資産なので増加する場合、借方に記載します。

得意先に商品50万円を販売し、代金は翌月末に受け取ることとした。

借方 売掛金	500,000 円	貸方 売上高	500,000 円
			摘要例：○×商店へ掛販売

減少する取引

掛けで売り上げて、後日代金を受け取った際に、計上していた売掛金を減らします。売掛金が減る場合には、貸方に売掛金を記帳します。

先月計上した掛販売の代金50万円が、普通預金に振り込まれた。

借方 普通預金	500,000 円	貸方 売掛金	500,000 円
			摘要例：○月分掛代金回収

仕訳例

例 掛売上

商品 10 万円を掛販売した。

借方 売掛金	100,000 円

貸方 売上高	100,000 円
	摘要例：掛売上

売掛金に似た勘定科目に**未収金（未収入金）**があります。通常の営業取引から生じる債権が売掛金であるのに対して、未収入金は、例えば固定資産や有価証券の売却金の未回収金など、通常の営業取引以外の債権である点が異なります。

例 掛代金の回収

A 社への売掛金 40 万円のうち、20 万円を小切手で回収し、残金は手形で回収した。

借方 現金	200,000 円
受取手形	200,000 円

貸方 売掛金	400,000 円
	摘要例：A 社売掛金回収

例 クレジットカード決済

❶ 売上代金 30 万円のうち、20 万円は現金で残りはクレジット決済で受け取った。

借方 現金	200,000 円
売掛金	100,000 円

貸方 売上高	300,000 円
	摘要例：3 月 1 日分売上計上

❷ クレジット会社から先月分の売上代金 29 万円が普通預金口座に振り込まれた。明細を確認すると、カード売上の合計額は 30 万円で、そこから加盟店手数料 1 万円が差し引かれていた。

借方 普通預金	290,000 円
支払手数料	10,000 円

貸方 売掛金	300,000 円
	摘要例：3 月分クレジット代金の入金

有価証券

対象 法人
消費税区分 対象外

貸借対照表

資産	流動資産		負債	流動負債
	固定資産	有形固定資産		固定負債
		無形固定資産		
		投資その他の資産	純資産	株主資本
	繰延資産			株主資本以外

> **どんな科目か** 法人が購入する株式や国債などです。会計上の有価証券は、短期的な資金運用で利益を出すことを目的とする**売買目的有価証券**、満期まで保有する目的の**満期保有目的の債券**、支配力や影響力を持つ目的で保有する**子会社・関連会社株式**、その他有価証券の4つに区分されます。有価証券は、売買目的有価証券と満期保有目的の債券のうち、1年以内に満期が到来するものが該当します。
>
> **摘要** 有価証券購入、株式、国債、地方債、社債、投資信託受益証券、貸付信託受益証券、購入手数料、有価証券売却など

⟪ 増加する取引

有価証券の購入や売買委託手数料の支払いの際、また決算時に時価評価を行い、評価益が出ている場合、有価証券が増加します。資産が増加する際は借方に記帳します。

株式を売買目的で1,000株（@500円）購入し、普通預金口座から振り込んだ。

借方 有価証券	500,000円	貸方 普通預金	500,000円
			摘要例：株式購入

⟫ 減少する取引

有価証券の売却や決算時の時価評価の際、評価損が出ている場合、有価証券が減少します。資産が減少する場合は貸方に記帳します。

売買目的の有価証券40万円を45万円で売却し、代金が普通預金口座に入金された。

借方 普通預金	450,000円	貸方 有価証券	400,000円
		有価証券売却益	50,000円
			摘要例：有価証券の売却

仕訳例

例 有価証券の売買（売却価額＞取得価額（帳簿価額）の場合）

❶ 株価 400 円の株式を 2,000 株購入し、購入手数料 8,000 円とともに普通預金口座から振り込んだ。

借方 有価証券	808,000 円	貸方 普通預金	808,000 円
			摘要例：株式購入

❷ ❶の株式を 90 万円で売却し、売却手数料 1 万円が差し引かれ、代金が普通預金口座に入金された。

借方 普通預金	890,000 円	貸方 有価証券	808,000 円
支払手数料	10,000 円	有価証券売却益	92,000 円
			摘要例：株式売却

　有価証券を購入する際に支払う手数料は、有価証券の購入価額に含めます。
　有価証券を売却する際に支払う手数料は、**支払手数料**で処理します。

例 有価証券の売却（売却価額＜取得価額（帳簿価額）の場合）

上記の株式を 75 万円で売却し、売却手数料 7,000 円が差し引かれ、代金が普通預金口座に入金された。

借方 普通預金	743,000 円	貸方 有価証券	808,000 円
支払手数料	7,000 円		
有価証券売却損	58,000 円		摘要例：株式売却

例 決算整理（時価評価）

保有している A 社株式（帳簿価額 50 万円）の決算期末の時価が 53 万円だった。

借方 有価証券	30,000 円	貸方 有価証券評価益	30,000 円
			摘要例：有価証券評価替え

　売買目的の有価証券は、期末に時価評価を行い、時価との差額を有価証券評価益または有価証券評価損で計上します。期末に計上した評価損益は、翌期首において戻し入れる**洗替法**と、戻し入れない（何もしない）**切放法**のいずれかを選択できます。

商品（棚卸資産）

対象 個人・法人
消費税区分 対象外

貸借対照表

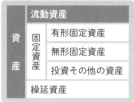

資産	流動資産		
	固定資産	有形固定資産	
		無形固定資産	
		投資その他の資産	
	繰延資産		

負債	流動負債
	固定負債

純資産	株主資本
	株主資本以外

どんな科目か 法人や個人事業主が、これから販売する目的で一時的に保有しているモノのことを**棚卸資産**といい、**商品**は棚卸資産の1つです。いわゆる「在庫」のことを指し、お客様に販売するために外部から仕入れた物品のうち、期末まで販売せずに残っているものになります。業種によって商品はさまざまで、例えば飲食業であれば食材や飲料など、自動車会社であれば販売用の車両など、不動産会社であれば販売用の土地や建物などが商品になります。

> **摘要**
> 期末在庫、繰越商品、未着品、積送品、試供品、見本品など

≫ 増加する取引

決算日（個人では12月31日）に期末棚卸を行い、期末在庫金額を商品の科目で借方に記帳します。貸方には期末商品棚卸高を記帳します。

決算に際し、期末棚卸を行ったところ、在庫が10万円あった。

借方 商品	100,000 円	貸方 期末商品棚卸高	100,000 円
			摘要例：期末商品振替

≫ 減少する取引

前期末に計上した商品（前期末在庫）は、翌期首に期首在庫商品として期首商品棚卸高に振り替える作業を行います。商品を減らすので、貸方に記帳します。

前期末に計上した在庫商品10万円を、期首商品棚卸高に振り替えた。

借方 期首商品棚卸高	100,000 円	貸方 商品	100,000 円
			摘要例：期首商品振替

仕訳例

例 三分法による商品売買取引の仕訳

❶ 商品 10 個（@ 1,000 円）を仕入れ、代金は現金で支払った。

借方 仕入高	10,000 円	貸方 現金	10,000 円
			摘要例：商品仕入

❷ ❶のうち、7 個を @ 1,500 円で売上げ、代金は現金で受け取った。

借方 現金	10,500 円	貸方 売上高	10,500 円
			摘要例：商品販売

❸ 期末に商品の棚卸を行ったところ、在庫商品は 3 個（@ 1,000 円）であった。

借方 商品（繰越商品）	3,000 円	貸方 仕入高	3,000 円
			摘要例：期末商品棚卸

商品売買取引時の会計処理には、「総記法」「分記法」「三分法」の 3 つがありますが、実務的には三分法を用います。

ポイント
棚卸資産の種類

棚卸資産には、商品の他にも次のものがあります。製造業などで使います。

科目	内容
製品	製造業や生産業を営む会社などが、販売目的で製造した製造品や、生産した生産品
仕掛品	製造業や生産業を営む会社などが、販売目的で製造や生産している途中の物品。完成すると製品になるが、まだ完成していないもの
原材料	製造業や生産業を営む会社などが、製品の製造を目的として外部から購入した原料や材料、部品のうち、まだ製造に使用していないもの
貯蔵品	燃料や工業用消耗品などや、営業事務用に使用される消耗品や切手、収入印紙などを購入したが、まだ使用せずに保管されているもの。税務上は、毎期ほぼ同じ量を購入し、経常的に消費されるものであれば、貯蔵品にはせずに、購入した期の費用（通信費など）にすることが認められている

9 流動資産

前渡金・前払金

対象 個人・法人
消費税区分 対象外

貸借対照表

資産	流動資産		負債	流動負債
	固定資産	有形固定資産		固定負債
		無形固定資産	純資産	株主資本
		投資その他の資産		株主資本以外
	繰延資産			

> **どんな科目か** 商品・原材料の購入やサービスの依頼を行い、仕入先などに代金の一部または全部を前もって支払う場合に使う勘定科目です。いわゆる手付金や内金のことで、商品の引き渡しやサービスの提供を受けた際に、適切な勘定科目に振り替えられます。よって、前渡金は、商品やサービスの提供を受けるまでの間、一時的に使用する科目といえます。
>
> > **摘要** 仕入代金前払い、手付金、経費の前払い、購入代金前払い、材料費前払い、外注費前払いなど

⊼ 増加する取引

商品の注文やサービスの依頼を行い、商品の受取やサービスの提供を受ける前に、代金の支払いを行った場合、前渡金で処理します。前渡金は借方に記帳します。

10万円の商品を注文し、仕入先に代金の一部（3万円）を現金で支払ったが、まだ商品は納品されていない。

借方 前渡金	30,000 円	貸方 現金	30,000 円
			摘要例：仕入代金の一部前払い

⊻ 減少する取引

代金を前払いしていた商品の納品やサービスの提供が行われた際に、仕入高などの勘定科目に振り替えるため、前渡金が減ります。前渡金は貸方に記帳します。

10万円の商品を注文し、代金全額を先に支払っていたが、仕入先から納品を受けた。

借方 仕入高	100,000 円	貸方 前渡金	100,000 円
			摘要例：代金支払済分受取

仕訳例

例 商品代金の前払い

❶ 30万円の商品を注文し、手付金として3万円を普通預金口座から振り込んだ。

借方 前渡金	30,000 円

貸方 普通預金	30,000 円
	摘要例：商品代金手付支払い

❷ ❶の商品が納品され、残金27万円は掛けとした。

借方 仕入高	300,000 円

貸方 前渡金	30,000 円
買掛金	270,000 円
	摘要例：商品掛仕入

商品が納品されたら、前渡金は仕入高に振り替えて、残金は支払方法によって現金や普通預金、買掛金などの科目で記帳します。

なお、手付金を受け取った際に前渡金ではなく、**買掛金**で処理することもあります。その場合、❷の仕訳は「仕入 300,000円／買掛金 300,000円」になります。

例 不動産の購入

❶ 1,000万円のA土地を購入、売買契約書を結び、手付金として50万円を現金で支払った。

借方 前渡金	500,000 円

貸方 現金	500,000 円
	摘要例：不動産購入による手付金支払い

❷ 残金の支払期日に残りの950万円を普通預金口座から振り込み、所有権移転登記が完了した。

借方 土地	10,000,000 円

貸方 普通預金	9,500,000 円
前渡金	500,000 円
	摘要例：A土地購入

短期貸付金

対象 個人・法人
消費税区分 対象外

貸借対照表

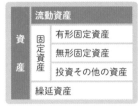

資産	流動資産	
	固定資産	有形固定資産
		無形固定資産
		投資その他の資産
	繰延資産	

負債	流動負債
	固定負債
純資産	株主資本
	株主資本以外

> **どんな科目か**　役員や従業員、株主などの社内の人間や、取引先、関係会社などに貸したお金で、決算日の翌日から1年以内に返済されるお金のことです。決算日の翌日から計算し、返済期日が1年を超える場合は**長期貸付金**になります。類似科目として、役員や従業員、取引先、関係会社などが負担すべきお金を一時的に立て替えたときに使用する**立替金**があります。

> **摘要**　役員へ短期貸付、従業員へ短期貸付、取引先へ短期貸付、関連会社へ短期貸付、手形貸付金、長期貸付金より振替、立替金の振替、貸付金回収

≫ 増加する取引

役員や取引先などにお金を貸し付けた際に増加し、借方に短期貸付金を計上します。貸付先が複数ある場合、補助科目を作った方が返済状況を確認しやすいです。

取引先A社に半年の約束で50万円を貸し付け、普通預金から振り込んだ。

借方 短期貸付金	500,000 円

貸方 普通預金	500,000 円
	摘要例：A社に短期貸付

≫ 減少する取引

役員や取引先などに貸し付けたお金の返済を受けた際に減少し、貸方に短期貸付金を計上します。

取引先から短期貸付金50万円が現金で返済された。

借方 現金	500,000 円

貸方 短期貸付金	500,000 円
	摘要例：短期貸付金返済

仕訳例

例 資金の貸付

役員に3か月の約束で30万円を貸し付け、現金で支払った。金利は年2％とし、返済時に元金と一緒に受け取ることとした。

借方 短期貸付金	300,000 円	貸方 現金	300,000 円
			摘要例：役員へ資金貸付

法人が、取引先や役員、従業員などへ貸付を行う場合、利息を受け取らなければなりません。営利を目的とする法人が無利息でお金を貸し付けるのは、事業活動に反するからです。もし無利息または著しく低い金利で貸し付けを行った場合は、税務調査で**役員報酬**や**給与手当**、**寄付金**と指摘される可能性があります。自社で金融機関から借入を行っている場合はその利率、借入がない場合でも市場金利など合理的な利率を見積り、利息を請求する必要があります。

例 貸付金の回収

役員に3か月の約束で貸し付けていた30万円について、返済期日に利息1,500円と一緒に普通預金口座に振り込まれた。

借方 普通預金	301,500 円	貸方 短期貸付金	300,000 円
		受取利息	1,500 円
		摘要例：役員への資金貸付の返済（元利受取）	

受け取った利息は、預金利息などと同様に**受取利息**の科目を使用し、営業外収益に計上します。受取利息と別に管理するために、「役員貸付利息」といった補助科目を作っておくと便利です。

例 長期貸付金からの振替

決算時に長期貸付金40万円の返済期日が1年を切ったため、短期貸付金に振り替えた。

借方 短期貸付金	400,000 円	貸方 長期貸付金	400,000 円
			摘要例：長期貸付金から振替

立替金

対象 個人・法人
消費税区分 対象外

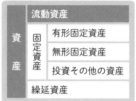

貸借対照表

資産	流動資産		負債	流動負債
	固定資産	有形固定資産		固定負債
		無形固定資産	純資産	株主資本
		投資その他の資産		株主資本以外
	繰延資産			

どんな科目か 役員や従業員、あるいは取引先が負担すべきお金を会社や事業主が一時的に立て替えた時に使用する勘定科目です。立て替えたお金ですから、将来的には当然回収することになります。

摘要 立替払い、役員への立替、従業員への立替、取引先への立替、保険料の立替、立替金精算、買掛金と相殺、預り金と相殺、貸付金へ振替など

≪ 増加する取引

本来、取引先が支払わなければならない交通費や手数料などを代行して支払ったり、従業員が負担すべき雇用保険料や労働保険料を代わって支払ったりした場合に、立替金で処理します。立替金は資産なので、増える場合は借方に記帳します。

役員が個人名義の車を購入する際に、内金1万円を会社のお金で支払った。

借方 立替金	10,000 円	**貸方** 現金	10,000 円
			摘要例：役員への立替金

≫ 減少する取引

会社や事業主が立替払いした金額は、なるべく早く精算します。精算を行い、立て替えたお金が戻ってきたら立替金が減少するので、貸方に記帳します。また、従業員などに立替払いしたが、精算までに時間がかかる場合、立替金から貸付金に振り替えます。その際にも立替金は貸方に記帳し、借方には**短期貸付金**または**長期貸付金**を記帳します。

従業員に対する立替金3万円を現金で回収した。

借方 現金	30,000 円	**貸方** 立替金	30,000 円
			摘要例：従業員への立替金精算

仕訳例

例 取引先への立替払い

❶ 取引先が負担すべき配送料 1,200 円を現金で立替払いした。

借方 立替金	1,200 円	貸方 現金	1,200 円
			摘要例：取引先への立替払い

❷ ❶の配送料を取引先の買掛金と相殺した。

借方 買掛金	1,200 円	貸方 立替金	1,200 円
			摘要例：買掛金と相殺

例 社内旅行費の個人負担分立替

社内旅行費用 80 万円（そのうち 30 万円が従業員負担分）を小切手で支払った。

借方 福利厚生費	500,000 円	貸方 当座預金	800,000 円
立替金	300,000 円		
			摘要例：社内旅行費支払い

社内旅行費のうち、会社が負担する分は**福利厚生費**で、従業員が負担する分は立替金で、それぞれ計上します。

例 社員負担金の給与精算

❶ 社員が負担すべき家賃 8 万円をいったん会社が立て替え、現金で支払った。

借方 立替金	80,000 円	貸方 現金	80,000 円
			摘要例：社員への立替払い

❷ 立替金を翌月の給与 20 万円から天引きし、残額を普通預金口座から振り込んだ。

借方 給与手当	200,000 円	貸方 普通預金	120,000 円
		立替金	80,000 円
			摘要例：○月分給与支給（社員立替金精算）

未収金・未収入金

対象 個人・法人
消費税区分 対象外

貸借対照表

 通常の営業取引（得意先への商品・製品の販売やサービスの提供など）以外の取引を行って、まだ代金を受け取っていない場合に使う科目です。例えば、車両や不動産などの固定資産を売却した代金を翌月受け取る場合や、有価証券を売却したけれど、まだ売却代金が入金されていない場合などに使用します。通常の営業取引の代金をまだ受け取っていない場合は、**売掛金**になります。

> **摘要** 有価証券の売却代金の未収、車両の売却代金の未収、作業くずの売却代金の未収、土地の売却代金の未収、未収金の回収など

≪ 増加する取引

有価証券を売却するなど、本業以外の取引によって受け取るべき代金をまだ受け取っていない場合、その取引金額を未収金で計上します。未収金は借方に記帳します。

不要な備品（帳簿価額 30 万円）を 30 万円で売却し、代金は月末に受け取ることにした。

借方 未収金	300,000 円	貸方 備品	300,000 円
			摘要例：備品売却代金の未収

≫ 減少する取引

本業以外の取引を行って、代金未回収として処理していたものが、入金された際には未収金がなくなったという処理を行います。具体的には未収金を貸方に記帳します。

未収金に計上していた備品の売却代金 30 万円が普通預金口座に振り込まれた。

借方 普通預金	300,000 円	貸方 未収金	300,000 円
			摘要例：未収金（備品売却金）の回収

54

仕訳例

例 車両の売却（法人のケース）

❶ 法人が営業車を 50 万円で売却し、代金は来月末までに受け取ることとした。営業車の帳簿価額は 40 万円である。

借方 未収金	500,000 円

貸方 車両運搬具	400,000 円
固定資産売却益	100,000 円

摘要例：営業車売却代金未収

❷ 翌月末に❶の代金を現金で受け取った。

借方 現金	500,000 円

貸方 未収金	500,000 円

摘要例：営業車売却代金回収

個人の場合、営業車を売却して得た利益は、事業所得ではなく**総合譲渡所得**として所得（利益）を計算し、その後営業所得と合算して所得税を算出します。よって❶の仕訳の**固定資産売却益**は**事業主借**で計上して、事業所得の計算に含めないようにします。

例 決定した助成金が未支給

❶ 助成金 30 万円の申請をしていて、取扱機関から支給決定通知書が届いた。

借方 未収金	300,000 円

貸方 雑収入	300,000 円

摘要例：助成金決定（代金未収）

❷ 支給決定通知書が届いていた助成金 30 万円が、普通預金口座に入金されていた。

借方 普通預金	300,000 円

貸方 未収金	300,000 円

摘要例：助成金入金

助成金の入金は本業以外の取引にもとづくものなので、営業外収益である**雑収入**で処理します。

仮払金

対象 個人・法人
消費税区分 対象外

貸借対照表

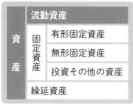

		流動資産	負債	流動負債
資産	固定資産	有形固定資産		固定負債
		無形固定資産	純資産	株主資本
		投資その他の資産		株主資本以外
		繰延資産		

> **どんな科目か** 金銭の支払いはあったが、取引の内容や金額が明らかでない場合に、内容などがわかるまで一時的に処理するために用いられる勘定科目です。主に、出張旅費や交際費、交通費などを概算払いをする際に使用されます。また、使途不明金(内容が不明な支出)があった際にも、いったん仮払金で処理します。そして、なるべく早く取引内容を確認し、正しい勘定科目に振り替えます。
>
> **摘要** 仮払金の支払い、概算払い、出張旅費の仮払い、交際費の仮払い、交通費の仮払い、経費の精算、使途不明金の仮処理など

増加する取引

役員や従業員が、遠方への出張や接待、物品の購入を行う前に、概算額の金額を役員などに支給する際に仮払金で計上します。仮払金は借方に記帳します。

従業員の出張にあたり、旅費として現金5万円を概算で渡した。

借方 仮払金	50,000 円	貸方 現金	50,000 円
			摘要例:出張旅費の概算払い

減少する取引

役員や従業員から経費の領収証などを受け取ったら、計上していた仮払金を適切な勘定科目に振り替えます。仮払金が減るので貸方に記帳します。

従業員が出張から戻り、旅費が4万円と報告を受け、残金を現金で精算した。

借方 旅費交通費	40,000 円	貸方 仮払金	50,000 円
現金	10,000 円		
			摘要例:出張旅費の精算

仕訳例

例 出張費用の概算払い

❶ 従業員に出張費用として、5万円を現金払いした。

借方 仮払金	50,000 円	貸方 現金	50,000 円
			摘要例：出張費の仮払い

❷ 従業員が出張から戻り、出張費として旅費4万円と交際費2万円の領収証を受け取り精算した。不足金1万円は現金で支払った。

借方 旅費交通費	40,000 円	貸方 仮払金	50,000 円
交際費	20,000 円	現金	10,000 円
			摘要例：出張費の精算

例 交際費の仮払い

❶ 取引先を接待するために、役員に現金10万円を概算払いした。

借方 仮払金	100,000 円	貸方 現金	100,000 円
			摘要例：交際費の概算払い

❷ 後日、役員から飲食店の領収証9万円と残金1万円を現金で受け取った。

借方 交際費	90,000 円	貸方 仮払金	100,000 円
現金	10,000 円		
			摘要例：接待飲食代の精算

ポイント
立替金

立替金は、役員や従業員などが負担すべきお金を一時的に会社が肩代わりした場合に使用します。立て替えたお金ですから、将来的には当然回収することになります。仮払金と立替金は、どちらも会社からの一時的なお金の支払いを処理するための科目です。ただ、仮払金は最終的には旅費交通費などに振り替えられて会社の経費になりますが、立替金は立て替えたお金が返済されるのみで、経費にはなりません。

前払費用

対象 個人・法人
消費税区分 対象外

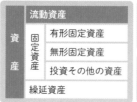

貸借対照表

資産	流動資産		負債	流動負債
	固定資産	有形固定資産		固定負債
		無形固定資産	純資産	株主資本
		投資その他の資産		株主資本以外
	繰延資産			

どんな科目か 一定の契約にしたがって継続的にサービスを受ける際、サービスの提供を受けていない期間に対して、先に支払った代金を処理する科目です。例えば、決算月に広告の掲載契約を結び、今月分と来月分の広告料をまとめて支払ったとします。その場合、サービスの提供を受けていない翌月分の広告料は今期の経費にはならず、翌期に持ち越します。そしてその代金を前払費用で処理します。

摘要 経費の前払い、家賃・地代の前払分、広告宣伝費の前払分、保険料の未経過分、支払利息の未経過分、顧問料の前払分、長期前払費用へ振替など

⋀ 増加する取引

期中に計上していた費用科目で、まだサービスの提供を受けていない期間分は当期の費用から除くために、前払費用に振り替えます。前払費用は借方に記帳します。

決算を迎え、期中に1年分前払いして経費に計上していた広告費12万円について、翌期に対応する6か月分を前払費用に振り替える（決算整理仕訳）。

借方 前払費用	60,000 円	貸方 広告宣伝費	60,000 円
			摘要例：広告宣伝費の前払分振替

⋁ 減少する取引

前期末に計上した前払費用は、当期の経費になるので、当期首または決算の時に前払費用から経費の科目に振り替えます。前払費用は貸方に記帳します。

前期に支払った広告費のうち、前払費用で計上していた6万円を当期首に振り替えた。

借方 広告宣伝費	60,000 円	貸方 前払費用	60,000 円
			摘要例：当期経費分振替

仕訳例

例 自動車保険料の支払い

❶ 2019 年 7 月 1 日

営業車の 2 年分の自動車保険料 24 万円を普通預金口座から振り込んだ。

借方 保険料	240,000 円	貸方 普通預金	240,000 円
		摘要例：自動車保険料支払い（2 年分）	

❷ 2019 年 12 月 31 日（決算整理仕訳）

決算に伴い、翌年以降に経費になる分を振り替える。

借方 前払費用	120,000 円	貸方 保険料	180,000 円
長期前払費用	60,000 円		
		摘要例：決算振替	

❸ 2020 年 12 月 31 日（決算整理仕訳）

決算に伴い、当期の経費になる分の計上と、一年基準にしたがって科目振替を行う。

借方 保険料	120,000 円	貸方 前払費用	120,000 円
前払費用	60,000 円	長期前払費用	60,000 円
		摘要例：決算振替	

❹ 2021 年 12 月 31 日（決算整理仕訳）

借方 保険料	60,000 円	貸方 前払費用	60,000 円
		摘要例：前払費用の振替	

　2 年分（2019 年 7 月〜 2021 年 6 月）の保険料を支払いますが、いったん全額を**保険料**で記帳します**❶**。支払った保険料のうち 2020 年 1 月〜 12 月の期間に該当する保険料を前払費用に、2021 年 1 月〜 6 月分は**長期前払費用**に振り替えます**❷**。2020 年 1 〜 12 月の期間に該当する保険料は前払費用から保険料に、2021 年 1 〜 6 月分は長期前払費用から前払費用に振り替えます**❸**。前払費用で計上していた 2021 年 1 〜 6 月分を保険料に振り替えることで、前払費用がゼロになります**❹**。

仮払消費税

対象 法人・個人
消費税区分 対象外

貸借対照表

資産	流動資産		負債	流動負債
	固定資産	有形固定資産		固定負債
		無形固定資産	純資産	株主資本
		投資その他の資産		株主資本以外
	繰延資産			

> **どんな科目か**　消費税の経理方式で、**税抜経理方式を採用している場合に使用する勘定科目**です。商品を仕入れたり経費などを支払ったりする際に、代金のうち消費税分を仮払消費税で計上します。仮払消費税は期中に一時的に使用する勘定科目で、決算時に売上金などに含まれる消費税（仮受消費税で計上）と相殺して、その期に納めるべき消費税等の金額を決定します。
>
> **摘要**　課税仕入、課税取引による仕入、代金のうち消費税分、仮受消費税と相殺など

⬆ 増加する取引

商品の購入や経費の支払いの際に、消費税分を仮払消費税で借方に記帳します。

事業所の消耗品を購入し、5,500円を現金で支払った。

借方 消耗品費	5,000円	貸方 現金	5,500円
仮払消費税	500円		
			摘要例：消耗品の購入

⬇ 減少する取引

決算時に、仮受消費税と相殺し、その期に納める消費税等を計算します。期中に計上した仮払消費税の合計額を貸方に記帳してゼロにします。

仮払消費税50万円と仮受消費税90万円を相殺し、差額を未払消費税等で計上した。

借方 仮受消費税	900,000円	貸方 仮払消費税	500,000円
		未払消費税等	400,000円
			摘要例：仮受消費税と相殺

仕訳例

例 消耗品の購入

店舗の清掃用具を購入し、代金 33,000 円を事業用カードで支払った。

借方 消耗品費	30,000 円	貸方 未払金	33,000 円
仮払消費税	3,000 円		
		摘要例：清掃用具購入	

清掃用具は消費税率 10％が適用されるので、「33,000 円× 10 ／ 110 ＝ 3,000 円」を仮払消費税で計上します。

例 収入印紙の購入

200 円の収入印紙を 10 枚購入し、代金 2,000 円を現金で支払った。

借方 租税公課	2,000 円	貸方 現金	2,000 円
		摘要例：収入印紙購入	

収入印紙は**租税公課**の勘定科目で計上します。租税公課の消費税区分は、原則対象外なので、仮払消費税は計上されません。

例 商品の仕入（軽減税率）

食材を仕入れ、代金 32,400 円を現金で支払った。食材はすべて軽減税率対象商品である。

借方 仕入高	30,000 円	貸方 現金	32,400 円
仮払消費税	2,400 円		
		摘要例：食材購入	

飲食店などの事業者は、業者からまとめて食材や飲料などの仕入れる際に、請求書で消費税率の確認をし、標準税率の商品と軽減税率の商品を分けて記帳しましょう。

例 標準税率と軽減税率が混在している場合

コンビニエンスストアで会議用のお茶 1,080 円と、ボールペン 1,100 円を現金で購入した。

借方 会議費	1,000 円
仮払消費税	80 円
消耗品費	1,000 円
仮払消費税	100 円

貸方 現金	2,180 円

摘要例：会議用飲料・ボールペンの購入

　1つの取引について標準税率と軽減税率が混ざっている場合、仮払消費税も含めて別々に記帳します。

例 決算時の処理（仮払消費税＜仮受消費税の場合）

決算にあたり、期中に計上した仮払消費税 50 万円と仮受消費税 70 万円の差額を**未払消費税等**として計上した。

借方 仮受消費税	700,000 円

貸方 仮払消費税	500,000 円
未払消費税等	200,000 円

摘要例：未払消費税等計上

　決算時に、**仮払消費税**と**仮受消費税**を相殺して、納めるべき消費税等または還付される消費税等を計算します。仮受消費税の方が多かった場合、差額を**未払消費税等**に、仮払消費税の方が多かった場合は、差額を**未収消費税等**（または**未収金**）で計上します。決算書には仮払消費税も仮受消費税も記載されません。

例 決算時の処理（仮払消費税＞仮受消費税の場合）

決算にあたり、期中に計上した仮払消費税 100 万円と仮受消費税 80 万円の差額を未収消費税等として計上した。

借方 仮受消費税	800,000 円
未収消費税等	200,000 円

貸方 仮払消費税	1,000,000 円

摘要例：未収消費税等計上

コラム 税込経理方式

消費税の経理方式には税抜経理方式以外に税込経理方式があり、どちらを採用するかは任意です。税抜経理方式は、決算書に記載する売上高などの金額に消費税が含まれません。税込経理方式は、消費税を取引金額に含めて仕訳を行うため、売上高などの金額に消費税が含まれることになります。税込経理方式の仕訳例を参考に記述します。

例 商品の仕入（軽減税率）

食材を仕入れ、代金 32,400 円を現金で支払った。食材はすべて軽減税率対象商品である。

借方 仕入高	32,400 円	貸方 現金	32,400 円
			摘要例：食材購入

税込経理方式の場合は、**仕入高**に消費税分も含めて記帳します。

例 決算時の処理

決算にあたり、納付する消費税等 20 万円を未払計上した。

借方 租税公課	200,000 円	貸方 未払消費税等	200,000 円
			摘要：確定消費税額

決算時の処理として、納めるべき消費税などの金額は**租税公課**（販売費及び一般管理費）で記帳します。相手勘定は、税抜経理方式と同様に、**未払消費税等**になります。

貸倒引当金

対象 法人・個人
消費税区分 対象外

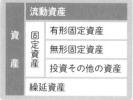

貸借対照表

資産	流動資産		負債	流動負債
	固定資産	有形固定資産		固定負債
		無形固定資産	純資産	株主資本
		投資その他の資産		株主資本以外
	繰延資産			

> **どんな科目か** 取引先の倒産などによって、金銭債権が回収できなくなる場合に備えて、取立不能となる金額をあらかじめ見積り、計上しておくものです。引当金は、まだ発生していない費用を見越して計上するものですが、無制限に計上できると利益操作につながるので、計上する際には細かい制限が設けられています。貸倒引当金は期末に保有している金銭債権の残高に応じて計上します。

> **摘要** 貸倒引当金の繰入、貸倒引当金計上、取立不能見込額計上、債権回収不能、貸倒損失、貸倒引当金の戻入、貸倒引当金の差額補充など

≫ 増加する取引

期末に保有している金銭債権に貸倒れの可能性がある場合に、貸倒見積額を計算して貸倒引当金を貸方に計上します。借方は貸倒引当金繰入額になります。

期末に保有している売掛金に対して、貸倒引当金5万円を計上した。

| 借方 貸倒引当金繰入額 50,000 円 | 貸方 貸倒引当金　　　　　50,000 円 |
| | 摘要例：貸倒引当金計上 |

≫ 減少する取引

洗替法により貸倒引当金を計上する場合、まず前期末に計上した貸倒引当金を戻し入れる必要があります。前期末に貸方に記帳していた貸倒引当金を借方に記帳し、残高をいったんゼロにします。貸方に記帳する相手勘定は貸倒引当金戻入益になります。

洗替法により、前期に計上していた貸倒引当金15万円を戻し入れた。

| 借方 貸倒引当金　　　150,000 円 | 貸方 貸倒引当金戻入益 150,000 円 |
| | 摘要例：貸倒引当金の戻入 |

仕訳例

例 洗替法

今期末の売掛金に対して、貸倒引当金 20 万円を計上する。前期末には、貸倒引当金を 15 万円計上していた。

借方	貸倒引当金	150,000 円
	貸倒引当金繰入額	200,000 円

貸方	貸倒引当金戻入益	150,000 円
	貸倒引当金	200,000 円
		摘要例：貸倒引当金洗替

　貸倒引当金は貸借対照表の資産の部に計上します。原則、対象となる債権から個別に控除する形式で表示します。よって上記の仕訳例の場合は、**売掛金**の下に、「貸倒引当金　△ 200,000 円」という形で計上します。実務上は、流動資産の部または投資その他の資産の部の一番下に一括で控除する形で表示することが多いです。

例 差額補充法（前期計上額＜当期計上額の場合）

今期末の売掛金に対して、貸倒引当金 20 万円を計上する。前期末には、貸倒引当金を 15 万円計上していた。

借方	貸倒引当金繰入額	50,000 円

貸方	貸倒引当金	50,000 円
		摘要例：貸倒引当金計上

　前期決算時に計上した貸倒引当金 15 万円と今期決算により計算された 20 万円との差額の 5 万円を新たに繰り入れることによって、貸倒引当金残高を 20 万円にします。

例 差額補充法（前期計上額＞当期計上額の場合）

今期末の売掛金に対して、貸倒引当金 20 万円を計上する。前期末には、貸倒引当金を 30 万円計上していた。

借方	貸倒引当金	100,000 円

貸方	貸倒引当金戻入益	100,000 円
		摘要例：貸倒引当金戻入

　前期決算時に計上した貸倒引当金 30 万円と、今期決算により計算された 20 万円との差額の 10 万円を戻し入れることで、貸倒引当金残高を 20 万円にします。

建物

対象 個人・法人
消費税区分 課税

貸借対照表

資産	流動資産		負債	流動負債
	固定資産	有形固定資産		固定負債
		無形固定資産		
		投資その他の資産	純資産	株主資本
	繰延資産			株主資本以外

> **どんな科目か** 事業で使用するために所有する本社ビルや事務所、店舗、倉庫、工場、社宅などです。これらの建造物の購入代金や建築代金を支払った際に、建物で計上します。建物に計上する金額 (＝取得価額) は建物本体代金の他に、購入に際して支払った付随費用も含まれます。

> **摘要** 建物購入代金、事務所、自社ビル、工場、倉庫、店舗、社宅、建物仲介手数料、立退料、賃貸建物、建設仮勘定振替、研修所、宿泊施設など

≫ 増加する取引

事業で使用する事務所や店舗などを購入した際に、購入代金を建物で計上します。建物は資産なので、増加する場合は借方に記帳します。

営業所として使うため、中古建物を購入し、1,000万円を普通預金口座から振り込んだ。

借方 建物	10,000,000 円	貸方 普通預金	10,000,000 円
			摘要例：営業所建物購入代金

≫ 減少する取引

所有している事業用建物を売却した際に、建物がなくなるので、有形固定資産に計上していた建物を減らすために貸方に記帳します。売却時点の建物の帳簿価額と売却代金との差額を、固定資産売却益もしくは固定資産売却損で計上します。

法人で所有している帳簿価額300万円 (取得価額1,000万円、減価償却累計額700万円) の建物を400万円で売却し、代金は普通預金口座に振り込まれた。

借方 普通預金	4,000,000 円	貸方 建物	10,000,000 円
減価償却累計額	7,000,000 円	固定資産売却益	1,000,000 円
			摘要例：建物の売却

仕訳例

例 賃貸用建物の購入

賃貸用の建物を 5,000 万円で購入し、仲介手数料 200 万円と登記費用 60 万円（登録免許税 50 万円、司法書士報酬 10 万円）をそれぞれ普通預金口座から振り込んだ。登記費用は、建物に含めず当期の費用として処理することとする。

借方 建物	52,000,000 円	貸方 普通預金	52,600,000 円
租税公課	500,000 円		
支払手数料	100,000 円		

摘要例：賃貸用建物購入

ポイント 付随費用について

建物を購入・建築する際には、さまざまな付随費用がかかります。例えば、不動産会社への仲介手数料や、固定資産税の精算金、不動産取得税や登録免許税、司法書士への手数料といった登記費用などです。これらの付随費用は、建物の取得価額に含め、建物で計上します。仲介手数料や固定資産税精算金は建物の取得価額に含めることが決まっていますが、登記費用については、建物の取得価額に含めるか、支払時の費用で処理するのかを選択できます。

例えば、登録免許税や不動産取得税などの税金は租税公課、登記手続きを依頼する司法書士に支払う報酬は支払手数料の勘定科目で計上することができます。また、建物を取得するために、その建物の使用者などに支払う立退料は、建物の取得価額に含めます。

例 事業用建物の売却（個人事業主）

2,000 万円で購入した倉庫を 300 万円で売却し、代金が事業用普通預金口座に振り込まれた。減価償却累計額は 1,500 万円である。

借方 普通預金	3,000,000 円	貸方 建物	20,000,000 円
減価償却累計額	15,000,000 円		
事業主貸	2,000,000 円		

摘要：事業用建物の売却

個人事業主が事業用建物を売却した際、事業所得ではなく譲渡所得の計算の対象になります。よって、売却価額と帳簿価額の差額は、**固定資産売却益**や**固定資産売却損**として事業所得の計算には含めず、**事業主貸**または**事業主借**で計上します。法人の場合について、次の仕訳例で示します。

例 事業用建物の売却（法人）

2,000万円で購入した倉庫を300万円で売却し、代金が普通預金口座に振り込まれた。減価償却累計額は1,500万円である。

借方	普通預金	3,000,000円
	減価償却累計額	15,000,000円
	固定資産売却損	2,000,000円

貸方	建物	20,000,000円

摘要：事業用建物の売却

例 減価償却費の計上（直接法）

決算に際し、本社ビルの減価償却費50万円を計上した。当社は直接法を採用している。

借方	減価償却費	500,000円

貸方	建物	500,000円

摘要例：本社ビルの減価償却

ポイント

減価償却の仕訳方法

建物や機械装置などの固定資産は、減価償却資産と呼ばれ、購入時にすべてを費用計上するのではなく、法定耐用年数に応じて配分し、少しずつ費用計上していきます。このことを減価償却といいます。減価償却の仕訳には直接法と間接法があります。
直接法は、減価償却費を購入した固定資産の取得価額から直接減らしていく方法です。帳簿には減価償却後の固定資産が計上されるので、「固定資産の帳簿価額≠固定資産の取得価額」になります。
間接法は固定資産の取得価額から減価償却費を直接減らさない方法で、減価償却累計額という科目を用いて間接的に固定資産の価値の目減り分を計上します。間接法の場合は、常に「固定資産の帳簿価額＝固定資産の取得価額」になります。
どちらの方法を用いるのかは、継続適用を条件に任意で決められます。

例 減価償却費の計上（間接法）

決算に際し、本社ビルの減価償却費 50 万円を計上した。当社は間接法を採用している。

借方 減価償却費	500,000 円

貸方 減価償却累計額	500,000 円

摘要例：本社ビルの減価償却

例 建設仮勘定

❶ 業者に倉庫の建設を依頼し、手付金として 200 万円を普通預金口座から振り込んだ。

借方 建設仮勘定	2,000,000 円

貸方 普通預金	2,000,000 円

摘要例：倉庫建設手付金支払い

❷ 決算時の処理

処理不要

❸ 倉庫が完成し、引き渡しと同時に完成時金 300 万円を普通預金口座から振り込んだ。

借方 建物	5,000,000 円

貸方 普通預金	3,000,000 円
建設仮勘定	2,000,000 円

摘要例：倉庫完成引渡し

建物を建築する際には、着工時金や中間時金といったように完成前に支払いが必要になることがあります。これらの金額は**建設仮勘定**の科目で処理していき、完成したところで建物に振り替えます。よって建設仮勘定は、建物などが完成するまで一時的に使用する勘定科目といえます❶。

決算時点で建物などが未完成の場合、建設仮勘定のまま残し、特に処理は不要です。また、減価償却費は、建物などの引き渡しを受け、事業の用に供するようになってから計上していきます❷。

引き渡し時に、計上してきた建設仮勘定を貸方に記帳してゼロにし、借方に建物を記帳することで、建設仮勘定を建物に振り替えます❸。

建物付属設備

対象 個人・法人
消費税区分 課税

貸借対照表

資産	流動資産		負債	流動負債
	固定資産	有形固定資産		固定負債
		無形固定資産	純資産	株主資本
		投資その他の資産		株主資本以外
	繰延資産			

> **どんな科目か** 建物そのものでなく、建物と一体で、利用価値を高める設備を購入した際の費用を処理する科目です。給排水設備や電気設備、冷暖房設備、ガス設備などが該当します。建物付属設備は設備の内容により定められた耐用年数で減価償却していきます。

> **摘要** 給排水設備、電気設備、冷暖房設備、昇降機設備、衛生設備、照明設備、ガス設備、アーケード、日よけ設備、間仕切り、防犯設備、火災報知器など

≫ 増加する取引

建物付属設備を設置する際に、工事代金を建物付属設備の科目で借方に記帳します。

防犯設備を設置し、代金 50 万円を普通預金口座から振り込んだ。

借方 建物付属設備	500,000 円

貸方 普通預金	500,000 円
	摘要例：防犯設備設置

≫ 減少する取引

建物の売却時、一体となっている付属設備も併せて売却されるので、建物付属設備を貸方に記帳し減少させます。付属設備を処分する際も、貸方に記帳し減少させます。

帳簿価額 30 万円（取得価額 100 万円、減価償却累計額 70 万円）の日よけ設備を除却処分し、処分代 5 万円を現金で支払った。

借方 減価償却累計額	700,000 円
固定資産除却損	350,000 円

貸方 建物付属設備	1,000,000 円
現金	50,000 円
	摘要例：日よけ設備の除却処分

仕訳例

例 給排水設備の設置

❶ 事業用建物に給排水設備の設置工事を行い、中間時金として 50 万円を事業用カードで決済した。

借方	建設仮勘定	500,000 円		貸方	未払金	500,000 円
					摘要例：給排水設備の中間時金支払い	

❷ 1月に給排水設備が完成し、残金 100 万円を普通預金口座から振り込んだ。

借方	建物付属設備	1,500,000 円		貸方	普通預金	1,000,000 円
					建設仮勘定	500,000 円
					摘要例：給排水設備工事残金支払い	

❸ 12 月に決算を迎え、減価償却をした。なお、給排水設備の耐用年数は 15 年で、当社は直接法を採用している。

借方	減価償却費	100,000 円		貸方	建物付属設備	100,000 円
					摘要例：当期償却額	

設備の設置工事を行う際には、完成前に一部代金を支払うことがあります。完成前に支払う金額は**建設仮勘定**の科目で計上します❶。設置工事が完了したところで、建設仮勘定を建物付属設備に振り替えます❷。給排水設備の耐用年数は 15 年なので、計上する減価償却費は「150 万円 ÷ 15 年 ＝ 10 万円」と計算できます❸。間接法の場合、貸方は建物付属設備ではなく減価償却累計額で計上します。

> **ポイント**
> ### 建物付属設備の減価償却方法
> 平成 28 年 4 月 1 日以後に取得する建物付属設備から、定率法を採用できなくなり、定額法で一本化されました。減価償却費の計算方法ですが、建物付属設備の内容ごとに決められている耐用年数を確認し、決められた償却率や改定償却率、保証率にもとづいて計算します。国税庁のホームページから「耐用年数表」や「減価償却資産の償却率表」が入手できるので、それらを参考に計算します。

構築物

対象 個人・法人
消費税区分 課税

貸借対照表

資産	固定資産	流動資産
		有形固定資産
		無形固定資産
		投資その他の資産
		繰延資産

負債	流動負債
	固定負債

純資産	株主資本
	株主資本以外

> **どんな科目か** 事業で使用する土地の上に作られた建造物、土木設備や工作物などで、建物及び建物付属設備以外のものを処理する勘定科目です。決算時には、構築物の内容によって定められた耐用年数で減価償却していきます。減価償却方法は、平成28年4月1日以後に取得する構築物から、定率法を採用できなくなり定額法で一本化されました。

> **摘要** アスファルト舗装工事、路面舗装費用、広告用看板、広告塔、フェンス、塀、ブロック壁、緑化設備、庭園、庭木、花壇、井戸、鉄塔、街路樹など

増加する取引

構築物は資産なので、増加する場合、借方に記帳します。構築物の設置前に支払う必要がある着工時金などは建設仮勘定で処理し、設置完了後に構築物に振り替えます。

本社の敷地内に庭園をつくり、代金40万円を現金で支払った。

借方 構築物	400,000円

貸方 現金	400,000円
	摘要例：庭園工事代金支払い

減少する取引

構築物を減価償却する際に直接法を採用している場合、借方に減価償却費を計上し、貸方に構築物を計上することで、構築物の勘定科目を直接減らしていきます。また構築物を売却するなどの際にも貸方に構築物を計上します。

決算に際し、構築物の減価償却費30万円を計上した。当社は直接法を採用している。

借方 減価償却費	300,000円

貸方 構築物	300,000円
	摘要例：当期償却額

仕訳例

例 野立看板の設置

飲食店の駐車場に野立看板を設置し、代金50万円を普通預金口座から振り込んだ。

借方 構築物	500,000円

貸方 普通預金	500,000円
	摘要例：野立看板代金支払い

　看板は内容に応じて、建物付属設備や構築物、工具器具備品に区分されます。建物の屋上に設置する広告塔や野立看板は**構築物**に区分され、ビルの壁面に設置する袖看板や突き出し看板など建物に付帯している看板類は**建物付属設備**になります。店先に置くスタンド看板や広告用のネオンサインは**工具器具備品**に区分します。

例 アスファルト舗装工事

駐車場を設けるためにアスファルト舗装し、代金100万円を現金で支払った。

借方 構築物	1,000,000円

貸方 現金	1,000,000円
	摘要例：アスファルト舗装代金支払い

　駐車場や道路などの舗装工事をした場合の工事代金は、**土地**ではなく**構築物**で処理します。耐用年数は、コンクリート敷の場合15年、アスファルト敷の場合は10年など、舗装材料によって異なります。
　国税庁のホームページに主な減価償却資産の耐用年数が掲載されているので、そちらも参考にしましょう。

例 構築物の除却処分

帳簿価額10万円（取得価額70万円、減価償却累計額60万円）のブロック塀を撤去し、処分代5万円を現金で支払った。

借方 減価償却累計額	600,000円
固定資産除却損	150,000円

貸方 構築物	700,000円
現金	50,000円
	摘要例：ブロック塀の除却

　構築物の帳簿価額と処分代を合わせ**固定資産除却損**で処理します。

機械装置

対象：個人・法人
消費税区分：課税

貸借対照表

資産	流動資産		負債	流動負債
	固定資産	有形固定資産		固定負債
		無形固定資産	純資産	株主資本
		投資その他の資産		株主資本以外
	繰延資産			

> **どんな科目か** 事業で使用するために所有する機械や装置、運搬設備その他の付属設備を処理する科目です。機械装置は時の経過などによって価値が減っていく減価償却資産なので、設備の内容により定められた耐用年数で減価償却していきます。工具器具備品との区分が難しいものがありますが、機械装置は設備の一部として機能を果たすものであり、工具器具備品は単独で使用するものとされます。

> **摘要** 製造機械、製造設備、作業用機械、建設設備、搬送設備、厨房設備、金属加工設備、機械式駐車設備、据付工事費、購入手数料など

≫ 増加する取引

事業で使用する機械や装置などを購入した際に、機械装置で計上します。本体価額以外に、据付工事費や試運転費などの付随費用も一緒に機械装置で処理します。

印刷機械を100万円で購入し、代金は普通預金口座から振り込んだ。

借方 機械装置	1,000,000 円	貸方 普通預金	1,000,000 円
			摘要例：印刷機械購入代金

≫ 減少する取引

所有している機械装置を売却したり、廃棄、除却したりする際に貸方に記帳します。また、直接法で減価償却する場合も、貸方に機械装置を記帳します。

法人で所有している帳簿価額200万円（取得価額1,000万円、減価償却累計額800万円）の機械装置を350万円で売却し、代金は普通預金口座へ振り込まれた。

借方 普通預金	3,500,000 円	貸方 機械装置	10,000,000 円
減価償却累計額	8,000,000 円	固定資産売却益	1,500,000 円
			摘要例：機械装置の売却

仕訳例

例 製造用機械の購入

パン製造設備を 300 万円で購入し、設置費用 5 万円と一緒に翌月末払いとした。

借方 機械装置	3,050,000 円	貸方 未払金	3,050,000 円
			摘要例：パン製造設備購入

付随費用（搬送費、据付費用など）も含めて機械装置で計上します。

例 機械装置の除却

帳簿価額 30 万円（取得価額 500 万円、減価償却累計額 470 万円）の機械装置が古くなったため除却処分し、処分費用 10 万円を現金で支払った。

借方 減価償却累計額	4,700,000 円	貸方 機械装置	5,000,000 円
固定資産除却損	400,000 円	現金	100,000 円
			摘要例：機械装置の除却

機械装置を除却処分する際には、帳簿価額を固定資産除却損に振り替えます。処分費用がかかった場合、その代金も含めて固定資産除却損で計上します。

例 減価償却費の計上（直接法）

決算時、厨房設備の減価償却費 30 万円を計上した。当社は直接法を採用している。

借方 減価償却費	300,000 円	貸方 機械装置	300,000 円
			摘要例：厨房設備の減価償却

直接法では、固定資産の取得価額から減価償却費を直接減らしていきます。

例 減価償却費の計上（間接法）

決算時、厨房設備の減価償却費 30 万円を計上した。当社は間接法を採用している。

借方 減価償却費	300,000 円	貸方 減価償却累計額	300,000 円
			摘要例：厨房設備の減価償却

間接法では、減価償却累計額を用いて間接的に減価償却費を計上します。

車両運搬具

対象 個人・法人
消費税区分 課税

貸借対照表

資産	流動資産		負債	流動負債
	固定資産	有形固定資産		固定負債
		無形固定資産	純資産	株主資本
		投資その他の資産		株主資本以外
	繰延資産			

どんな科目か 事業のために、人や物を運ぶ目的で所有する車両や運搬具です。車両運搬具で計上する金額（＝取得価額）は、車両本体の購入代金の他に、購入に際して支払った**付随費用**も含まれます。車両運搬具は**減価償却資産**になり、種類や総排気量、積載量などによって定められた耐用年数で減価償却していきます。また、中古車を購入した場合は、国税庁のホームページ「中古資産の耐用年数」を参考に減価償却を行います。

摘要 自動車、乗用車、軽自動車、貨物自動車、旅客自動車、特殊自動車、トラック、バス、二輪自動車、オートバイ、自転車、購入手数料、車両下取費用など

≫ 増加する取引

事業で使用する自動車などを購入した際に、購入代金を車両運搬具で計上します。購入手数料やカーナビなどの費用も一緒に車両運搬具で処理します。

トラックを300万円で購入し、代金は普通預金口座から振り込んだ。

借方 車両運搬具	3,000,000 円

貸方 普通預金	3,000,000 円
	摘要例：トラック購入代金

≫ 減少する取引

所有している車両運搬具を売却したり、廃棄、除却したりする際、車両運搬具を減らすために貸方に記帳します。

帳簿価額5万円（取得価額80万円、減価償却累計額75万円）の軽自動車を処分した。

借方 減価償却累計額	750,000 円
固定資産除却損	50,000 円

貸方 車両運搬具	800,000 円
	摘要例：軽自動車の処分

仕訳例

例 営業車の購入

営業車を購入し、購入代金 533 万円を普通預金口座から振り込んだ。

代金の内訳は次の通り。

本体代金 520 万円、自動車税 33,000 円、自賠責保険料 35,000 円、検査登録・車庫証明代行費用など 4 万円、検査登録料・車庫証明 1 万円、リサイクル預託金 12,000 円

借方		貸方	
車両運搬具	5,200,000 円	普通預金	5,330,000 円
租税公課	33,000 円		
支払保険料	35,000 円		
支払手数料	40,000 円		
租税公課	10,000 円		
預託金	12,000 円		

摘要例：営業車の購入

ポイント 購入代金の内訳

車両運搬具の購入の際、注文書を確認し、内容に応じて購入代金を各勘定科目に割り振ります。

内容	勘定科目	消費税区分
本体価格(付属備品・納車費用も含む)	車両運搬具	課税
税金(自動車税・自動車取得税・自動車重量税など)	租税公課	対象外
保険料(自賠責保険・任意保険など)	支払保険料	非課税
諸費用(検査登録手数料、車庫証明代行料など)	支払手数料または車両費	課税
預り法定費用	租税公課	対象外
預りリサイクル預託金	預託金	対象外

例 事業用車両の売却（法人）

帳簿価額 20 万円（取得価額 200 万円、減価償却累計額 180 万円）の自動車を 10 万円で下取りに出し、新車 300 万円に買い替えた。下取代金を差し引いた 290 万円を普通預金口座から振り込んだ。

借方 減価償却累計額 1,800,000 円	**貸方** 車両運搬具 2,000,000 円
固定資産売却損 100,000 円	普通預金 2,900,000 円
車両運搬具 3,000,000 円	
	摘要例：車両の売却

　車両を買い替える場合、まず車を売って、売った代金で（足りない分は足して）新しい車を購入すると考えます。

　この例では、まず帳簿価額 20 万円の自動車を 10 万円で売却するので、その差額を**固定資産売却損**で計上し、売却代金（＝下取代金）10 万円に 290 万円を足して、300 万円の新車を購入します。その 2 つの取引を 1 つの伝票で処理します。

　なお、個人事業主が車両運搬具を売却する場合、固定資産を譲渡したとみなされ、事業所得ではなく**譲渡所得**として計算します。個人事業主の例は次に示します。

例 事業用車両の売却（個人事業主）

帳簿価額 20 万円（取得価額 200 万円、減価償却累計額 180 万円）の自動車を 10 万円で下取りに出し、新車 300 万円に買い替えた。下取代金を差し引いた 290 万円を普通預金口座から振り込んだ。

借方 減価償却累計額 1,800,000 円	**貸方** 車両運搬具 2,000,000 円
事業主貸 100,000 円	普通預金 2,900,000 円
車両運搬具 3,000,000 円	
	摘要例：営業車の売却

　個人事業主が車両運搬具を売却する場合、固定資産を譲渡したとみなされ、事業所得ではなく、譲渡所得として計算することになります。よって、この例の場合は、帳簿価額と下取価額の差額を**固定資産売却損**ではなく、**事業主貸**で処理し、売却損益を事業所得の計算から除外します。

例 減価償却費の計上（直接法）

決算に際し、営業車の減価償却費 80 万円を計上した。当社は直接法を採用している。

借方 減価償却費	800,000 円	貸方 車両運搬具	800,000 円
			摘要例：営業車の減価償却

減価償却の仕訳には**直接法**と**間接法**があります。

直接法は、減価償却費を直接購入した固定資産の取得価額から減らしていく方法です。帳簿には減価償却後の固定資産が計上されるので、「固定資産の帳簿価額≠固定資産の取得価額」になります。

間接法は固定資産の取得価額から減価償却費を直接減らさない方法で、**減価償却累計額**という科目を用いて間接的に固定資産の価値の目減り分を計上します。間接法の場合、常に「固定資産の帳簿価額＝固定資産の取得価額」になります。

どちらの方法を用いるのかは、継続適用を条件に任意で決められます。間接法の仕訳例は次に示します。

例 減価償却費の計上（間接法）

決算に際し、営業車の減価償却費 80 万円を計上した。当社は間接法を採用している。

借方 減価償却費	800,000 円	貸方 減価償却累計額	800,000 円
			摘要例：営業車の減価償却

例 ブルドーザーの購入（建設業）

工事現場で使用するブルドーザーを 200 万円で購入し、代金は普通預金口座から振り込んだ。

借方 機械装置	2,000,000 円	貸方 普通預金	2,000,000 円
			摘要例：ブルドーザーの購入

ブルドーザーやパワーショベルなど、人や物の運搬を目的とせず、作業場において作業をすることを目的とする車両は**自走式作業用機械設備**に該当し、車両運搬具ではなく**機械装置**として処理します。

工具器具備品

対象 個人・法人
消費税区分 課税

貸借対照表

資産	固定資産	流動資産
		有形固定資産
		無形固定資産
		投資その他の資産
		繰延資産

負債	流動負債
	固定負債

純資産	株主資本
	株主資本以外

> **どんな科目か** 工場で使用する工具や、事務所などで使用する器具備品を購入した際に、購入金額を処理する勘定科目です。耐用年数が1年以上かつ、取得価額が10万円以上の工具と器具、備品が該当し、計上する金額には**付随費用**も含まれます。耐用年数が1年未満または取得価額が10万円未満の場合、**消耗品費**などの費用の科目で計上します。また、取得価額が10万円以上20万円未満の場合は、**一括償却資産**に該当し、税務上3年間で均等償却していきます。

> **摘要** 作業用工具、測量機器、金型、切削工具、パソコン、コピー機、通信機器、事務機器、照明器具、冷暖房機器、冷蔵庫、金庫、応接セット、テレビなど

≪ 増加する取引

事業で使用する工具や器具、備品を購入した際に、支払った金額を工具器具備品で計上します。工具器具備品は資産なので、増加する場合は借方に記帳します。

事務所に設置するキャビネットを購入し、代金40万円は月末に支払うこととした。

借方 工具器具備品	400,000 円	貸方 未払金	400,000 円
			摘要例：キャビネット購入

≫ 減少する取引

工具器具備品を売却したり、廃棄したりする際、貸方に記帳します。直接法で減価償却する場合、借方に減価償却費を計上し、貸方に工具器具備品を記帳します。

決算に際し、備品の減価償却費5万円を計上した。当社は直接法を採用している。

借方 減価償却費	50,000 円	貸方 工具器具備品	50,000 円
			摘要例：当期償却額

仕訳例

例 応接セットの購入

接客用の応接セットを35万円で購入し、運送費1万円と一緒に現金で支払った。

借方 工具器具備品	360,000円	貸方 現金	360,000円
			摘要例：応接セットの購入代金

応接セットはテーブルやソファなどがセットで販売されます。購入価額が10万円以上であるかどうかは、テーブルやソファを別々に判定するのではなく、セット価格で判定します。また、運送費などの付随費用も工具器具備品に含めます。

例 事務用デスク・椅子の購入

営業所で使用する事務用デスク5台（5万円／1台）、椅子5脚（2万円／1脚)を購入し、代金35万円を普通預金口座から振り込んだ。

借方 消耗品費	350,000円	貸方 普通預金	350,000円
			摘要例：事務用デスク5台・椅子5脚購入代

事務用デスクと椅子は一体で使用することが多いですが、別々に販売されているため、購入価額が10万円以上であるのかどうかは、1つずつの金額で判定されます。

例 コピー機の売却

法人所有の帳簿価額10万円（取得価額60万円、減価償却累計額50万円）のコピー機を売却し、代金15万円が普通預金口座に振り込まれた。

借方 普通預金	150,000円	貸方 工具器具備品	600,000円
減価償却累計額	500,000円	固定資産売却益	50,000円
			摘要例：コピー機の売却代金受取

「売却価額＞帳簿価額」の場合、差額を**固定資産売却益**で計上します。
なお、個人事業主が工具器具備品を売却した際には、事業所得ではなく譲渡所得の計算の対象になります。よって、売却価額と帳簿価額の差額は、**固定資産売却益**や**固定資産売却損**として事業所得の計算には含めず、**事業主貸**または**事業主借**で計上します。上記例では、貸方の固定資産売却益が事業主借になります。

土地

対象 個人・法人
消費税区分 非課税

貸借対照表

資産	流動資産		負債	流動負債
	固定資産	有形固定資産		固定負債
		無形固定資産	純資産	株主資本
		投資その他の資産		株主資本以外
	繰延資産			

> **どんな科目か** 事業で使用するために所有する敷地を処理する科目です。不動産業者が販売目的で所有する土地は、棚卸資産で流動資産の部に計上します。不動産会社への仲介手数料などの**付随費用**も土地に含めます。消費税区分について、土地本体の購入は非課税取引ですが、購入時に支払う仲介手数料や司法書士報酬の支払いは課税取引になります。なお、土地は非減価償却資産なので、減価償却は行いません。

> **摘要** 土地購入代金、事務所敷地、工場敷地、倉庫敷地、店舗敷地、社宅敷地、駐車場用地、土地仲介手数料、立退料、建物取壊費用、整地費用など

≫ 増加する取引

土地は資産なので、増加する場合は借方に記帳します。土地を購入契約時に支払った手付金は、前渡金で処理していき、残金を支払ったところで土地に振り替えます。

倉庫用地を 2,000 万円で購入し、代金は普通預金口座から振り込んだ。

借方 土地	20,000,000 円	貸方 普通預金	20,000,000 円
			摘要例：倉庫敷地購入代金

≫ 減少する取引

所有している土地を売却した際に、土地を貸方に記帳します。そして、土地の帳簿価額と売却代金との差額は、固定資産売却益もしくは固定資産売却損で計上します。

帳簿価額 1,000 万円の土地を 700 万円で売却し代金は普通預金口座に振り込まれた。

借方 普通預金	7,000,000 円	貸方 土地	10,000,000 円
固定資産売却損	3,000,000 円		
			摘要例：事業用土地の売却

仕訳例

例 工場用敷地の購入

❶ 工場建設用の土地を 3,000 万円で購入し、契約時に手付金 100 万円を普通預金口座から振り込んだ。

借方 前渡金	1,000,000 円	貸方 普通預金	1,000,000 円
			摘要例：土地手付金支払い

❷ 支払期日に❶の残金 2,900 万円と仲介手数料 60 万円、登記費用（登録免許税 50 万円、司法書士報酬 10 万円）を一緒に普通預金口座から振り込んだ。登録免許税及び司法書士報酬は、土地の取得価額に含めないものとする。

借方 土地	30,600,000 円	貸方 普通預金	30,200,000 円
租税公課	500,000 円	前渡金	1,000,000 円
支払手数料	100,000 円		
			摘要例：工場用敷地購入

仲介手数料は土地の取得価額に含めます。登記費用は建物の取得価額に含めず、当期の費用で計上することも選択できます。登録免許税や不動産取得税などの税金は**租税公課**、登記手続きを依頼する司法書士に支払う報酬は**支払手数料**で計上します。

例 取り壊しを予定している建物付土地の購入

店舗建設のために、土地建物を 2,000 万円で購入し、建物は購入と同時に取り壊した。購入代金 2,000 万円と建物取壊費用 200 万円を一緒に普通預金口座から振り込んだ。

借方 土地	22,000,000 円	貸方 普通預金	22,000,000 円
			摘要例：店舗用土地購入

土地とその上にある建物を購入した際、取得後おおむね 1 年以内にその建物の取り壊しに着手するなど、建物を取り壊して土地を利用する目的であることが明らかな場合、その建物を取り壊した時点の帳簿価額と取壊費用は、土地の取得価額に含めることになっています。

建設仮勘定

対象 個人・法人
消費税区分 対象外

貸借対照表

資産	流動資産		負債	流動負債
	固定資産	有形固定資産		固定負債
		無形固定資産	純資産	株主資本
		投資その他の資産		株主資本以外
	繰延資産			

どんな科目か 一時的に使用する科目です。建設工事の場合、発注から完成引渡までの期間が長期に及ぶため、手付金など、完成前に代金の一部を支払うことがあります。そのつど、支払う代金は建設仮勘定で計上し、完成品の引き渡しを受けたときに、建設仮勘定の残高を、**建物**や**機械装置**などの科目に振り替えます。

摘要
　　契約時金、着工時金、中間金、建設資材費、建設用機械代、設計料など

≫ 増加する取引

完成引渡前に手付金や中間金、建築のための労務費などを支払った際に、建設仮勘定で計上します。建設仮勘定は資産なので、増加する場合、借方に記帳します。

本社ビルを建て替えるため、手付金として300万円を普通預金口座から振り込んだ。

借方 建設仮勘定	3,000,000 円	**貸方** 普通預金	3,000,000 円
			摘要例：本社ビル建設手付金

≫ 減少する取引

完成までの間に計上してきた建設仮勘定がある場合、建物や機械装置などに振り替え、貸方に記帳してゼロにし、借方に建物を記帳します。

本社ビルが完成し、建物の引き渡しを受けた。着工時に支払った手付金500万円を差し引き、残金4,500万円を普通預金口座から振り込んだ。

借方 建物	50,000,000 円	**貸方** 建設仮勘定	5,000,000 円
		普通預金	45,000,000 円
		摘要例：本社ビル完成による残金支払い	

仕訳例

例 店舗建築代金の支払い

❶ 店舗の設計・デザイン料として 100 万円を普通預金口座から振り込んだ。

借方 建設仮勘定	1,000,000 円	貸方 普通預金	1,000,000 円
			摘要例：新店舗設計・デザイン料支払い

❷ 業者に建築を依頼し、手付金として 300 万円を普通預金口座から振り込んだ。

借方 建設仮勘定	3,000,000 円	貸方 普通預金	3,000,000 円
			摘要例：新店舗手付金支払い

❸ 3 月末になり、今期の決算を迎えた。

仕訳なし

❹ 店舗が完成し、先に支払っていた❶❷の代金を差し引き、残金 3,000 万円を普通預金口座から振り込んだ。工事見積から、建物 2,400 万円、建物付属設備 1,000 万円で計上した。

借方 建物	24,000,000 円	貸方 建設仮勘定	4,000,000 円
建物付属設備	10,000,000 円	普通預金	30,000,000 円
			摘要例：新店舗完成による残金支払い

建築に伴って支払う付随費用も建物の取得価額に含まれるため、完成引渡しまでの間、建設仮勘定で計上します❶❷。建設仮勘定は、減価償却しません❸。完成後、物件に引渡しを受けたところで、計上してきた建設仮勘定を適切な科目に振り替え、ゼロにします。具体的には、工事見積書や請求書などで内容を確認していきます。

ポイント
建設仮勘定と減価償却

未完成の状態である建設仮勘定では減価償却できません。減価償却がスタートするタイミングは、建設仮勘定を建物などの資産に振り替えた時点ではなく、その建物などを事業の用に供することになった時点からです。

減価償却累計額

対象 個人・法人
消費税区分 対象外

貸借対照表

資産		流動資産		負債	流動負債
	固定資産	有形固定資産			固定負債
		無形固定資産		純資産	株主資本
		投資その他の資産			株主資本以外
		繰延資産			

> **どんな科目か** 減価償却費の合計額です。減価償却の仕訳には**直接法**と**間接法**があります。直接法は、減価償却費を直接購入した固定資産の取得価額から減らしていくのに対して、間接法は固定資産の取得価額から減価償却費を直接減らさず、減価償却累計額を用いて間接的に固定資産の価値を減額します。減価償却累計額は貸借対照表の有形固定資産の部にマイナス勘定として計上します。

> **摘要** 当期償却額、当期償却費計上、固定資産減価償却、建物減価償却、構築物減価償却、機械減価償却、車両運搬具減価償却、工具器具備品減価償却など

増加する取引

固定資産は耐用年数に応じて当期の費用になる金額を計算し、減価償却費を計上します。減価償却累計額は資産のマイナス勘定なので、増加する際、貸方に記帳します。

決算にて社用車の減価償却費30万円を計上した。当社は間接法を採用している。

借方 減価償却費	300,000 円	**貸方** 減価償却累計額	300,000 円
			摘要例：車両の減価償却

減少する取引

有形固定資産の売却や除却の際、計上してきた減価償却累計額をゼロにします。

100万円で購入した機械装置（減価償却累計額が50万円）を20万円で売却し、代金は現金で受け取った。

借方 現金	200,000 円	**貸方** 機械装置	1,000,000 円
減価償却累計額	500,000 円		
固定資産売却損	300,000 円		
			摘要例：機械装置の売却

仕訳例

例 個人事業者の減価償却

1月に営業車を300万円（定率法、耐用年数6年）で購入し、一部プライベートでも使用している。決算に際し、減価償却を行う。事業使用割合は70%、間接法を採用。

借方	減価償却費	699,300 円
	事業主貸	299,700 円

貸方	減価償却累計額	999,000 円

摘要例：営業車の減価償却（事業割合70%）

個人は**強制償却**なので、必ず減価償却を行います。法人の場合は**任意償却**なので、赤字だから減価償却をしないといった選択ができます。

減価償却費の計算ですが、上記例では、耐用年数6年の定率法償却率は0.333であるため、減価償却費は「取得価額300万円×償却率0.333 = 999,000円」になります。ただし、事業使用割合70%のみが経費になるため、「999,000円×70% = 699,300円」を減価償却費で計上し、差額の299,700円は事業主貸で計上します。

例 期中に取得した固定資産の減価償却

① 7月に応接セットを50万円（定率法、耐用年数8年）で購入し、普通預金口座から振り込んだ。

借方	工具器具備品	500,000 円

貸方	普通預金	500,000 円

摘要：応接セット購入

② 決算（3月末）に際し、減価償却を行った。当社は間接法を採用している。

借方	減価償却費	93,750 円

貸方	減価償却累計額	93,750 円

摘要例：当期償却費計上

耐用年数8年の定率法償却率は0.250であるため、減価償却費は「50万円×償却率0.250 = 125,000円」になります。期中（7月）に取得しているので月割計算が必要になり、「125,000円×9か月／12か月 = 93,750円」が当期の償却額です。

ソフトウェア

対象 個人・法人
消費税区分 課税

貸借対照表

資産	流動資産		負債	流動負債
	固定資産	有形固定資産		固定負債
		無形固定資産	純資産	株主資本
		投資その他の資産		株主資本以外
	繰延資産			

どんな科目か コンピュータプログラムを購入したり、制作したりする場合に、その代金を処理するための勘定科目です。仕様書や取扱説明書などの関連文書も、ソフトウェアに含めて計上します。ソフトウェアは**無形固定資産**に分類され、制作目的別に会計処理や耐用年数が定められています。10万円未満のインストール型のパソコンソフトなどは**消耗品費**で費用処理します。

> **摘要** コンピュータプログラム、他社開発のソフトウェア開発費、生産管理システム、販売管理システム、ウィルスソフト、システム仕様書、関連文書など

⩘ 増加する取引

ソフトウェアは資産なので、増加する場合、借方に記帳します。

自社利用目的でソフトウェアを購入し、代金50万円は翌月末に支払うこととした。

借方 ソフトウェア	500,000円	貸方 未払金	500,000円
			摘要例：ソフトウェアの購入

⩗ 減少する取引

ソフトウェアを売却したり、廃棄したりする際、貸方に記帳します。また、ソフトウェアを減価償却する際も、貸方に記帳します。

帳簿価額20万円のソフトウェアを8万円で売却し、代金は現金で受け取った。

借方 現金	80,000円	貸方 ソフトウェア	200,000円
固定資産売却損	120,000円		
			摘要例：ソフトウェアの売却代金受取

仕訳例

例 ホームページ制作費の支払い

自社商品のネット販売事業を立ち上げ、専門業者にオンラインショッピング機能のあるホームページの制作を依頼し、代金 80 万円を普通預金口座から振り込んだ。

借方 ソフトウェア	800,000 円

貸方 普通預金	800,000 円
	摘要例：ホームページ制作費

ホームページの制作費は、単なる広告宣伝を目的としたものであるか、複雑なプログラムが使用されているかによって会計処理が異なります。

例えば、会社概要や商品 PR などの単純に内容を更新していくものは、原則として、支払時に**広告宣伝費**などで費用処理します。それに対し、オンラインショッピング機能やインターネット予約機能など、高度なプログラムを構築して機能を付加したホームページの制作費はソフトウェアで処理します。

例 会計ソフトの購入

インストール型の会計ソフト 8 万円を購入し、事業用カードで支払った。

借方 消耗品費	80,000 円

貸方 未払金	80,000 円
	摘要例：会計ソフト購入

10 万円未満の会計ソフトの購入代金は**消耗品費**で計上します。クラウド型の会計ソフトの場合、**通信費**の科目を使用することもあります。

10 万円を超える会計ソフトを購入した場合は、ソフトウェアで計上します。ただし、購入代金が 10 万円以上 20 万円未満の場合は、**一括償却資産**の科目で計上し、3年で均等償却していきます。また、購入代金が 30 万円未満のものについては、**中小企業者等の少額減価償却資産の特例**を適用して**消耗品費**の科目で全額経費に計上することもできます。

> **ポイント**
> ### 中小企業等の少額減価償却資産の特例
> 中小企業者などが、取得価額が 30 万円未満である減価償却資産（工具器具備品・機械装置・ソフトウェア・特許権など）を購入して事業用に使用した場合、一定の要件のもとに、購入価額を法人税法上、一度に経費に落とすことができます。

例 自社利用ソフトウェアの購入

社内業務用に生産管理ソフトウェアを購入し、代金50万円を普通預金口座から振り込んだ。当該ソフトウェアの利用により、将来のコスト削減が確実であると認められる。

借方 ソフトウェア	500,000 円	貸方 普通預金	500,000 円
			摘要：生産管理ソフトウェア購入

将来の収益獲得またはコスト削減が不確実な場合などは、ソフトウェアでなく、**研究開発費**で費用処理します。

ポイント

自社利用目的と市場販売目的

社内業務に使用するために購入または自社制作したソフトウェアを自社利用目的ソフトウェアといいます。会計ソフトや給与計算ソフト、販売管理ソフトなどです。将来の収益獲得またはコスト削減が確実であると認められる場合、ソフトウェアとして資産に計上し、それ以外の場合は、研究開発費で費用に計上します。耐用年数は5年です。

製品マスターを制作し、これを複写したものを不特定多数に販売する目的で制作するソフトウェアを市場販売目的ソフトウェアといいます。マスターが完成するまでにかかった費用は、研究開発費として費用に計上し、完成後の制作活動においてかかった費用はソフトウェアとして資産に計上します。耐用年数は3年です。

例 ソフトウェアの減価償却

期首に自社利用の人事システムを50万円で購入し、ソフトウェアで計上している。決算に際し、減価償却を行った(耐用年数5年)。

借方 減価償却費	100,000 円	貸方 ソフトウェア	100,000 円
			摘要例：ソフトウェアの減価償却

ソフトウェアなどの無形固定資産の減価償却費は**直接法**で仕訳します。よって、貸方は**減価償却累計額**ではなく、ソフトウェアになります。

例 プログラムの修正費用

使用中のプログラムの修正を行い、代金 80 万円を普通預金口座から振り込んだ。代金の内訳は、機能上の障害の除去費が 30 万円、新たな機能追加費用が 50 万円である。

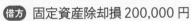

| 借方 | 修繕費 | 300,000 円 |
| | ソフトウェア | 500,000 円 |

| 貸方 | 普通預金 | 800,000 円 |
| | | |

摘要例：プログラム修正費用

利用中のソフトウェアについて、プログラムの修正を行った場合、修正内容によって会計処理が異なります。

プログラムの機能上の障害の除去や、性能の維持などのために行われるものは**修繕費**、新たな機能の追加や、向上のために行うものは**ソフトウェア**で処理します。

例 ソフトウェアの除却

自社で使用していたソフトウェア（帳簿価額 20 万円）が古くなり、新しいソフトウェアに切り替えたので除却処理をした。旧ソフトウェアは過去データの参照のために物理的には除却していないが、今後事業で使用することは一切ない。

| 借方 | 固定資産除却損 200,000 円 |
| | |

| 貸方 | ソフトウェア 200,000 円 |

摘要例：旧ソフトウェアの除却処分

ポイント

ソフトウェアの除却

ソフトウェアの切り替えの際、業務上の理由で以前使用していたソフトウェアを物理的に除却、廃棄、消滅しないことがあります。そのような場合でも、次のようにそのソフトウェアを今後事業に使用しないことが明らかな場合は、固定資産除却損で処理することができます。

①自社で利用するソフトウェア

　そのソフトウェアによるデータ処理の対象となる業務が廃止された場合、またはハードウェアやオペレーティングシステムの変更などによって、他のソフトウェアを利用することになった場合

②複写して販売するための原本となるソフトウェア

　新製品の出現、バージョンアップなどにより、今後、販売を行わないことが社内稟議書、販売流通業者への通知文書などで明らかな場合

出資金

対象 個人・法人
消費税区分 対象外

貸借対照表

資産	流動資産		負債	流動負債
	固定資産	有形固定資産		固定負債
		無形固定資産	純資産	株主資本
		投資その他の資産		株主資本以外
	繰延資産			

どんな科目か 出資したお金のことで、株式会社以外の法人や信用金庫や商工会議所などに出資した金額を処理する科目です。また、ゴルフ会員権やリゾートホテルの会員権などを購入した際にも出資金で計上します。出資金は譲渡可能ですが、株式のように自由に売買できないため、有価証券や投資有価証券とは別に計上し、**投資その他の資産**の部に表示します。

> **摘要** 出資、信用組合へ出資、協同組合へ出資、合名会社へ出資、有限会社へ出資、社団法人へ出資、リゾート会員権、レジャークラブ出資金など

増加する取引

株式会社以外の会社や組合などへ出資したときに、出資金で計上します。

協同組合と取引を開始するにあたり、5万円を出資し、現金で支払った。

借方 出資金	50,000 円		**貸方** 現金	50,000 円
				摘要例：協同組合へ出資

減少する取引

出資証券を譲渡（売却）すると、計上していた出資金を減らすために貸方に記帳します。出資金は購入時の価格で貸借対照表に計上されますが、出資先の財政状態が悪化し、回復の見込みがないと認められる場合、評価損を計上します。その際、借方に**出資金評価損**（特別損失）、貸方に出資金を記帳し、出資金をその時点の時価とします。

信用組合の口座を解約する際、出資証券5万円を売却し、現金で受け取った。

借方 現金	50,000 円		**貸方** 出資金	50,000 円
				摘要例：出資金の払い戻し

2
固定資産

仕訳例

例 信用金庫の出資金

信用金庫から融資を受けるため、出資証券 10 万円を現金で支払った。

借方 出資金	100,000 円

貸方 現金	100,000 円
	摘要例：信用金庫へ出資

信用金庫からの融資や組合の共済加入のために、出資が必要なことがあります。会員を脱退する際に戻ってくるお金なので、経費にはせず、資産に計上します。

例 ゴルフ会員権の購入

接待用で利用するために、ゴルフクラブに法人会員で入会し、入会金 100 万円と名義書換料 15 万円、年会費 30 万円を普通預金口座から振り込んだ。

借方 出資金	1,150,000 円
交際費	300,000 円

貸方 普通預金	1,450,000 円
	摘要例：ゴルフ会員権の購入

出資金にはゴルフクラブの入会金の他、購入時の名義書き換え料や仲介手数料なども含まれます。

接待目的での入会の場合、年会費は**交際費**になります。役員が特定の社員が業務と関係なく利用している場合は、出資金ではなく、**役員報酬**や**給与手当**となる可能性があるので、注意が必要です。

例 ゴルフ会員権の売却

所有しているゴルフ会員権（取得価額 115 万円）を 90 万円で売却し、代金が普通預金口座に振り込まれた。

借方 普通預金	900,000 円
出資金売却損	250,000 円

貸方 出資金	1,150,000 円
	摘要例：ゴルフ会員権の売却

個人の場合は、ゴルフ会員権の売却は譲渡所得になり、確定申告の対象になります。借方は出資金売却損ではなく、**事業主貸**とし事業所得の計算から除きます。

長期前払費用

対象 個人・法人
消費税区分 対象外

貸借対照表

資産	流動資産		負債	流動負債
	固定資産	有形固定資産		固定負債
		無形固定資産	純資産	株主資本
		投資その他の資産		株主資本以外
	繰延資産			

> **どんな科目か** 一定の契約にしたがって継続的にサービスを受ける場合で、まだサービスの提供を受けていない期間に対して先に支払った代金のうち、1年を超える期間に対応する代金のことです。ちなみに1年以内の期間に対応する代金は前払費用で処理します。

> **摘要** 経費の前払い、支払利息の未経過分、信用保証料の前払分、割賦手数料の前払分、前払費用へ振替、経費へ振替、長期前払費用の償却など

増加する取引

契約期間が1年を超えるサービスに対して、代金をまとめて前払いしたときに長期前払費用で計上します。長期前払費用が増える場合は、借方に記帳します。実務上は、広告費を支払った際に広告宣伝費で記帳し、決算整理仕訳で期間に応じて長期前払費用に振り替えることもあります。

2年間の広告契約を結び、2年分の広告費24万円を普通預金口座から振り込んだ。

借方 長期前払費用	240,000 円	貸方 普通預金	240,000 円
			摘要例：広告宣伝費2年分前払い

減少する取引

決算時に、長期前払費用に計上していた支払いについて、決算までに該当する分は当期の経費に振り替え、決算日の翌日から1年以内に該当する分は前払費用に振り替えます。

決算にあたり、長期前払費用に計上していた広告宣伝費12万円が、決算日の翌日から1年以内に契約期限が到来するため、前払費用に振り替えた。

借方 前払費用	120,000 円	貸方 長期前払費用	120,000 円
			摘要例：前払費用振替

仕訳例

例 1年基準（ワン・イヤー・ルール）の適用

1 2019年10月1日

2年間の火災保険料36万円全額を普通預金口座から振り込んだ。

借方 長期前払費用	360,000円	貸方 普通預金	360,000円
		摘要例：火災保険料支払い（2年分）	

2 2020年3月31日

決算に伴い、必要な処理を行う（決算整理仕訳）。

借方 保険料	90,000円	貸方 長期前払費用	270,000円
前払費用	180,000円		
		摘要例：決算振替	

3 2021年3月31日

決算に伴い、必要な処理を行う（決算整理仕訳）。

借方 保険料	180,000円	貸方 前払費用	180,000円
前払費用	90,000円	長期前払費用	90,000円
		摘要例：決算振替	

4 2022年3月31日

決算に伴い、当期の経費になる分を振り替える（決算整理仕訳）。

借方 保険料	90,000円	貸方 前払費用	90,000円
		摘要例：前払費用の振替	

　2年分の保険料を支払いますが、いったん全額を長期前払費用で記帳します**1**。2019年10月〜2020年3月の期間に該当する保険料は、当期の費用になるので**保険料**に振り替えます。2020年4月〜2021年3月の期間に該当する保険料は**前払費用**に振り替えます**2**。2020年4月〜2021年3月の期間に該当する保険料は当期の経費になるので、前払費用から保険料に振り替えます。残りの2021年4〜9月の期間に該当する保険料は、2021年3月末から計算して1年以内になるので、

2
固定資産

長期前払費用から前払費用に振り替えます❸。残っていた2021年4〜9月の期間に該当する分を、当期の経費に振り替えます❹。

> **ポイント**
>
> ## 前払費用と長期前払費用
>
> 前払費用と長期前払費用の区分けには、1年基準（ワン・イヤー・ルール）が適用され、決算日の翌日から1年以内の代金は前払費用、1年を超える金額は長期前払費用で処理します。
>
> | 支払日 | | 当期決算日 | | 翌期決算日 | |
> |---|---|---|---|---|---|
> | | | | 前払費用 | | 長期前払費用 |
>
> | 契約日 | 契 約 期 間 → |

例 商店街の負担金

❶ 商店街のアーケードを設置するために、負担金150万円を小切手で支払った。

借方 長期前払費用 1,500,000円	**貸方** 当座預金　　1,500,000円
	摘要：商店街アーケード負担金支払い

❷ 決算に際し、上記負担金を償却した。なお、償却期間は5年であり、当期末で支払いからちょうど1年経過している。

借方 長期前払費用償却 300,000円	**貸方** 長期前払費用　　300,000円
	摘要：長期前払費用の償却

商店街などの公共施設などに対して共同で支払う負担金は、税法上の繰延資産に該当し、会計上は長期前払費用で処理します❶。税法上の繰延資産のうち、公共施設などの負担金は、耐用年数5年で残存ゼロの定額法で償却します。今期償却できる金額は、負担金「1,500,000円÷5年＝300,000円」になります❷。

例 事務所更新料の支払い

❶ 期首日に事務所の賃貸期間が終了したため、更新料60万円を普通預金口座から

振込み、再契約をした。新しい契約期間は3年である。

借方 長期前払費用	600,000 円		貸方 普通預金	600,000 円
				摘要：事務所更新料の支払い

❷ 決算に際し、必要な処理を行う。

借方 長期前払費用償却	200,000 円		貸方 長期前払費用	200,000 円
				摘要：更新料の当期分償却（契約期間3年）

　資産を賃借するための契約金などは税法上の繰延資産になるので、支払時に長期前払費用で処理します❶。

　資産を賃借するための契約金などは、原則として5年間で償却します。ただし、例外として次のいずれも満たす場合には、その契約期間になります。

　　・契約による賃借期間が5年未満

　　・契約の更新の際に、再び権利金などの支払いをすることが明らか

　上記の場合、契約期間が3年であるため、3年で償却していくことになります❷。

ポイント

繰延資産との関係性

繰延資産とは、代金を支払い、サービスの提供も受けたけれど、その支出の効果が1年以上に及ぶものをいいます。長期前払費用や前払費用は、代金を支払っているところは同じですが、まだサービスの提供を受けていない費用であるところに違いがあります。

繰延資産は、会計上の繰延資産と税法上の繰延資産に分けられ、税法上の繰延資産のうち下記については繰延資産でなく、長期前払費用で処理することになっています。

①公共施設などの負担金（商店街のアーケードなど）

②資産を賃借するための契約など（礼金、権利金、更新料など）

③役務の提供を受けるための権利金など（フランチャイズ加盟金など）

④広告宣伝用資産を贈与した費用（販売代理店に贈与する自社製品の広告用看板などの費用）

⑤その他自己が便益を受けるための費用（出版権設定対価、同業者団体などの入会金、職業スポーツ選手の契約金など）

この税法上の繰延資産は、その種類ごとに償却期間が決まっており、それにもとづいて月割で均等償却していくことになります。ただし、支出額が20万円未満であるときには支出時にすべて費用に計上できます。

長期貸付金

対象 個人・法人
消費税区分 対象外

貸借対照表

資産	流動資産	
	固定資産	有形固定資産
		無形固定資産
		投資その他の資産
	繰延資産	

| 負債 | 流動負債 |
| | 固定負債 |

| 純資産 | 株主資本 |
| | 株主資本以外 |

どんな科目か 役員や従業員、株主などの社内の人間や、取引先、関係会社などに貸したお金で、決算日の翌日から1年を超えて返済されるお金のことです。決算日の翌日から計算し、1年以内に返済されるお金は**短期貸付金**で処理します。

摘要 役員へ長期貸付、従業員へ長期貸付、取引先へ長期貸付、立替金の振替、売掛金の振替、貸付金回収、短期貸付金へ振替など

≫ 増加する取引

借方に記帳します。また、立替金や売掛金の回収が先方の都合で1年以上先になる場合などは、長期貸付金に振り替えて、分割返済してもらうということもあります。

従業員へ住宅購入資金200万円（5年返済）を貸し付け、普通預金口座より振り込んだ。

借方 長期貸付金	2,000,000 円

貸方 普通預金	2,000,000 円
	摘要例：従業員へ住宅資金の長期貸付

≫ 減少する取引

貸し付けたお金の返済を受けると、お金を受け取る権利（債権）が減少するので、長期貸付金を貸方に記帳します。また、決算日時点で長期貸付金の内容を確認し、返済期日が1年を切ることとなった場合、長期貸付金を短期貸付金に振り替えます。

取引先A社への長期貸付金300万円について、1回目の返済を受け、元金60万円と利息5万円が普通預金口座に入金された。

借方 普通預金	650,000 円

貸方 長期貸付金	600,000 円
受取利息	50,000 円
	摘要例：A社貸付金返済（1回目）

仕訳例

例 資金の貸付

❶ 得意先 B 社に長期運転資金として 500 万円を貸し付け、小切手を振り出した。他の貸付金と区別するために、補助科目（B 社）を作った。

借方 長期貸付金（B社）5,000,000 円	貸方 当座預金　　　　5,000,000 円
	摘要例：長期運転資金貸付

❷ B 社より当月返済分 10 万円が、利息 1 万円と一緒に当座預金に振り込まれた。

借方 当座預金　　　　110,000 円	貸方 長期貸付金（B社）100,000 円
	受取利息（B 社）　10,000 円
	摘要例：貸付金返済 5 月分

貸付金利息は**受取利息**で処理します。こちらも補助科目を作るとわかりやすいです。

例 立替金からの振替

役員 C が個人名義で車を購入する際に、会社が 300 万円を立替払いし、翌月返済してもらう予定だったが、返済のめどが立たなくなったため、長期貸付金に振り替えた。

借方 長期貸付金　　　3,000,000 円	貸方 立替金　　　　　3,000,000 円
	摘要例：役員 C 立替金振替

貸付金とした場合、金銭消費貸借契約書や借用書などを交わし、返済プランを明確にしましょう。

例 売掛金からの振替

取引先 D 社より掛代金 150 万円を支払期限までに支払えないと相談を受け、話し合いの結果、貸付金に振り替え、毎月 10 万円ずつ分割で返済してもらうことにした。

借方 長期貸付金　　　1,500,000 円	貸方 売掛金　　　　　1,500,000 円
	摘要例：D 社売掛金の貸付金振替

30 固定資産

敷金・保証金

対象 個人・法人
消費税区分 対象外

貸借対照表

> **どんな科目か** 不動産を借りるときに、家賃などの担保として預けておくお金です。退居の際には原則、全額返金されますが、一部償却されて返金されない部分がある場合、敷金・保証金には含めず、**長期前払費用**で計上し、一定の期間で費用にしていきます。よって、計上できる金額は、退去時に返金される部分のみです。

> **摘要** 敷金の支払い、差入保証金の支払い、借室権利金の支払い、営業保証金の支払い、取引保証金の支払い、敷金の積み増し、分割返済保証金など

≪ 増加する取引

不動産を借りる際に、担保として預けるお金は敷金または保証金で記帳します。原則、退去時に返却されるので、資産に計上し、支払時には借方に記帳します。

店舗兼事務所を賃借するにあたり、不動産会社に1か月分の家賃20万円と敷金60万円、仲介手数料20万円を普通預金口座に振り込んだ。

借方		貸方	
地代家賃	200,000 円	普通預金	1,000,000 円
敷金・保証金	600,000 円		
支払手数料	200,000 円		

摘要例：店舗等契約時金の支払い

≫ 減少する取引

契約期間の満了時などに、預けていた敷金などが返還された際に、敷金・保証金を貸方に計上し、残高をゼロにします。

事務所の退居にあたり、敷金60万円が返還され、普通預金に入金された。

借方		貸方	
普通預金	600,000 円	敷金・保証金	600,000 円

摘要例：事務所敷金の返還

仕訳例

例 不動産の賃借

❶ 営業所を賃借して、保証金 50 万円を支払うために小切手を振り出した。契約書によると、「契約期間は 4 年、退居時に保証金の 20％相当額が償却、更新料の支払いあり」となっている。

借方 敷金・保証金	400,000 円	貸方 当座預金	500,000 円
長期前払費用	100,000 円		摘要例：営業所家賃・敷金支払い

❷ 決算に際し、❶の返還されない部分の保証金を償却した。

借方 長期前払費用償却	25,000 円	貸方 長期前払費用	25,000 円
			摘要例：保証金償却

支払った保証金の返還されない部分のうち償却されて戻ってこない分（50 万円×20％）は**長期前払費用**で計上します❶。保証金の償却期間は、原則 5 年で月割償却です。賃貸借期間が 5 年未満かつ更新時に更新料の支払い義務がある場合は、賃貸借期間が償却期間になります。よって「10 万円×（12 か月／48 か月）＝ 25,000円」を償却します❷。

例 営業保証金の処理

❶ 取引を開始するにあたり、営業保証金 100 万円を普通預金口座から振り込んだ。契約期間満了時に全額返金されるものである。

借方 保証金(差入保証金)	1,000,000 円	貸方 普通預金	1,000,000 円
			摘要例：営業保証金の支払い

❷ 契約期間が満了したので、❶の保証金が返還され、普通預金口座に入金された。

借方 普通預金	1,000,000 円	貸方 保証金(差入保証金)	1,000,000 円
			摘要例：営業保証金の返還

将来返還されないものであれば、**支払保証金**といった科目で費用処理します❶。

保険積立金

対象 個人・法人
消費税区分 対象外

貸借対照表

資産	流動資産	負債	流動負債
	固定資産 有形固定資産		固定負債
	無形固定資産	純資産	株主資本
	投資その他の資産		株主資本以外
	繰延資産		

> **どんな科目か** 満期返戻金のある生命保険や損害保険の保険料のうち、積立金に相当する部分を計上するために使用する勘定科目です。保険契約によって支払う保険料は、保険部分と積立部分に区分されます。保険部分の保険料は**支払保険料**などの勘定科目で当期の費用として計上します。積立部分は満期返戻金に相当する部分なので、保険料の支払時には費用とせず、資産に計上します。
>
> **摘要** 保険料積立分、定期保険料、長期標準定期保険料、逓増定期保険料、終身保険料、養老保険料、積立損害保険料など

增加する取引

保険積立金は資産に分類され、資産が増える際には借方に記帳します。

法人名義の倉庫建物の長期損害保険契約をし、今年度の保険料20万円を現金で支払った。保険料のうち積立部分は10万円である。

借方 保険積立金	100,000 円	貸方 現金	200,000 円
保険料	100,000 円		
			摘要例：倉庫損害保険契約

減少する取引

満期または解約の際、計上してきた保険積立金をゼロにし、貸方に記帳します。

契約している生命保険を途中解約し、解約返戻金350万円が普通預金口座に振り込まれた。これまで計上してきた積立金は320万円である。

借方 普通預金	3,500,000 円	貸方 保険積立金	3,200,000 円
		雑収入	300,000 円
			摘要例：保険解約

仕訳例

例 終身保険の保険料支払い

法人で終身保険を契約し、第1回目の保険料20万円を普通預金口座から振り込んだ。死亡保険金の受取人は法人である。

借方 保険積立金	200,000 円

貸方 普通預金	200,000 円
	摘要例：終身保険料支払い

終身保険とは、被保険者の死亡によって保険金が支払われる生命保険です。保険料の取り扱いは、保険金の受取人に応じて決まっています。死亡保険金の受取人が法人の場合、支払った保険料全額を保険積立金として資産計上します。死亡保険金の受取人が役員・従業員の遺族の場合は、支払った保険料全額をその役員または従業員に対する**給与**として処理します。

例 養老保険の保険料支払い

養老保険の保険料50万円が普通預金口座から引き落とされた。保険金の受取人は、死亡保険金が従業員遺族、生存保険金は法人である。

借方 保険積立金	250,000 円
保険料	250,000 円

貸方 普通預金	500,000 円
	摘要例：養老保険料支払い

養老保険とは、満期または被保険者の死亡によって保険金が支払われる生命保険です。死亡保険金の受取人が被保険者またはその遺族、生存保険金の受取人が法人の場合、支払った保険料の2分の1を**保険料**、2分の1を保険積立金とします。

> **ポイント**
> ### 個人事業主と養老保険
> 個人事業主の場合も、法人と同様に従業員などを被保険者とする養老保険契約ができます。ただし、従業員の退職時にその保険が解約されていなかったり、従業員が満期保険金を受け取った際に従業員の退職金に充当される旨が明確になっていなかったりした場合は、個人事業主の利殖目的とみなされて、費用として認められないことがあります。また、従業員の大部分が家族である場合も、保険料として認められないことがあります。個人事業主が従業員の福利厚生目的で保険を契約する際、個人事業主の利殖目的とみなされない契約形態にすることが大事です。

創立費

対象 法人
消費税区分 課税・対象外

貸借対照表

資産	流動資産	
	固定資産	有形固定資産
		無形固定資産
		投資その他の資産
繰延資産		

負債	流動負債
	固定負債

純資産	株主資本
	株主資本以外

> **どんな科目か** 法人を設立するために支出した費用を処理するための勘定科目です。例えば、「定款その他諸規則の作成費用」や「発起人が受ける報酬」などです。法人の設立登記が完了する日までに支出した費用が創立費となるので、当然法人のみで使用する勘定科目になります。創立費は繰延資産の部に計上し、「5年（60か月）の均等償却」または「任意償却（償却するかしないか、また、償却金額を自由に決定）」のいずれかの方法で償却して、費用にしていきます。

> **摘要** 定款作成費用、定款認証手数料、定款印紙税、株式募集費、創立事務所賃借料、登録免許税、発起人報酬、司法書士報酬、行政書士報酬など

≫ 増加する取引

法人を設立するまでの期間に支払った費用を創立費で計上します。創立費は、効果がその支出の日以降1年以上に及ぶので、繰延資産として借方に記帳します。

会社設立までにかかった費用40万円を現金で支払った（設立日に仕訳処理）。

借方 創立費	400,000 円	**貸方** 現金	400,000 円
			摘要例：設立費用の支払い

≫ 減少する取引

創立費を償却した際、創立費は創立費償却（営業外費用）に振り替え、減少させます。その際には、創立費は貸方に記帳します。

決算にあたり、当期分の償却費10万円を計上した（決算整理仕訳）。

借方 創立費償却	100,000 円	**貸方** 創立費	100,000 円
			摘要例：創立費償却

仕訳例

例 会社設立のための支払い

❶ 5/1 に株式会社を設立したが、設立のためにかかった費用は、社長 A が個人通帳より支払っていた（印鑑セット 1 万円、定款認証手数料 5 万円、設立にかかる登録免許税 15 万円、定款の謄本手数料 2,000 円、司法書士報酬 10 万円から源泉所得税 9,189 円を差し引き 90,811 円振込）。

借方 創立費	312,000 円	貸方 未払金 (A 社長) 302,811 円
		預り金（源泉所得税）9,189 円
		摘要例：設立費用計上

❷ 司法書士報酬から天引きした源泉所得税 9,189 円を現金で支払った。

借方 預り金（源泉所得税）9,189 円	貸方 現金	9,189 円
	摘要例：源泉所得税納付	

❸ A 社長が立て替えていた設立費用 302,811 円を精算するために、普通預金口座より振り込んだ。

借方 未払金 (A 社長) 302,811 円	貸方 普通預金	302,811 円
	摘要例：設立費用の A 社長立替分精算	

❹ 1 期目は赤字決算になるため、上記創立費は償却せず、翌期以降の費用にすることとした。

> 仕訳なし

　設立日である 5/1 にまとめて創立費に計上します。司法書士報酬から天引きした源泉所得税は、**預り金**で処理します❶。源泉所得税（預り金）は、報酬を支払った翌月の 10 日までに税務署に納付します❷。

　赤字決算などの場合、任意償却を選択し、創立費を償却しないこともできます❹。逆に大幅に利益が出た場合などは、その期に全額償却することも可能です。会社の業績を見ながら、必要な金額を必要な時期に償却して、費用計上することができます。

ポイント

開業費との違い

類似科目として開業費がありますが、開業費は開業準備のためにかかった費用を処理する勘定科目で、法人設立後、開業日（事業開始日）までにかかった費用が開業費になります。

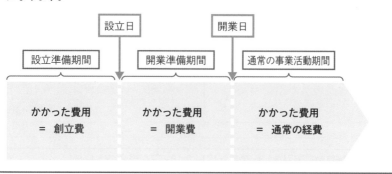

例 設立後にかかった費用

法人設立後、店舗で使用する調理器具一式を購入し、8万円を現金で支払った。

借方 開業費	80,000 円

貸方 現金	80,000 円
	摘要：調理器具一式購入

会社を設立したあとから営業を開始する前までに、開業準備のために特別に支出した費用は**開業費**になります。

例 創立費の償却（均等償却）

決算に際し、計上していた創立費40万円を5年で償却した。

借方 創立費償却	80,000 円

貸方 創立費	80,000 円
	摘要例：創立費均等償却

創立費は、均等償却と任意償却のいずれかを選択することができます。均等償却を選択する場合は5年で償却していきます。

例 創立費の償却（任意償却）

決算に際し、計上していた創立費 40 万円を全額償却することとした。

借方 創立費償却	400,000 円	貸方 創立費	400,000 円
			摘要例：創立費全額償却

　任意償却を選択する場合は、いつでもいくらでも償却できます。よって、一度に全額を償却することも可能です。

例 創立費の償却（償却なし）

決算に際し、創立費の償却を検討したが、今期は償却しないこととした。

仕訳不要

　任意償却を選択する場合、全く償却しないことも選択できます。

ポイント

創立費の消費税区分

創立費は、その内容によって消費税が課税になるもの、対象外となるものがあります。設立初年度から消費税の課税事業者になる法人及び、消費税の課税事業者を選択した法人は、注意が必要です。

▼表　消費税区分

区分	例
課税	司法書士報酬、行政書士報酬、税理士報酬など
対象外	定款認証手数料、登録免許税、収入印紙、登記簿謄本取得費など

33 繰延資産

開業費

対象 個人・法人
消費税区分 課税

貸借対照表

資産	流動資産	負債	流動負債
	固定資産 {有形固定資産 / 無形固定資産 / 投資その他の資産}		固定負債
	繰延資産	純資産	株主資本 / 株主資本以外

> **どんな科目か** 開業費は法人・個人両方で使用します。法人の場合、開業準備のために「特別」に支出し、かつ、会社を設立した後、営業を開始するまでの期間に支出した費用を開業費で処理します。なお、水道光熱費や従業員給料、賃借料など、開業後も毎月決まって支出される費用は、それぞれ適した勘定科目で計上します。開業費は「5年（60か月）の均等償却」ないし「任意償却（償却するかしないか、また償却金額を自由に決定）」のいずれかで償却して、費用にします。

> **摘要** 開業費、開業前広告宣伝費、開業前調査費、開業前消耗品費、開業前通信費、開業前旅費交通費、開業前従業員給与、開業前水道光熱費、開業費償却など

≫ 増加する取引

個人であれば開業前に、法人であれば法人設立後に、事業を始めるために支払った費用を開業費として計上します。開業費は繰延資産として、借方に記帳します。

開業前に特別に市場調査を行い、調査費20万円を現金で支払った。

| 借方 開業費 | 200,000 円 | 貸方 現金 | 200,000 円 |
| | | | 摘要例：開業前調査費 |

≫ 減少する取引

開業費を償却した際、開業費は**開業費償却（営業外費用）**に振り替え、減少します。

決算にあたり、当期分の償却費4万円を計上した（決算整理仕訳）。

| 借方 開業費償却 | 40,000 円 | 貸方 開業費 | 40,000 円 |
| | | | 摘要例：開業費償却 |

仕訳例

例 開業前に消耗品の購入（法人）

開業前に事務デスク3万円と事務用品2万円で購入し、個人の通帳より支払った。

借方 開業費	50,000 円	貸方 未払金（社長）	50,000 円
			摘要例：開業前消耗品費購入

開業前に支出する費用は数多くあり、1つ1つ帳簿に記帳するのは大変です。別途エクセルなどで集計し、開業日にまとめて記帳することもできます。

例 開業前の広告宣伝費・食材費の支払い（法人）

飲食店をオープンするにあたり、チラシの作成で10万円、試作品の食材費5万円がかかり、個人の通帳から支払った。

借方 開業費	150,000 円	貸方 未払金（社長）	150,000 円
			摘要例：開業前広告費・食材費支払い

法人の場合、開業準備のために特別に支出した金額は、開業費に計上できます。

例 開業前の広告宣伝費・食材費の支払い（個人）

飲食店をオープンするにあたり、チラシの作成で10万円、試作品の食材費5万円がかかり、個人の通帳から支払った。

借方 開業費	150,000 円	貸方 事業主借	150,000 円
			摘要例：開業前広告費・食材費支払い

個人事業主の場合は、開業までに支払ったものは基本的に開業費になりますが、1つあたり10万円以上の備品や機械、仕入代金、敷金や礼金などは開業費でなく、それぞれ固定資産や売上原価など、適した勘定科目で計上します。

例 開業費を経費に計上

決算に際し、繰延資産に計上していた開業費50万円を5年間で均等償却した。

借方 開業費償却	100,000 円	貸方 開業費	100,000 円
			摘要例：開業費の均等償却

支払手形

対象 個人・法人
消費税区分 対象外

貸借対照表

資産		流動資産	負債	流動負債
	固定資産	有形固定資産		固定負債
		無形固定資産	純資産	株主資本
		投資その他の資産		株主資本以外
		繰延資産		

どんな科目か 通常の営業取引を行った際に対価として支払う手形のことです。手形に記載された期日に当座預金口座から自動的に引き落とされます。決済期日が60日先や90日先など、買掛金に比べて、代金の支払いを先延ばしにでき、支払期日まで余裕をもって準備ができるという特徴があります。支払手形には、**約束手形**と**為替手形**の2種類がありますが、特に使用頻度が高いのは約束手形です。

摘要 手形仕入、手形による支払い、約束手形の振出、手形による買掛金決済、為替手形引受、裏書手形引受、手形借入金、金融手形振出など

⊗ 増加する取引

商品を購入し、その代金を支払うために支払手形を振り出した場合、決まった期日に手形に記載されている金額を支払う義務（手形債務といいます）を負うことになります。手形債務は負債なので、貸方に支払手形を記帳します。

商品30万円を仕入れ、その代金の支払いとして約束手形を振り出した。

借方 仕入高	300,000 円

貸方 支払手形	300,000 円
	摘要例：手形仕入

⊗ 減少する取引

振り出した支払手形の期日が来ると、当座預金から自動的に引き落とされ、手形債務が消滅します。負債が減少するので、借方に支払手形を記帳します。

支払期日になって、約束手形30万円が決済され、当座預金口座から引き落とされた。

借方 支払手形	300,000 円

貸方 当座預金	300,000 円
	摘要例：手形決済

仕訳例

例 買掛金の支払い

買掛金 50 万円を約束手形で支払った。

借方 買掛金	500,000 円

貸方 支払手形	500,000 円
	摘要例：手形による買掛金支払い

例 為替手形の決済

当社が引受人である為替手形 20 万円の期日が到来し、当座預金から決済された。

借方 支払手形	200,000 円

貸方 当座預金	200,000 円
	摘要例：為替手形決済

例 決済期日の延長（手形の更改）

得意先に約束手形 60 万円の支払期日を 1 か月延長するよう依頼し、了承された。期日延長による利息 3 万円を含め、1 か月後を満期日とする新手形を振り出した。

借方 支払手形	600,000 円
支払利息	30,000 円

貸方 支払手形	630,000 円
	摘要例：手形の更改

手形を更改した場合、旧手形を回収し、新しく振り出した手形を相手に渡します。期日延長による利息は**支払利息**で処理します。

例 手形の差入（手形借入金）

金融機関に約束手形を差し入れて、100 万円の融資を受けた。借入時に 3 万円の利息が天引きされ、普通預金口座に入金された。

借方 普通預金	970,000 円
支払利息	30,000 円

貸方 手形借入金	1,000,000 円
	摘要例：手形の差入

担保として差し入れた約束手形は通常の営業取引で生じたものではないので、支払手形勘定を使用せず、**手形借入金**または**短期借入金**で処理します。

111

買掛金

対象 個人・法人
消費税区分 対象外

貸借対照表

		流動資産
資産	固定資産	有形固定資産
		無形固定資産
		投資その他の資産
		繰延資産

負債	流動負債
	固定負債

純資産	株主資本
	株主資本以外

> **どんな科目か** 代金を後日支払う約束をして、まだ支払っていない代金のことを買掛金といいます。金額の大きな取引や、会社間の取引の場合、例えば1か月分の取引をまとめて、決まった期日までに支払う契約を結ぶことが多くあり、これを掛取引といいます。買掛金は仕入などの代金を支払う義務のことをいい、仕入債務になります。仕入債務には、買掛金の他に手形で支払う支払手形もあります。
>
> **摘要** 掛仕入、仕入代金支払い、商品購入代金支払い、サービス代金支払い、外注費支払い、売掛金と相殺、仕入戻し、仕入値引、前渡金振替など

🔼 増加する取引

商品を仕入れたり、サービスの提供を受けたりして、代金を掛けで支払う場合、その代金を買掛金で計上します。買掛金は負債なので、増える場合には貸方に記帳します。

商品40万円を仕入れ、代金は翌月末に支払うこととした。

借方 仕入高	400,000 円

貸方 買掛金	400,000 円
	摘要例：〇×商店より掛仕入

🔽 減少する取引

掛けで仕入れて、後日代金を支払った際に、計上していた買掛金を減らします。買掛金が減る場合、借方に買掛金を記帳します。また、仕入値引を受けた場合や、売掛金と相殺した際も、買掛金が減少します。

先月計上した掛仕入の代金40万円を、普通預金から振り込んだ。

借方 買掛金	400,000 円

貸方 普通預金	400,000 円
	摘要例：〇月分掛代金支払い

仕訳例

例 商品仕入

商品 20 万円を掛けで仕入れた。

借方 仕入高	200,000 円

貸方 買掛金	200,000 円
	摘要例：商品仕入

買掛金と似た勘定科目に**未払金**があります。通常の営業取引から生じる債務が買掛金であるのに対して、未払金は、固定資産や有価証券の購入代金の未払いなど、通常の営業取引以外の債務になります。

例 商品仕入（一部手形支払い）

商品 30 万円を仕入れ、20 万円は掛けで支払い、残金は手形を振り出した。

借方 仕入高	300,000 円

貸方 買掛金	200,000 円
支払手形	100,000 円
	摘要例：商品仕入

例 仕入返品

掛けで仕入れた商品のうち、3 万円分が品違いだったため、返品した。

借方 買掛金	30,000 円

貸方 仕入高	30,000 円
	摘要例：仕入商品の返品

商品を掛けで仕入れた際、「仕入高／買掛金」で計上します。商品の一部を返品した場合、買掛金と**仕入高**を逆仕訳し、返品する金額分だけ仕入高及び買掛金を減らします。

例 外注費の支払い

パッケージデザインをデザイン会社に依頼し、代金 10 万円は掛けで支払うこととした。

借方 外注費	100,000 円

貸方 買掛金	100,000 円
	摘要例：パッケージデザイン料支払い

外注費を掛けで支払う場合も、買掛金の科目で計上します。

短期借入金

対象 個人・法人
消費税区分 対象外

貸借対照表

資産	流動資産		負債	流動負債
	固定資産	有形固定資産		固定負債
		無形固定資産	純資産	株主資本
		投資その他の資産		株主資本以外
	繰延資産			

> **どんな科目か** 金融機関や取引先などから借りたお金で、返済期日が決算日の翌日から1年以内に到来するものです。借入金も**1年基準（ワン・イヤー・ルール）**が適用されます。借りた日から1年以内ではなく、決算日の翌日から計算し、1年以内に返済するものを短期借入金とし、1年を超えるものは**長期借入金**とします。

> **摘要** 銀行から短期借入、役員からの短期借入、取引先からの短期借入、手形借入金、当座借越、長期借入金からの振替、借入金返済、長期借入金へ振替など

増加する取引

銀行などから運転資金などを短期で借りた際に、短期借入金の科目で計上します。借りたお金を1年以内に返済するという義務（債務）を負うため、貸方に記帳します。

A銀行から1年後に返済する約束で100万円を借入れ、普通預金口座に入金された。

借方 普通預金	1,000,000 円	貸方 短期借入金	1,000,000 円
			摘要例：A銀行短期借入

減少する取引

銀行などから借り入れたお金を返済したら、短期借入金を減少させます。返済を行えば、返済義務（債務）が減るので、短期借入金を借方に記帳します。

A銀行から借り入れた短期借入金100万円について、返済期日がきたので、利息2万円とともに普通預金口座から振り込んだ。

借方 短期借入金	1,000,000 円	貸方 普通預金	1,020,000 円
支払利息	20,000 円		
			摘要例：A銀行からの短期借入金返済

仕訳例

例 資金の借入 (証書借入)

❶ B 銀行と金銭消費貸借契約書を交わし、200 万円を借り入れ (返済期日は半年後、利息後払い)、当座預金口座に入金された。

借方 当座預金	2,000,000 円	**貸方** 短期借入金	2,000,000 円	
			摘要例：B 銀行から短期借入	

❷ ❶の返済期日となり、利息 4 万円と一緒に小切手で支払った。

借方 短期借入金	2,000,000 円	**貸方** 当座預金	2,040,000 円
支払利息	40,000 円		
		摘要例：B 銀行短期借入金の返済	

例 長期借入金へ振替

社長からの借入 150 万円を短期借入金で計上している。決算に際し、会社の資金繰りからみて期日に返済が困難であったため、返済期日を 1 年半後に延長することで了承を得た。

借方 短期借入金	1,500,000 円	**貸方** 長期借入金	1,500,000 円
		摘要例：社長借入金の科目振替	

　短期借入金で処理していたものが、会社の都合などで決算日の翌日から 1 年を超えて返済することになった場合、1 年基準にもとづいて短期借入金から**長期借入金**へ振替えます。

例 当座借越

期末に当座預金の残高が 5 万円のマイナスになっていたので、必要な処理を行う (当座借越契約を結んでいる)。

借方 当座預金	50,000 円	**貸方** 短期借入金	50,000 円
		摘要例：当座借越に付き科目振替	

　決算日時点で当座預金がマイナスになっている場合は、当座預金残高のマイナスを短期借入金に振り替えます。

4

流動負債

未払金

対象 個人・法人
消費税区分 対象外

貸借対照表

	流動資産
資産	固定資産 — 有形固定資産
	固定資産 — 無形固定資産
	固定資産 — 投資その他の資産
	繰延資産

負債	流動負債
	固定負債

純資産	株主資本
	株主資本以外

> **どんな科目か** 通常の営業取引以外の取引を行って、まだ代金を支払っていない場合に使う科目です。例えば、不動産や有価証券を購入した代金を翌月支払う場合や、固定資産などの割賦購入、光熱費などの経費をクレジットカード払いした場合などに、未払金で計上します。通常の営業取引（＝本業）で購入した商品代金をまだ支払っていない場合は、買掛金になります。

> **摘要** 経費の未払、固定資産購入代金の未払、有価証券購入代金の未払、給与の未払、土地の購入代金の未払、水道光熱費の未払、確定債務など

≪ 増加する取引

本業以外の取引で支払うべき代金をまだ支払っていない場合、取引金額を未払金で計上します。未払金は負債なので、増加する場合、貸方に記帳します。

有価証券を購入し、代金 30 万円は翌月末に支払うことになった。

借方 有価証券	300,000 円

貸方 未払金	300,000 円
摘要例：有価証券購入代金の未払い	

≫ 減少する取引

本業以外の取引で未払いだった代金を支払った場合、未払金を消す処理を行います。負債が減少するので、未払金は借方に記帳します。

先月購入した有価証券の代金 30 万円を、普通預金口座から支払った。

借方 未払金	300,000 円

貸方 普通預金	300,000 円
摘要例：未払金（有価証券購入代金）の支払い	

仕訳例

例 代金の後払い

❶ 事務所のロッカーを購入し、代金8万円は月末に支払うこととした。

借方 消耗品費	80,000 円

貸方 未払金	80,000 円
摘要例：事務所ロッカーの購入	

❷ 月末になり、❶の代金を普通預金口座から振り込んだ。

借方 未払金	80,000 円

貸方 普通預金	80,000 円
摘要例：事務所ロッカー代の支払い	

例 固定資産代金の分割払い

❶ 営業用の車両を180万円で購入し、代金は12回の分割払いとした。

借方 車両運搬具	1,800,000 円

貸方 未払金	1,800,000 円
摘要例：営業車を分割払い（12回）で購入	

❷ ❶の1回目の支払期日がきて、15万円が普通預金口座から引き落とされた。

借方 未払金	150,000 円

貸方 普通預金	150,000 円
摘要例：営業車購入代金1回目支払い	

　未払金は一年基準（ワン・イヤー・ルール）が適用されます。決算日の翌日から1年以内に期日が到来するものは未払金で、1年を超えるものは**長期未払金**で計上します。

例 消耗品を事業用カードで購入

事務所デスク5万円を購入し、事業用のクレジットカードで支払った。

借方 消耗品費	50,000 円

貸方 未払金	50,000 円
摘要例：デスク代金の未払分	

　事業用カードを作ると、通常、毎月カード会社から支払明細が届きます。カードで物品などを購入した場合、支払明細などをもとに、決済日で仕訳を行います。

4

流動負債

未払費用

対象 個人・法人
消費税区分 対象外

貸借対照表

資産	流動資産		負債	流動負債	
	固定資産	有形固定資産		固定負債	
		無形固定資産	純資産	株主資本	
		投資その他の資産		株主資本以外	
	繰延資産				

> **どんな科目か** 毎月のように継続的に受けているサービスにおいて、すでに提供されたサービスに対して、まだ支払っていない代金の部分を処理する科目です。例えば電気代や電話代などは、毎月継続して受けるサービスへの代金ですが、契約上、支払いは翌月以降になります。このように、サービスの提供は受けているけれど、支払期限が到来していないものを未払費用で処理します。

> **摘要** 給与未払分、賃金未払分、賃料未払分、リース料未払分、利息未払分、手数料未払分など

≫ 増加する取引

給与や地代家賃、新聞代の支払いなど、契約にもとづいて継続的に支払うものについて、すでにサービスの提供を受けているけれど代金を支払っていない部分を未払費用で処理します。未払費用は貸方に記帳し、借方には経費科目を記帳します。

当月分の電気代3万円を未払費用で計上した（翌月末払いの契約）。

借方 水道光熱費	30,000 円	貸方 未払費用	30,000 円
			摘要例：○月分電気代未払分計上

≫ 減少する取引

未払費用で計上していた代金を支払った際に、未払費用を消す処理を行います。具体的には、借方に未払費用を計上し、計上していた未払費用をゼロにします。

未払費用で計上していた前月分の電気代3万円が、普通預金口座から引き落とされた。

借方 未払費用	30,000 円	貸方 普通預金	30,000 円
			摘要例：○月分電気代支払い

仕訳例

例 20日締め、当月末払い給与の処理

❶ 12月支給分の給与（計算期間：11月21日～12月20日）30万円を月末に普通預金口座から振り込んだ（12/31）。

借方 給与手当	300,000 円	貸方 普通預金	300,000 円
			摘要例：12月支給分給与支払い

❷ 12月決算で、12月21日～31日までの給与10万円を未払費用計上した（12/31）。

借方 給与手当	100,000 円	貸方 未払費用	100,000 円
			摘要例：12/21-12/31分給与を費用計上

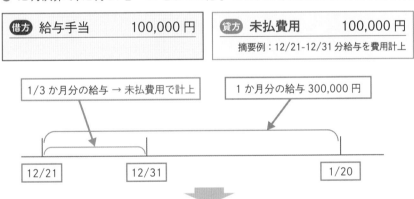

❸ 翌期首、1月1日において❷の仕訳を再振替した。

借方 未払費用	100,000 円	貸方 給与手当	100,000 円
			摘要例：期首再振替

　20日締め当月末払いの場合、12/20までの給与の支払いは月末で完了しますが、12/21～31日までの分は翌月末払いとなります。ただ、決算日時点（12/31）において、21日～31日の期間の役務の提供は完了しているので（＝従業員が継続して働いてくれている）、その期間に対応する給与分を未払費用で計上します❷。
　その後、翌期首に決算時に計上した未払費用を逆仕訳し、前期に計上した12/21

から 12/31 の期間に対応する給与を消します❸。1/31 の給与支給日に 1 か月分の給与を計上します。

例 支払利息の見越計上

❶ 10/1 に銀行から 100 万円を借入れ（借入期間 1 年で年利率 3 ％）、利息元金ともに翌年 9/30 に全額まとめて支払うという契約とした。決算日は 12/31 である（決算時の処理）。

借方 支払利息	7,500 円

貸方 未払費用	7,500 円
摘要例：3 か月分の未払利息計上	

❷ 翌期首（1/1）の処理

借方 未払費用	7,500 円

貸方 支払利息	7,500 円
摘要例：期首再振替仕訳	

❸ 返済期日（9/30）がきたので、元金 100 万円と 1 年分の利息 3 万円を普通預金から振り込んだ（返済時の処理）。

借方 短期借入金	1,000,000 円
支払利息	30,000 円

貸方 普通預金	1,030,000 円
摘要例：借入返済	

12 月末時点では支払期限は到来していませんが、サービスの提供（銀行融資）を受けているので、融資日から決算日までの 3 か月分の未払利息 7,500 円（100 万円× 3 ％× 3 か月／ 12 か月）を計上します❶。

そして翌期首に、期末に見越計上した利息を再振替して、支払利息を減らします❷。返済期日においては、❷で再振替仕訳をしているので、借方には 1 年間分の支払利息を計上します❸。

例 社会保険料の未払計上

❶ 決算に際し、翌月に納付する社会保険料の会社負担分 10 万円を未払計上した。

借方 法定福利費	100,000 円

貸方 未払費用	100,000 円
	摘要例：社会保険料翌月負担分

❷ 翌期首に❶を振り替えた。

借方 未払費用	100,000 円

貸方 法定福利費	100,000 円
	摘要例：期首再振替

健康保険料や厚生年金保険料は、社員などに支払う給与から天引きし、翌月末に会社負担分を上乗せして納付します。よって、決算の際には、決算月に会社が負担すべき社会保険料が未払いになっているので、法定福利費で計上し、相手勘定は未払費用になります❶。

また、翌期首には再振替仕訳を行い、❶の逆仕訳をして未払費用を消します。期首再振替を行わず、社会保険料を支払う際に次の仕訳をしてもかまいません❷。

借方 未払費用	100,000 円

貸方 現預金	100,000 円

ポイント　未払費用と未払金

名称が似ていて間違いやすいものに未払金があります。どちらも通常の営業取引以外の取引を行った際に支払うべきお金について、まだ支払っていない状態であることは同じです。

未払費用は、継続的にサービスを提供する契約を行っていることが前提になります。そして、すでに提供されたサービスに対する支払いが終わっていない部分を未払費用で計上します。契約にもとづくすべてのサービスが終わったわけではないけれど、正しい損益計算を行うために用いる経過勘定です。

それに対して、未払金は単発的に有価証券の購入などを行い、モノの引き渡しやサービスの提供がすべて完了しているものに対して、代金が未払いの際に用いられます。

前受金

対象 個人・法人
消費税区分 対象外

貸借対照表

資産	流動資産
	固定資産: 有形固定資産
	固定資産: 無形固定資産
	固定資産: 投資その他の資産
	繰延資産

負債	流動負債
	固定負債
純資産	株主資本
	株主資本以外

> **どんな科目か** 商品や製品を販売したり、サービスの提供をしたりする際に、前もって代金の一部または全部を受け取った時に使用する勘定科目です。いわゆる手付金の受取で、まだ商品などの引き渡しやサービスの提供が完了していないので、売上高にはできず、受け取った代金は一時的に前受金で処理します。商品などの引き渡しやサービスの提供が完了したときに、前受金を売上高に振り替えます。

摘要 手付金の受取、内金、販売代金の前受、代金の一部受取、回数券販売、商品券販売、チケット販売、代金受取、科目振替、売掛金と相殺など

🔼 増加する取引

商品の販売などを行い、代金の前払いを受けた場合、貸方に前受金を記帳します。

商品の注文を受け、代金の一部 10 万円を現金で受け取った。

| 借方 現金 | 100,000 円 | 貸方 前受金 | 100,000 円 |
| | | | 摘要例：商品代金の一部前受 |

🔽 減少する取引

代金の前払いを受けた商品などを引き渡したら、計上していた前受金を減少させます。

注文のあった商品 50 万円を引き渡し、先に受け取っていた 10 万円を差し引き、40 万円が普通預金口座に振り込まれた。

借方 普通預金	400,000 円	貸方 売上高	500,000 円
前受金	100,000 円		
			摘要例：商品引き渡しにより科目振替

仕訳例

例 会社所有土地の売却

❶ 土地（簿価 200 万円）を 250 万円で売却する契約を行い、手付金 20 万円を現金で受け取った。

借方 現金	200,000 円	貸方 前受金	200,000 円
		摘要例：売買手付金受取り	

❷ ❶の土地について、残金 230 万円が普通預金口座に振り込まれた。

借方 普通預金	2,300,000 円	貸方 土地	2,000,000 円
前受金	200,000 円	固定資産売却益	500,000 円
		摘要例：土地代金残金受取り	

例 売上代金の前受

❶ 得意先から商品 100 万円の注文を受け、手付金 15 万円が普通預金口座に振り込まれた。

借方 普通預金	150,000 円	貸方 前受金	150,000 円
		摘要例：手付金受取	

❷ 得意先に❶の商品の納品が完了したので、残金を掛けにした。

借方 売掛金	850,000 円	貸方 売上高	1,000,000 円
前受金	150,000 円		
		摘要例：売上高に振替	

❸ 上記商品の残金 85 万円を小切手で受け取った。

借方 現金	850,000 円	貸方 売掛金	850,000 円
		摘要例：売上代金受取	

手付金を売掛金で処理

手付金を前受金ではなく、売掛金で計上する方法もあります。

例 商品の引き渡しが完了する場合

❶ 得意先から商品 100 万円の注文を受け、手付金 15 万円が普通預金口座に振り込まれた。

借方 普通預金	150,000 円	貸方 売掛金	150,000 円
			摘要例：手付金受取

❷ 得意先に❶の商品の納品が完了したので、残金を掛けにした。

借方 売掛金	1,000,000 円	貸方 売上高	1,000,000 円
			摘要例：売上高に振替

❸ 上記商品の残金 85 万円を小切手で受け取った。

借方 現金	850,000 円	貸方 売掛金	850,000 円
			摘要例：売上代金受取

商品の納品が完了したら、代金 100 万円を売上に計上します。この時点で、まだ受け取っていない代金 (売掛金残高) は「売上金 100 万円 – 手付金 15 万円＝ 85 万円」になります。

例 商品の引き渡しが完了しない場合

❹ 決算時点で❶の商品の引き渡しが完了しなかった。

借方 売掛金	150,000 円	貸方 前受金	150,000 円
			摘要例：商品引き渡し未完了分振替

決算時点で商品の引き渡しが完了していない場合、売掛金を前受金に振り替えます。

例 回数券販売

❶ エステサロンを経営しており、10回分のチケット（利用期限1年）を5万円で販売し、現金で受け取った。

借方 現金	50,000 円	貸方 前受金	50,000 円
		摘要例：回数チケット販売（1セット）	

❷ ❶のお客様が来店されて、チケット1回分を利用した。

借方 前受金	5,000 円	貸方 売上高	5,000 円
		摘要例：チケット1回分利用	

❸ ❶のチケットについて、9回利用して頂いたところで利用期限の1年を過ぎてしまったので、1回分のチケットが使用されることなく失効した。

借方 前受金	5,000 円	貸方 雑収入	5,000 円
		摘要例：チケット1回分失効	

10回分のエステ代を受け取りましたが、まだサービスを提供していないので、代金は売上にはできません。サービスの提供が完了するまでは、前受金で処理します❶。10回分のチケット代が5万円なので、1回分は「5万円÷10回＝5,000円」とし、サービスの提供が完了した1回分5,000円のみ売上高に振り替えます❷。

利用期限のあるチケットや回数券を販売し、サービスをすべて提供する前に利用期限が到来してしまった場合、お客様が利用されなかった分の代金について、前受金から**雑収入**に振り替えます。雑収入でなく、売上高に振り替えることも考えられますが、サービスを提供して得たお金ではないので、経営状況を正しく把握するためには他の売上高と別に管理した方がよいです。

> **ポイント**
>
> **仮受金**
>
> 類似科目として仮受金があります。前受金も仮受金も相手からお金を受け取っているという点では同じです。ただし、前受金は「商品の注文を受け、手付金を受け取った」など、お金を受け取った目的が明確であるのに対して、仮受金は受け取った理由が明確でないお金を処理するために暫定的に使用する勘定科目です。仮受金は内容が明確になったときに、正しい勘定科目に振り替える必要があります。

4
流動負債

仮受金

対象 個人・法人
消費税区分 対象外

貸借対照表

資産	流動資産		負債	流動負債
	固定資産	有形固定資産		固定負債
		無形固定資産	純資産	株主資本
		投資その他の資産		株主資本以外
	繰延資産			

どんな科目か　お金を受け取ったけれど、取引の内容が不明であったり、金額が確定していなかったりした場合に、内容などがわかるまで一時的に処理するために用いられる勘定科目です。ただし、仮受金のまま長い期間放置しておくと、確認にますます時間がかかってしまうので、なるべく早く取引内容を確認し、正しい勘定科目に振り替えましょう。

摘要　内容不明入金、相手先不明入金、科目未確定入金、最終金額未確定入金、前受金へ振替、売掛金へ振替、未収入金へ振替、雑収入へ振替など

増加する取引

内容の確認が取れるまで、仮受金で処理しておきます。仮受金は負債なので、増加する際、貸方に記帳し、借方には受取方法によって現金や普通預金などを記帳します。

出張中の従業員から、5万円が普通預金口座に振り込まれ、現時点で内容の報告を受けていない。

借方 普通預金	50,000 円	貸方 仮受金	50,000 円
			摘要例：従業員からの内容不明入金

減少する取引

内容の確認ができた時点で、正しい勘定科目に振り替えます。一時的に貸方に計上していた仮受金を消す必要があるので、今度は仮受金を借方に記帳します。

従業員が出張から戻り、新規顧客への商品の販売代金であると報告を受けた。

借方 仮受金	50,000 円	貸方 売上高	50,000 円
			摘要例：売上高に振替

仕訳例

例 取引先からの内容不明入金

❶ 取引先 A 社から、普通預金口座に 69,560 円の内容不明入金があった。

借方 普通預金	69,560 円	貸方 仮受金	69,560 円
			摘要例：A 社から内容不明入金

❷ ❶について内容を確認したところ、5 月分の売掛金 70,000 から振込手数料 440 円を差し引かれての入金であることがわかった。

借方 仮受金	69,560 円	貸方 売掛金	70,000 円
支払手数料	440 円		
			摘要例：A 社売掛金（5 月分）へ振替

振込手数料は**支払手数料**の科目で計上します。

例 入金元から内容がすぐに特定できないもの

職業安定局からの不明入金 30 万円を仮受金で処理していたが、申請していたキャリアアップ助成金の支給決定通知書が届いていたことがわかった。

借方 仮受金	300,000 円	貸方 雑収入	300,000 円
			摘要例：キャリアアップ助成金

通常、助成金の支給決定通知書が届いた日で「未収入金／雑収入」の仕訳を行い、入金があった際に「現預金／未収入金」の仕訳を行います。ただし、通知書の到着日と入金日が同じ期である場合、助成金の入金日に**雑収入**を計上しても問題ありません。

例 内容が判明しなかった場合

仮受金で処理していた 3 万円について、期末になっても内容が判明しなかった。

借方 仮受金	30,000 円	貸方 雑収入	30,000 円
			摘要例：雑収入に振替

決算期末まで内容がどうしてもわからないものは**雑収入**に振り替えます。

預り金

対象 個人・法人
消費税区分 対象外

貸借対照表

資産	流動資産	
	固定資産	有形固定資産
		無形固定資産
		投資その他の資産
	繰延資産	

負債	流動負債
	固定負債
純資産	株主資本
	株主資本以外

どんな科目か 役員や従業員、税理士などが負担すべきお金を一時的に預かった際に使う勘定科目です。役員報酬や従業員給与を支払う際に天引きする源泉所得税、社会保険料などです。税理士や弁護士へ顧問料を支払う際にも源泉所得税を天引きし、その金額を預り金で処理します。預り金は、後に本人に返還したり、本人に代わって納付期限までに税務署などに納めたりします。

> **摘要** 源泉所得税控除、社会保険料控除、雇用保険料控除、住民税控除、社内旅行積立金天引き、財形貯蓄預り金、預り保証金など

≪ 増加する取引

従業員などからお金を預かった際、預り金で処理します。預り金は、あとで本人または第三者に返還されるものなので、会社側にとって債務になり、貸方に計上します。

165,000 円から源泉所得税 15,315 円を天引きした決算料を顧問税理士に支払った。

借方 支払手数料(支払報酬料)	165,000 円

貸方 普通預金	149,685 円
預り金	15,315 円

摘要例：決算料支払い・源泉所得税控除

≫ 減少する取引

預かったお金を、本人に返還したり、税務署などの第三者に納付したりした際に、債務がなくなるので、計上していた預り金を借方に記帳して金額をゼロにします。

先月分の源泉所得税 3 万円を現金で納付した。

借方 預り金	30,000 円

貸方 現金	30,000 円

摘要例： ○月分源泉所得税納付

仕訳例

例 給与計上時の仕訳

❶ 従業員に3月分の給与40万円から社会保険料6万円、源泉所得税1万円、住民税3万円を天引きして普通預金口座から振り込んだ。

借方 給料手当	400,000円

貸方 普通預金	300,000円
預り金（社会保険料）	60,000円
預り金（源泉所得税）	10,000円
預り金（住民税）	30,000円

摘要例：3月分給与支払い

❷ ❶で従業員から預かった社会保険料と、会社負担分の社会保険料6万円が普通預金口座から引き落とされた。

借方 法定福利費	60,000円
預り金（社会保険料）	60,000円

貸方 普通預金	120,000円

摘要例：3月分社会保険料納付

❸ ❶で従業員から預かった源泉所得税を普通預金口座から支払った。

借方 預り金（源泉所得税）	10,000円

貸方 普通預金	10,000円

摘要例：3月分給与源泉税納付

❹ ❶で従業員から預かった住民税を普通預金口座から支払った。

借方 預り金（住民税）	30,000円

貸方 普通預金	30,000円

摘要例：3月分住民税納付

❶のように、預り金で処理するものは複数あるので、「社会保険料」「給与源泉税」といったように補助科目を設定しておくと、残高の管理や正しい金額を納付しているのかを確認しやすくなります。

社会保険料は本人負担分の他に会社負担分もあり、それを合わせて納付します。本人負担分は給与から天引きした際に預り金で処理し、納付時に預り金を借方に記帳することでゼロにします。会社負担分は、納付時に**法定福利費**の科目で記帳します❷。

役員報酬や従業員給料、顧問税理士などへ支払う報酬から天引きした源泉所得税は、原則として天引きした月の翌月10日までに所轄税務署に納付します。給料の支給人員が常時10人未満の場合、納期の特例として1月から6月分を7月10日までに、7月から12月分を翌年1月20日までに納付することもできます。納期の特例を選択するためには、税務署に事前に**源泉所得税の納期の特例の承認に関する申請書**を提出する必要があります❸。

住民税の納付期限も、天引きした月の翌月10日までになります。源泉所得税と同様に、要件を満たせば納期の特例を選択することもできます❹。

例 士業専門家への報酬支払い（弁護士）

弁護士に報酬150万円を支払い、源泉所得税204,200円を差し引き、普通預金口座から振り込んだ。

借方 支払手数料(支払報酬料)	1,500,000 円		貸方 普通預金	1,295,800 円
			預り金	204,200 円

摘要例：弁護士報酬の支払い

弁護士や税理士、司法書士などに支払う報酬は源泉徴収の対象になります。源泉徴収する金額は、「1回の支払金額×10.21％」です（1回の支払金額が100万円を超える場合には、その超える金額については20.42％）。この例では、「（150万円−100万円）× 20.42％ ＋ 102,100円＝ 204,200円」が源泉所得税になります。

例 士業専門家への報酬支払い（土地家屋調査士）

土地家屋調査士に調査報酬10万円を支払い、源泉所得税9,189円を差し引き、普通預金口座から振り込んだ。

借方 支払手数料(支払報酬料)	100,000 円		貸方 普通預金	90,811 円
			預り金	9,189 円

摘要例：土地家屋調査士報酬の支払い

士業専門家への支払いの中で、司法書士や土地家屋調査士に支払う報酬から源泉徴収する金額は、1回の支払金額から1万円を差し引いた残額に10.21％を乗じた金額になります。この例では、「（10万円−1万円）× 10.21％＝ 9,189円」が源泉所得税になります。

例 デザイン料の支払い

❶ 個人デザイナーに広告デザインを依頼し、デザイン料10万円から源泉所得税10,210円を差し引き、普通預金口座から振り込んだ。

借方 広告宣伝費	100,000 円

貸方 普通預金	89,790 円
預り金	10,210 円

摘要例：デザイン料の支払い

❷ ❶の源泉所得税を普通預金口座から納付した。

借方 預り金	10,210 円

貸方 普通預金	10,210 円

摘要例：源泉所得税納付

デザイン制作を外部の業者に依頼した場合、広告宣伝費や業務委託費、支払手数料などの勘定科目で処理します。相手が個人事業者の場合は、デザイン料について源泉所得税を天引きする必要があります。源泉徴収する金額は、「1回の支払金額×10.21%」です（1回の支払金額が100万円を超える場合には、その超える部分については20.42%）❶。

なお、デザイン料の源泉所得税は、デザイン料を支払った月の翌月10日までに納付しなければなりません。源泉所得税の納期の特例の承認に関する申請書（源泉所得税を半年分まとめて納付することができる特例）を提出していた場合でも、支払月の翌月10日が納付期限になるので、注意が必要です❷。

ポイント 仮受金

預り金のように、一時的な会計処理をするために使用する勘定科目に仮受金があります。預り金は従業員などから一時的に預かったお金を処理する科目で、金銭の返還などを行う必要のあるものです。それに対し、仮受金は従業員や取引先などから内容不明入金があった時に、とりあえず仮で受け取っておくお金を処理する科目で、返還する予定がないものです。

42 流動負債

未払法人税等

対象 法人
消費税区分 対象外

貸借対照表

> **どんな科目か** 法人で使用する勘定科目で、納付すべき法人税、事業税及び住民税の未払額です。決算作業を行い、その事業年度の利益が確定すると、納付すべき法人税等の金額が決定します。法人税等の納付期限は、通常、決算日から2か月以内（例えば3月決算ならば5月末まで）なので、法人税などの税金は、決算時点では未払いとして処理し、相手勘定は未払法人税等を使用します。
>
> **摘要** 法人税等未納税額、法人税等の未払額、法人住民税の未払額、法人事業税の未払額、法人税納付、法人住民税納付、法人事業税納付など

≪ 増加する取引

法人税や事業税などの金額が確定した際に、決算整理仕訳でこれらをまとめて法人税等という勘定科目で記帳し、相手勘定として未払法人税等を貸方に記帳します。

決算が確定し、法人税、事業税、住民税の納税額が100万円になった。

借方 法人税等	1,000,000 円	貸方 未払法人税等	1,000,000 円
			摘要例：法人税等納付額

≫ 減少する取引

決算後、確定した法人税等を納付した際に、未払法人税等を借方に記帳して金額をゼロにします。

確定した法人税等100万円を現金にて納付した。

借方 未払法人税等	1,000,000 円	貸方 現金	1,000,000 円
			摘要例：法人税等納付

仕訳例

例 未払法人税等の一連の流れ

❶ 当期の確定納税額は法人税 50 万円、住民税 15 万円、事業税 12 万円となった。

借方 法人税等	770,000 円

貸方 未払法人税等	770,000 円
	摘要例：確定納付額

❷ ❶の税額を普通預金口座から納付した。

借方 未払法人税等	770,000 円

貸方 普通預金	770,000 円
	摘要例：法人税等納付

法人税、住民税、事業税は合算して、未払法人税等の科目で記帳します❶。

例 中間納付を行っている場合

❶ 中間申告として、法人税等 20 万円を普通預金口座から支払った。

借方 仮払法人税等	200,000 円

貸方 普通預金	200,000 円
	摘要例：法人税等の中間納付

❷ 決算に際し、当期の法人税等は 50 万円と確定した。

借方 法人税等	500,000 円

貸方 仮払法人税等	200,000 円
未払法人税等	300,000 円
	摘要例：確定法人税等計上

前期に納付した法人税が 20 万円を超えていた場合、次の期に中間申告を行い、当期に見込まれる法人税の一部を前払いしなければなりません。この中間申告には**予定申告（前期の実績による申告）**と**仮決算による中間申告**の 2 つの方法があり、自由に選択することができます。いずれかの方法で納付した法人税は確定した金額ではないので、仮払いとして**仮払法人税等**の科目で計上します❶。

決算で税額が 50 万円と確定したときには、確定税額から中間納付額 20 万円を差し引いた 30 万円を未払法人税等として計上します❷。

4

流動負債

未払消費税等

対象 個人・法人
消費税区分 対象外

貸借対照表

		資産
資産		流動資産
	固定資産	有形固定資産
		無形固定資産
		投資その他の資産
		繰延資産

負債	流動負債
	固定負債

純資産	株主資本
	株主資本以外

> **どんな科目か** 決算時に、期中に支払った消費税等が預かった消費税等よりも小さい場合、消費税等の納付が必要になりますが、その際、納付すべき消費税等を計上するのに用いる勘定科目です。決算時点ではまだ支払っておらず、納付期限が1年以内に到来するので(個人の場合は翌年3月末、法人の場合は決算日の翌日から2か月以内)、1年基準(ワン・イヤー・ルール)によって流動負債に計上します。

> **摘要** 消費税未払額、消費税未納付分、確定納付額計上、仮受消費税と仮払消費税の相殺、消費税納付など

⋀ 増加する取引

税抜経理方式の場合、決算時に**仮受消費税**と**仮払消費税**を集計し、仮受消費税が多くなった際は、差額分を今後納付すべき税金として未払消費税等で記帳します。

決算にて、消費税を集計し、仮払消費税が50万円、仮受消費税が120万円だった。

借方 仮受消費税	1,200,000 円

貸方 仮払消費税	500,000 円
未払消費税等	700,000 円

摘要例：消費税の未払額

⋁ 減少する取引

決算時に計算した未払消費税は、納付期限までに納める必要があります。貸方に計上していた未払消費税等を借方に計上し、消費税の未払額をゼロにします。

未払いで計上していた消費税等70万円を現金で納付した。

借方 未払消費税等	700,000 円

貸方 現金	700,000 円

摘要例：消費税等納付

仕訳例

例 税抜経理方式の場合

❶ 決算にあたり、消費税の集計をしたところ、仮払消費税が 60 万円で仮受消費税が 140 万円、翌期に納付すべき消費税等は 77 万円になった。

借方 仮受消費税	1,400,000 円	貸方 仮払消費税	600,000 円
		未払消費税等	770,000 円
		雑収入	30,000 円
		摘要例：未払消費税等の計上	

❷ 決算にあたり、消費税を集計したところ、仮払消費税が 130 万円で仮受消費税が 100 万円、翌期に還付を受ける消費税等は 29 万円になった。

借方 仮受消費税	1,000,000 円	貸方 仮払消費税	1,300,000 円
未収消費税等	290,000 円		
雑損失	10,000 円		
		摘要例：未収消費税等の計上	

仮払消費税と**仮受消費税**の差額と、納めるべき消費税等（未払消費税等）で金額が違っている場合は、その差額を**雑収入**または**雑損失**で計上します。ちなみに「仮払消費税＞仮受消費税」になる場合、消費税は納めるのではなく還付になります。その際は、借方に**未収消費税等**を計上します。

例 中間納付をしている場合（税抜経理方式）

❶ 中間納付時

中間消費税の納付書が届き、80 万円を現金で納めた。

借方 仮払税金	800,000 円	貸方 現金	800,000 円
		摘要例：消費税等の中間納付	

❷ 決算時

決算に際し、集計された仮払消費税 200 万円と仮受消費税 369 万円を相殺し、納付すべき消費税等が 90 万円と確定した。

借方 仮受消費税	3,690,000 円	貸方 仮払消費税	2,000,000 円
雑損失	10,000 円	仮払税金	800,000 円
		未払消費税等	900,000 円

摘要例：決算確定分計上

❸ 納付時

翌期に未払法人税等を普通預金口座から納付した。

借方 未払消費税等	900,000 円	貸方 普通預金	900,000 円

摘要例：消費税納付

決算時に未払消費税等を計算する際には、中間納付で納めた金額を差し引く必要があります。貸方に仮払税金を記帳し、計上していた仮払税金をゼロにします❷。

ポイント

税抜経理方式と税込経理方式

消費税等の会計処理には税抜経理方式と税込経理方式があり、どちらを採用するかは自由に選択することができます。

税抜経理方式の場合、決算書に記載する売上高や仕入高などの金額に消費税が含まれません。税込経理方式の場合は、消費税を取引金額に含めて仕訳を行うため、売上高や仕入高などの金額に消費税が含まれることになります。

どちらの方式を採用しても、未払消費税等（納付する消費税等）は同額になります。ちなみに免税事業者（消費税の納税義務が免除されている事業者）は、税込経理方式によることとなっています。

例 税込経理方式の場合

決算にあたり、消費税を集計したところ、納めるべき消費税等は 40 万円になった。

借方 租税公課	400,000 円	貸方 未払消費税等	400,000 円

摘要例：未払消費税等の計上

税込経理方式を選択している場合は、1 年間に納めるべき消費税額を**租税公課**で記帳します。

例 中間納付を行っている場合（税込経理方式）

① 中間納付時

中間消費税の納付書が届き、80万円を現金で納めた。

借方 仮払税金	800,000円	貸方 現金	800,000円
			摘要例：消費税等の中間納付

② 決算時

決算に際し、当期納めるべき消費税等は170万円になった。

借方 租税公課	1,700,000円	貸方 未払消費税等	900,000円
		仮払税金	800,000円
			摘要例：消費税等の未払計上

③ 納付時

翌期に未払消費税を普通預金で納付した。

借方 未払消費税等	900,000円	貸方 普通預金	900,000円
			摘要例：消費税納付

中間納付時の仕訳は、税抜経理方式を選択している場合と一緒です。

決算時には、1年間に納めるべき消費税額を**租税公課**で記帳します。中間納付している税金があればそれを差し引き、未払消費税等を計上します。

仮受消費税

対象 法人・個人
消費税区分 対象外

貸借対照表

資産	流動資産
	固定資産: 有形固定資産
	固定資産: 無形固定資産
	固定資産: 投資その他の資産
	繰延資産

負債	流動負債
	固定負債
純資産	株主資本
	株主資本以外

> **どんな科目か**　消費税を**税抜経理方式**で処理する場合に使用します。商品の販売やサービスの提供時に、代金のうち消費税分を仮受消費税で計上します。仮受消費税は期中のみ使用する勘定科目で、決算時に仕入代金などに含まれる消費税（仮払消費税で計上）と相殺して、その期に納めるべき消費税等の金額を決定します。
>
> **摘要**　課税売上、課税取引による売上、代金のうち消費税分、仮払消費税と相殺など

増加する取引

税抜経理方式を採用している事業者は、取引代金のうちの消費税分を仮受消費税で貸方に記帳します。仮受消費税は貸借対照表の流動負債に計上されます。

商品33万円（消費税3万円を含む）を販売し、代金は現金で受け取った。

| 借方 現金 | 330,000円 |
| | |

| 貸方 売上高 | 300,000円 |
| 仮受消費税 | 30,000円 |

摘要例：商品の現金販売

減少する取引

決算時に、その期に納めるべき消費税等を計算し、**仮払消費税**と相殺します。

決算に際し、仮払消費税80万円と仮受消費税130万円を相殺し、翌期に納付すべき消費税等50万円を未払いで計上した。

| 借方 仮受消費税 | 1,300,000円 |
| | |

| 貸方 仮払消費税 | 800,000円 |
| 未払消費税等 | 500,000円 |

摘要例：仮払消費税と相殺

仕訳例

 商品販売

❶ 販売時

商品 55 万円（消費税 5 万円を含む）を販売し、代金は掛けとした。消費税は税抜経理方式を採用している。

借方 売掛金	550,000 円	貸方 売上高	500,000 円
		仮受消費税	50,000 円
			摘要例：商品の掛販売

❷ 返品時

❶で販売した商品のうち、11,000 円（消費税 1,000 円を含む）が故障により返品された。

借方 売上高	10,000 円	貸方 売掛金	11,000 円
仮受消費税	1,000 円		
			摘要例：売上商品の返品

❶で計上した仮受消費税のうち、返品された商品代に対する消費税分だけ抜き出して、借方に記帳します❷。

> **ポイント**
>
> **軽減税率**
>
> 令和元年 10 月 1 日より軽減税率制度がスタートし、日々の取引に標準税率 10%（国税 7.8%、地方税 2.2%）と、軽減税率 8%（国税 6.24%、地方税 1.76%）が混在する複数税率になりました。飲食店などの事業者は、店内で提供する食事は標準税率、テイクアウトやデリバリーは軽減税率といったように、消費税率に気を付けて記帳する必要があります。
>
> また、経費についてはすべての事業者に関係してきます。一見、標準税率 10% の支払いしかないように思いますが、例えば会社を訪れたお客様に出す飲料や茶菓子、取引先への贈答品（酒類以外の飲食料品）は軽減税率の対象になります。したがって、レシートや領収証で税区分をしっかり確認して、税率ごとに分けて記帳する必要があります。

4

流動負債

例 決算時の処理

決算にあたり、消費税の集計をしたところ、仮払消費税が100万円で仮受消費税が140万円、翌期に納付すべき消費税等は37万円になった。

借方 仮受消費税	1,400,000 円

貸方 仮払消費税	1,000,000 円
未払消費税等	370,000 円
雑収入	30,000 円

摘要例：仮払消費税と相殺

仮払消費税と仮受消費税を相殺した残高と、納めるべき消費税等（未払消費税等）で金額が違っている場合、その差額を**雑収入**または**雑損失**で計上します。

例 未収消費税等の計上

決算にあたり、消費税の集計をしたところ、仮払消費税が150万円、仮受消費税が114万円、還付される消費税等は37万円になった。

借方 仮受消費税	1,140,000 円
未収消費税等	370,000 円

貸方 仮払消費税	1,500,000 円
雑収入	10,000 円

摘要例：還付消費税計上

期中に計上した仮払消費税が仮受消費税よりも少ない場合、消費税を納めることになるので、その差額を**未払消費税等**で記帳します。逆に仮払消費税が多い場合は、期中に支払った消費税の一部が戻ってくるので、その差額を**未収消費税等**で記帳します。

ポイント

税込経理方式の場合

消費税の経理方式にはもう1つ税込経理方式があり、どちらを採用するかは事業者や法人の任意です。

税抜経理方式の場合、決算書に記載する売上高や仕入高などの金額に消費税が含まれません。税込経理方式の場合は、消費税を取引金額に含めて仕訳を行うため、売上高や仕入高等の金額に消費税が含まれることになります。

税込経理方式では、売上高や仕入高などに消費税分も含めて記帳します。納めるべき消費税等の金額は租税公課（販売費及び一般管理費）で記帳します。相手勘定は、税抜経理方式と同様に、未払消費税等になります。

例 商品の販売

商品 55 万円（消費税 5 万円を含む）を販売し、代金は掛けとした。消費税は税込経理方式を採用している。

借方 売掛金	550,000 円

貸方 売上高	550,000 円
	摘要例：商品の掛販売

　税込経理方式の場合は、売上高に消費税分も含めて記帳します。

例 商品仕入

商品 11 万円（消費税 1 万円を含む）を仕入れ、代金は掛けとした。消費税は税込経理方式を採用している。

借方 仕入高	110,000 円

貸方 買掛金	110,000 円
	摘要例：商品の掛仕入

例 食材仕入

飲食業で、食材 54,000 円を仕入れ、現金で支払った。レシートを確認したところ、すべての食材について軽減税率が適用されていた。消費税は税込経理方式を採用している。

借方 仕入高	54,000 円

貸方 現金	54,000 円
	摘要例：食材仕入

　食材の購入については軽減税率が適用されるので（酒類などは除外）、消費税等は 8 ％になります。

例 決算時の処理

決算にあたり、納付する消費税等 30 万円を未払計上した。

借方 租税公課	300,000 円

貸方 未払消費税等	300,000 円
	摘要：確定消費税額

長期借入金

対象 個人・法人
消費税区分 対象外

> **どんな科目か**　金融機関、役員や従業員などの社内の人間や、取引先、関係会社などから借りたお金で、返済期日が決算日の翌日から1年を超えるもののことです。決算日の翌日から計算し、1年以内に返済期日が到来する借入金は**短期借入金**で処理します。このような計算の基準を、**1年基準（ワン・イヤー・ルール）**といいます。
>
> **摘要**　銀行から長期借入、役員からの長期借入、従業員からの長期借入、取引先からの長期借入、短期借入金からの振替、借入金返済、短期借入金へ振替など

≫ 増加する取引

銀行などから返済期間が1年超である借入をした際に、借りた金額を長期借入金で計上します。借りたお金を返済するという義務（債務）を負うため、貸方に記帳します。

A銀行から借入期間5年で600万円を借入れ、普通預金口座に入金された。

借方 普通預金	6,000,000 円	貸方 長期借入金	6,000,000 円
			摘要例：A銀行長期借入

≫ 減少する取引

銀行などから借入金を返済していくと返済義務（債務）が減少するので長期借入金を借方に記帳します。

長期借入金のうち10万円の返済期日がきて、利息8,000円と一緒に普通預金口座から引き落とされた。

借方 長期借入金	100,000 円	貸方 普通預金	108,000 円
支払利息	8,000 円		
			摘要例：A銀行借入返済　1/60回目

仕訳例

例 銀行借入

❶ B銀行より500万円を期間5年で借入れ、信用保証料30万円と収入印紙2,000円が引かれて普通預金口座に入金された。仕訳の際、B銀行の補助科目を作成した。

借方 普通預金	4,698,000円
長期前払費用	300,000円
租税公課	2,000円

貸方 長期借入金(B銀行)	5,000,000円

摘要例：銀行より設備資金借入

❷ 上記の長期借入金について、1回目の返済期日が到来し、元金10万円と利息1万円を合わせて普通預金口座から引き落とされた。

借方 長期借入金(B銀行)	100,000円
支払利息	10,000円

貸方 普通預金	110,000円

摘要例：B銀行長期借入金の返済

返済期間が1年超の借入金なので、長期借入金で処理します。借入金が複数ある時には、補助科目を作成した方が管理しやすいです。

借り入れを行う際に、信用保証協会の信用保証を受ける場合、信用保証料を支払います。信用保証料は**長期前払費用**という科目でいったん資産計上し、決算時に、保証期間のうち当期に経過した月数分を按分計算して、**支払利息**や**支払手数料**などの営業外費用の科目に振り替えます。また、収入印紙は**租税公課**(販管費)という科目で記帳します**❶**。

例 短期借入金への振替

決算に際し、長期借入金100万円の返済期限を確認したところ1年以内になったため、短期借入金に振り替えた。（決算整理仕訳）

借方 長期借入金	1,000,000円

貸方 短期借入金	1,000,000円

摘要例：短期借入金へ振替

　1年基準にもとづき、返済期限が1年以内になった際には短期借入金に振り替えます。借入金が少額の場合、科目振替せずに長期借入金のままでも問題ありません。また、分割返済している長期借入金については、決算時点で1年以内に返済する金額を**短期借入金**または**1年以内返済予定長期借入金**という科目に振り替えます。

社債

対象 法人
消費税区分 対象外

貸借対照表

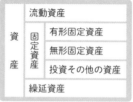

資産	流動資産	
	固定資産	有形固定資産
		無形固定資産
		投資その他の資産
	繰延資産	

| 負債 | 流動負債 |
| | 固定負債 |

| 純資産 | 株主資本 |
| | 株主資本以外 |

> **どんな科目か** 社債とは、外部から長期の資金調達をするために発行する債券で、債務になります。社債は不特定多数の投資家に向けて債券を発行し、社債権者が複数存在します。資本金も社債も証券を発行するという点は似ていますが、資本金は返済義務がないのに対し、社債は償還期限がある点が異なります。

摘要

社債の発行、私募債の発行、公募債の発行、社債証券、社債償還など

≫ 増加する取引

社債を発行した際に、発行金額を社債で計上します。借入金と同様に、返済義務（債務）を負うため、貸方に記帳します。

社債（額面金額 1,000 万円）を 1,000 万円で発行し、払込額は当座預金とした。

| 借方 当座預金 | 10,000,000 円 | 貸方 社債 | 10,000,000 円 |
| | | | 摘要例：社債の発行 |

≫ 減少する取引

発行した社債を買い戻すことを**社債の償還**といい、計上していた社債を減少させるために、借方に記帳します。

社債 1,000 万円を償還し、利息 50 万円とともに当座預金口座から支払った。

借方 社債	10,000,000 円	貸方 当座預金	10,500,000 円
社債利息	500,000 円		
			摘要例：社債の償還

仕訳例

例 社債の平価発行から償還まで

❶ 発行時

社債を額面 500 万円、単価 100 円、期間 2 年、利率 2 ％、利息年 1 回払いの条件
で平価発行し、手取金は普通預金とした。

借方 普通預金	5,000,000 円	貸方 社債	5,000,000 円
			摘要例：社債発行

❷ 利息支払時

❶で発行した社債について、利払い日が到来し、普通預金口座から支払った。

借方 社債利息	100,000 円	貸方 普通預金	100,000 円
			摘要例：社債利息の支払い

❸ 満期償還

2 年が経過し、普通預金から社債を満期償還した。

借方 社債	5,000,000 円	貸方 普通預金	5,000,000 円
			摘要例：社債の満期償還

社債発行には利息の支払いが発生し、その利息は**社債利息**(営業外費用)の勘定科
目で計上します。上記例における利息の計算は、「500 万円×2 ％＝ 10 万円」にな
ります❷。

決算日と利払日が異なる場合、社債利息の見越計上が必要です。利払日から決算日
までの期間に対応する社債利息を**未払費用**として計上します。

ポイント
社債の発行方法

社債の発行には、額面で発行する平価発行と額面より低い価格で発行する割引発行、
額面以上の価格で発行する打歩発行があります。また、社債の償還方法には、社債
の満期日に額面で償還する満期償還と、満期日前に市場から買い入れて償還する買
入償還、券番による抽選で一部債券を償還する抽選償還があります。

資本金

対象 **法人**
消費税区分 **対象外**

貸借対照表

資産	流動資産		負債	流動負債
	固定資産	有形固定資産		固定負債
		無形固定資産	純資産	株主資本
		投資その他の資産		株主資本以外
	繰延資産			

 どんな科目か 会社を設立する際に、株主や出資者から払い込まれた金額を処理する科目です。また会社設立後、資本金を増加させるために増資を行った際にも、資本金で処理します。

摘要 会社設立、設立時出資、増資、有償増資、無償増資、剰余金の組み入れ、減資、欠損補填など

⤊ 増加する取引

法人の設立において、元手となるお金が株主から払い込まれた際に、資本金が増えたという処理を行います。資本金が増える場合、貸方に記帳します。また、増資をする際にも資本金が増えるので、増資する金額を資本金の科目で貸方に記帳します。

株式会社の設立に際し、資本金として 100 万円を普通預金口座に振り込んだ。

借方 普通預金	1,000,000 円	貸方 資本金	1,000,000 円
			摘要例：会社設立

⤋ 減少する取引

資本金を減資することがあります。減資とは、資本金の額を減少させる手続きのことで、配当目的や繰越欠損金の解消、税務上のメリットのために行われます。減資の仕訳では、資本金を借方に記帳することで資本金を減らし、貸方には減資の方法によって現預金や剰余金などを記帳します。

税務上のメリットを得るため、資本金 500 万円を無償減資し、資本準備金に振り替えた。

借方 資本金	5,000,000 円	貸方 資本準備金	5,000,000 円
			摘要例：無償減資

仕訳例

例 増資時（新株発行時）の処理

❶ 会社設立後の増資にあたり、普通株式 100 株、1 株あたり 5 万円の条件で発行することとした。申込期日の翌日に、銀行より申込証拠金 500 万円の入金連絡を受けた。

借方 別段預金	5,000,000 円	貸方 新株式申込証拠金 5,000,000 円
		摘要例：新株申込金の入金

❷ 払込期日になり、必要な処理を行った。

借方 新株式申込証拠金 5,000,000 円	貸方 資本金	5,000,000 円
普通預金 5,000,000 円	別段預金	5,000,000 円
	摘要例：有償増資	

払込期日が到来する前に払い込まれた出資額は、まだ会社の資金として使用できない状態のため、借方は普通預金や当座預金でなく**別段預金**で処理します。また、この段階では会社の資本ではないので、貸方には資本金ではなく**新株式申込証拠金**で計上します❶。

払込期日が到来すると増資額が確定します。新株式申込証拠金は資本金に振り替え、別段預金は普通預金などに振り替えます❷。

ポイント

資本金1円

以前の制度だと、有限会社は 300 万円、株式会社は 1,000 万円の資本金が必要とされていましたが、2006 年の会社法の改正により最低資本金制度が廃止され、資本金が 1 円でも株式会社が作れるようになりました。ただ、資本金 1 円で会社を設立した場合、日々の経費の支払いに必要なお金が会社にないため、代表者などが設立当初から会社にお金を貸し付ける必要が出てきます。また、金融機関に口座を開設や融資の申し込みをする際に、通りにくいことがあります。取引先からみても、資本金 1 円の会社は安全性を不安視されるかもしれません。対外的な信用を得るためにも、事業が軌道に乗ってきたら増資を検討されるのもよいです。

6

株主資本

例 資本準備金

増資にあたり、1株あたり5万円で普通株式100株を発行し、払込額500万円を新株式申込証拠金で計上している。払込期日となり必要な処理を行うが、払込額の2分の1を資本準備金とする。

借方	新株式申込証拠金	5,000,000 円	貸方	資本金	2,500,000 円
	普通預金	5,000,000 円		資本準備金	2,500,000 円
				別段預金	5,000,000 円

摘要例：有償増資

　資本金は払込額の2分の1までは、資本金に組み入れず、**資本準備金**にすることもできます。

ポイント

資本金の金額の決め方

① 信用面や許認可など

資本金1円でも株式会社を設立することができるようになり、設立当初に必要となるお金が少なくなったため、比較的簡単に会社設立ができるようになりました。ただ、1円で設立している会社は多くありません。設立後に考えられるさまざまなデメリットがあるからです。資本金が多いと、会社に資金力があることが証明できるため、対外的な信用力は上がります。取引先によっては、資本金がいくら以上であるという取引要件を設けていることや、業種によって許認可を申請する際に、最低資本金が設けられているケースもあるので、会社設立にあたり一定額以上の資本金を準備することが必要になることもあります。

② 税金面

ただ、資本金は法人住民税（均等割）の金額に影響します。会社を経営していくと、毎期必ず支払うことになる法人住民税の均等割があります。東京都にある会社ですと最低7万円ですが、資本金が1,000万円超1億円以下の場合は、18万円になります。また、資本金が1,000万円未満の場合は、最大2年間の消費税の納税義務が免除されます。

このように、資本金の金額によって、多岐にわたる影響が出てくるので、設立時の資本金をいくらにするのかは、しっかり検討してみてください。

3

損益計算書の
勘定科目

売上高

対象 個人・法人
消費税区分 課税（一部例外あり）

損益計算書

費用	売上原価	収益	売上高
	販管費		営業外収益
	営業外費用		
	特別損失		特別利益
	税金他		

どんな科目か 商品や製品の販売、サービスの提供など、本業から得た収益のことです。小売業ならば商品販売、不動産賃貸業ならば賃料収入、コンサルタント業ならば顧問料、内装業ならば工事売上といったように、業種によって、さまざまな収益が生じますが、損益計算書には基本的に売上高で計上します。

摘要 商品売上、製品売上、サービス料収入、加工費収入、不動産賃貸収入、仲介料収入、建設工事売上、顧問料収入、売上戻り、売上値引、売上割戻しなど

⮝ 増加する取引

商品の販売やサービスの提供を行った際、受け取った金額を売上高（売上）で計上します。売上高は収益の項目なので、貸方に記帳します。

商品 10 万円を販売し、現金で受け取った。

借方 現金	100,000 円	貸方 売上高	100,000 円
			摘要例：商品売上

⮟ 減少する取引

商品が返品されたり（売上戻り）、品質不良などを理由に値引きしたり（売上値引）、大量購入した得意先に対して代金の一部を返金したり（売上割戻し）する場合、計上した売上高の減額処理を行います。その際、売上高は借方に記帳します。

掛けで販売した商品 4 万円が品違いだったため、返品された。

借方 売上高	40,000 円	貸方 売掛金	40,000 円
			摘要例：品違いにより商品返品

仕訳例

例 商品の販売

商品 20 万円を販売し、手形で受け取った。

借方 受取手形	200,000 円	貸方 売上高	200,000 円
			摘要例：手形売上

例 製品の販売

製品 50 万円を販売し、小切手で受け取った。

借方 現金	500,000 円	貸方 売上高	500,000 円
			摘要例：製品売上

例 挿絵代の受取（個人事業主）

個人事業でイラストレーターを行っている。書籍の挿絵代 11 万円（税込）を請求し、源泉税 11,231 円が差し引かれて、普通預金口座に入金された。

借方 普通預金	98,769 円	貸方 売上高	110,000 円
仮払税金	11,231 円		
			摘要例：挿絵代

　個人事業者で一定の事業を行っている場合、報酬・代金を受け取る際に所得税及び復興特別所得税が源泉徴収されます。源泉徴収される金額は、支払金額の 10.21％です。100 万円を超える金額を受け取る場合は、超える金額に対して 20.42％が源泉徴収されます。

　なお、この例の売上高について、請求書に報酬 10 万円と消費税 1 万円を別に記載し、報酬金額と消費税額が明確に分けられている場合、源泉徴収される金額は、報酬の 10 万円の 10.21％である 10,210 円になります。

例 保険契約者配当金の受取（法人）

保険会社から配当 10 万円の通知を受け、普通預金口座に入金された。

借方 普通預金	100,000 円	貸方 雑収入	100,000 円
			摘要例：契約者配当金受取

本業以外で収益を得た場合、売上高ではなく、内容に応じて**雑収入**などの科目で計上します。

例 賃貸収入の受取

不動産賃貸業を営んでおり、今月の店舗賃貸収入11万円（うち消費税1万円）と地代収入5万円が普通預金口座に入金された。消費税は税抜経理方式を採用している。

借方 普通預金	160,000 円

貸方 売上高	150,000 円
仮受消費税	10,000 円

摘要例：〇月分賃料収入

不動産賃貸業で受け取る賃料は、本業の収入として**売上高**で計上します。消費税区分については、賃料収入のうちオフィスや店舗の賃料収入は課税取引に、土地の賃料（地代）や居住用物件の賃料収入は非課税取引になります。

税抜経理方式を採用している場合、賃料収入と消費税を分けて、賃料は売上高に、消費税は**仮受消費税**の科目で計上します。

例 返品時（売上戻り）の処理

商品3万円を掛けで販売したが、不良品であったため返品された。

借方 売上高	30,000 円

貸方 売掛金	30,000 円

摘要例：品質不良により返品

例 売上値引の処理

掛けで売り上げた商品5万円のうち、1つに破損があったので、2,000円の値引きを行った。

借方 売上高	2,000 円	貸方 売掛金	2,000 円
			摘要例：破損による売上値引

例 売上割戻しの処理

商品の大量購入時に、1万円の割戻しを行い、売掛金と相殺することとした。

借方 売上高	10,000 円	貸方 売掛金	10,000 円
			摘要例：リベートによる売上割戻し

例 売上割引の処理

得意先に対する売掛金10万円について、支払期日前に普通預金口座に代金を支払う旨の申し出を受け、4,000円の割引を行った。本日、入金があった。

借方 普通預金	96,000 円	貸方 売掛金	100,000 円
売上割引	4,000 円		
			摘要例：期日前決済による売上割引

売上値引や売上割戻しと間違いやすいものとして、**売上割引**があります。売上割引とは、掛取引を行った際に支払期日より前に決済してくれた場合や、毎月手形で決済しているところを現金で決済してくれた場合などに、代金の一部を免除するという取引です。売上割引は、支払期日までの利息分の割引を行うものなので、売上を減らすのではなく、売上割引の科目で支払利息と同様に**営業外費用**の部に表示します。

ポイント
消費税区分の例外

原則、売上高の消費税区分は課税ですが、一部例外があります。次の場合です。

▼表 売上高の消費税区分の例外

区分	要件
非課税	土地の譲渡及び貸付、住宅（居住用）の貸付
免税	国内にある資産を非居住者に譲渡したり貸し付けたりする場合（輸出取引）
不課税	国外取引（消費税は国内取引が対象）

家事消費等（自家消費）

対象 個人
消費税区分 課税

損益計算書

費用	売上原価
	販管費
	営業外費用
	特別損失
	税金他

収益	売上高
	営業外収益
	特別利益

> **どんな科目か** 商品や事業で使用している資産などを個人的に消費したり、他人に贈与したりした場合など、その金額を処理するために用いる科目です。家事消費等は、商品を自分に対して売り上げたように考え、**売上高と同様の扱い**になります。例えば、事業用の商品を仕入れて、事業主本人が使用した場合、仕入代金は必要経費として計上するのに、売上が立たないとバランスしないからです。

> **摘要** 商品の自家消費、製品の自家消費、棚卸資産の自家消費、家事消費、商品贈答、製品贈答、商品贈与など

≫ 増加する取引

家事消費等は、お客様に商品を販売したときと同様に収入として計上するので、貸方に記帳します。借方に計上する相手勘定は、**事業主貸**を用います。

店舗で販売している商品（販売価額 4 万円、仕入価額 3 万円）を、自分用に使用した。

借方 事業主貸	30,000 円	貸方 家事消費等	30,000 円
			摘要例：商品の自家消費

≫ 減少する取引

原則、減少する取引はありません。ただし、計上していた家事消費等を売上高に振り替える場合など、家事消費等を減少させることもあります。

個人事業主が、商品（仕入価額 2 万円）を取引先に贈答品としてあげた際に家事消費等で計上していたが、売上高に振り替えることとした。

借方 家事消費等	20,000 円	貸方 売上高	20,000 円
			摘要例：売上高に振替

仕訳例

 事業主が使用した場合

❶ 商品仕入時

販売用商品（販売価額5万円、仕入価額3万円）を10個仕入れ、現金で支払った。

借方 仕入高	300,000円

貸方 現金	300,000円
	摘要例：商品仕入（10個）

❷ 家事消費の処理

❶の商品のうち1個を事業主の自宅で使用した。

借方 事業主貸	35,000円

貸方 家事消費等	35,000円
	摘要例：販売商品の家事消費

仕入高は30万円（仕入価額3万円×10個）になります❶。

家事消費等で計上する金額は次に示す「ポイント　家事消費等の金額計算」で解説します。**事業主貸**は、個人事業主が事業以外の私的な目的で事業用資金を使用した際、支払った金額を処理する科目です。

ポイント

家事消費等の金額計算

家事消費等に計上する金額は次のいずれか高い金額になります。

・商品の定価（販売価額）の70%
・商品の仕入価額

例えば、「販売価額50,000円で仕入価額30,000円」の場合、「50,000円×70% = 35,000円 > 30,000円」なので、35,000円で計上します。

また、「販売価額40,000円で仕入価額30,000円」の場合は、「40,000円×70% = 28,000円 < 30,000円」なので、30,000円で計上します。

なお、自分で消費したり、誰かに贈与したりする以外にも、知人などに低額（販売価格の70%未満）で売った際にも、家事消費等を計上する必要があります。

例 まかないの処理

ラーメン屋を経営していて、事業主と家族従業員2名で毎日昼食をとっている。今月分の昼食代を家事消費等で計上した。なお、昼食の販売価額は800円、材料代は300円、営業日数は25日である。

借方 事業主貸	42,000円

貸方 家事消費等	42,000円

摘要例：〇月まかない分の計上

飲食店で提供するまかないについても、家事消費等で計上する必要があります。「販売価額800円×70％＝560円＞仕入価額300円」なので、1人1食あたり560円を家事消費等で計上します。1か月分の家事消費等は、「560円×提供人数3名×営業日数25日＝42,000円」になります。

例 低額で販売

お店で販売している商品（販売価額2万円）を友人に半額で販売し、代金を現金で受け取った。

借方 現金	10,000円
事業主貸	4,000円

貸方 売上高	10,000円
家事消費等	4,000円

摘要例：商品の低額販売

商品を通常の販売価額の70％未満で販売した場合、受け取った代金は売上高で計上し、次の計算式にもとづいて、家事消費等を記帳します。

家事消費等で計上する金額 ＝ （販売価額×70％）－ 受け取った販売価額

例 サンプルであげた場合

300円で仕入れた商品を、サンプルとしてお客様に提供した。

借方 広告宣伝費 (または販売促進費)	300円

貸方 仕入高	300円

摘要例：商品サンプル提供

販売商品を仕入れ、その商品をお客様にサンプルであげた場合、販売促進活動の一環として認められるので、家事消費等として売上高には計上せず、**仕入高**から**広告宣伝費（販売促進費）**に振り替える仕訳を行います。

例 サービスの無償提供

個人でコンサルタント業を営んでいるが、友人に無料でコンサルタントをしてあげた。

仕訳なし

サービス（役務）を無償で提供する場合は、家事消費に該当しないので、仕訳は不要です。

ポイント 決算書の記入場所

青色決算書の場合は、2枚目に月別売上（収入）金額及び仕入金額があり、月ごとの売上金額及び仕入金額を記入していきますが、売上高の欄に別途家事消費等を記入する箇所があり、そちらに1年間の家事消費等の合計額を記入します。

ただし、家事消費した際に、そのつど売上高に計上している場合は、家事消費等として別に計上しなくてもよいことになっています。

▼図　家事消費等を記入する箇所

○月別売上（収入）金額及び仕入金額

提出用（令和元年分以降用）	月	売 上 （収 入）金 額	仕 入 金 額
	1	円	円
	2		
	3		
	4		
	5		
	6		
	7		
	8		
	9		
	10		
	11		
	12		
	家事消費等		
	雑収入		
	計		
	うち軽減税率対象	うち　　　　　　　　円	うち　　　　　　　　円

期首商品棚卸高（繰越商品）

対象 個人・法人
消費税区分 対象外

損益計算書

費用	売上原価	収益	売上高
	販管費		営業外収益
	営業外費用		
	特別損失		特別利益
	税金他		

どんな科目か 決算仕訳で使用します。商品が売れた時点で仕入れた金額が費用になるので、前期末に売れ残った商品（在庫）は、前期中に費用（売上原価）になっていません。在庫は当期に繰り越され、当期以降の費用（売上原価）になります。在庫を当期に繰り越すために使われる科目が期首商品棚卸高です。

摘要

期首商品振替、期首再振替など

増加する取引

前期から繰り越された商品を、当期の売上原価に計上するために使います。期首商品棚卸高は借方に計上し、それによって売上原価が増加します。仕入高を借方に記帳することと同じですが、前期から繰り越された商品を区別するために、仕入高ではなく期首商品棚卸高を使用します。本来は期首に計上するものですが、実務上、決算整理仕訳で処理することが多いです。

決算時、前期から繰り越されてきた商品 30 万円を期首在庫商品として処理した。

借方 期首商品棚卸高	300,000 円	**貸方** 商品	300,000 円
			摘要例：期首商品振替

減少する取引

減少する仕訳はありません。借方にのみ計上する勘定科目になります。

仕訳なし

仕訳例

例 期首商品振替（決算整理仕訳）

当期末において、前期に売れ残っていた在庫商品 20 万円を当期に繰り越した。

借方 期首商品棚卸高 200,000 円	貸方 商品 200,000 円
	摘要例：前期在庫品の繰越

ポイント
売上原価の計算

会社経営や事業を行う上で、いくらの儲け（利益）が出ているのかを知ることはとても重要です。利益にはいくつか種類がありますが、まずはその事業年度中の儲けである売上総利益（粗利益）がしっかり出ているのかを確認しましょう。

売上総利益（粗利益） ＝ 売上高 － 売上原価

売上原価とは、商品の仕入や製造にかかったコストで、販売した商品の分だけを抜き出します。期末に残っている商品は、翌期以降に販売されて、その時に利益を生み出すことになるため、当期の売上原価から除く必要があります。

よって、売上原価の計算方法は、当期中に仕入れた商品に、前期から繰り越された在庫商品を足し、当期末に残っている在庫商品を引きます。

売上原価 ＝ 期首商品棚卸高 ＋ 当期商品仕入高 － 期末商品棚卸高

売上総利益（粗利益）が出ているということは、それだけ付加価値を付けて商品の販売やサービスの提供ができているということになります。

売上総利益を増やすには、売上高を伸ばすか、売上原価を減らすか、いずれかの対策が必要になります。

仕入高

対象 個人・法人
消費税区分 課税
（一部対象外・非課税あり）

損益計算書

費用	売上原価		収益	売上高
	販管費			
	営業外費用			営業外収益
	特別損失			特別利益
	税金他			

> **どんな科目か** 販売する商品や、商品の原材料を購入するための費用です。仕入高には、購入手数料や引き取り運賃、関税などの購入に必要な付随費用も含まれます。仕入高を計上するタイミングですが、注文した物品が入荷した時点とする入荷基準と、入荷した物品を確認（検品）した時点とする検収基準の2つがあります。どちらを選択するのかは任意ですが、継続的に適用しなければなりません。

> **摘要** 商品仕入、材料仕入、購入手数料、代引き手数料、運送料、仕入諸費用、付随費用、関税、仕入値引、仕入戻し、仕入割戻し、売上原価など

≪ 増加する取引

販売する目的で商品などの購入した際に、支払った金額を仕入高（仕入）で計上します。商品の購入などの際にかかった手数料や運賃なども含めて計上します。

商品30万円を仕入れ、現金で支払った。

借方 仕入高	300,000 円	貸方 現金	300,000 円
			摘要例：商品仕入

≫ 減少する取引

商品の返品（仕入戻し）や品質不良による値引き（仕入値引）、大量仕入によるリベート（仕入割戻し）などの場合、計上した仕入高の減額処理を行い、仕入高は貸方に記帳します。

掛けで仕入れた商品3万円が、品違いだったので返品した。

借方 買掛金	30,000 円	貸方 仕入高	30,000 円
			摘要例：品違いにより仕入返品

仕訳例

例 仕入時の処理

商品 10 万円を掛けで仕入れ、送料 3,000 円は現金で支払った。

借方 仕入高	103,000 円	貸方 買掛金	100,000 円
		現金	3,000 円
			摘要例：商品仕入

例 手形で材料を購入

材料 50 万円を仕入れ、約束手形を振り出した。

借方 仕入高	500,000 円	貸方 支払手形	500,000 円
			摘要例：材料仕入

例 返品時の処理（仕入戻し）

商品 2 万円を掛けで仕入れたが、不良品であったため返品した。

借方 買掛金	20,000 円	貸方 仕入高	20,000 円
			摘要例：品質不良により返品

例 値引き時の処理（仕入値引）

掛けで仕入れた商品 10 万円に、破損品が 1 つ見つかり、3,000 円の値引きを受けた。

借方 買掛金	3,000 円	貸方 仕入高	3,000 円
			摘要例：破損による仕入値引き

例 割戻時の処理（仕入割戻し）

取引先と多額の取引をした際、3 万円の割戻しを受け、買掛金と相殺した。

借方 買掛金	30,000 円	貸方 仕入高	30,000 円
			摘要例：リベートによる仕入割戻し

仕入割戻しとは、一定期間に仕入先から多額または大量に商品を仕入れた場合などに、リベートとして商品代金の免除や払い戻しを受けることです。基本的な性質は仕入値引きと同じです。

例 仕入割引

仕入先に対する買掛金 10 万円について、支払期日前に決済する旨を申し出たところ、4,000 円の割引を受け、残額を小切手で支払った。

借方 買掛金	100,000 円

貸方 当座預金	96,000 円
仕入割引	4,000 円

摘要例：期日前決済による仕入割引

仕入値引や仕入割戻しと間違いやすいものとして、**仕入割引**があります。仕入割引とは、掛取引を行った際に、支払期日前に支払うことで、支払代金の一部を免除してもらうというものです。仕入割引は、支払期日までの利息分の割引を受けるものなので、仕入高を減らすのではなく、仕入割引の科目で**受取利息と同様に営業外収益の部**に表示します。

例 サンプル品の提供

❶ A 商品 60 個を 30 万円で仕入れ、購入手数料 3 万円と合わせて掛けとした。

借方 仕入高	330,000 円

貸方 買掛金	330,000 円

摘要例：商品の掛仕入

❷ ❶の商品のうち、1 個を取引先にサンプルとして提供した。

借方 広告宣伝費	5,500 円

貸方 仕入高	5,500 円

摘要例：A 商品 1 個をサンプル提供

仕入れた商品を取引先などにサンプル品として提供した場合、その分を仕入高から**広告宣伝費**に振り替えます。広告宣伝費に振り替える金額は「33 万円 ÷ 60 ＝ 5,500 円」です。

コラム　売上原価と売上総利益の計算

期中に商品を仕入れた際、仕入代金は仕入高で計上します。決算時には、期中に計上した仕入高から当期中に販売した商品の分だけを抜き出し、売上原価を計算します。

売上原価の計算方法は、当期中に仕入れた商品に、前期から繰り越された在庫商品（期首商品棚卸高）を足し、当期末に残っている在庫商品（期末商品棚卸高）を差し引きます。

売上原価　＝　期首商品棚卸高　＋　当期商品仕入高　−　期末商品棚卸高

そして、売上高から売上原価を差し引くと、売上総利益（粗利益）が計算できます。

売上総利益（粗利益）　＝　売上高　−　売上原価

それでは、実際に次のデータから売上原価を計算してみましょう。
・デスクの仕入・販売価格
　デスク　仕入価格：30,000円、販売価格：50,000円／1台

・販売数など
　前期末に売れ残ったデスク　　10台
　当期中に仕入れたデスク　　100台
　当期中に販売したデスク　　90台
　当期末に売れ残ったデスク　　20台

・売上高
　50,000円　×　90台　＝　4,500,000円

・売上原価
　期首商品棚卸高　30,000円　×　10台＝　300,000円
　当期商品仕入高　30,000円　×　100台　＝　3,000,000円
　期末商品仕入高　30,000円　×　20台　＝　600,000円
　300,000円　＋　3,000,000円　−　600,000円　＝　2,700,000円

・売上総利益
　売上高 4,500,000円　−　売上原価 2,700,000円　＝　1,800,000円

外注費・外注工賃

対象 個人・法人
消費税区分 課税

損益計算書

費用		収益	
	売上原価		売上高
	販管費		営業外収益
	営業外費用		特別利益
	特別損失		
	税金他		

※売上原価の部の場合もある

> **どんな科目か** 外部の法人や個人事業主と請負契約を結んで、業務の一部を外部委託した際の費用です。外注費は、損益計算書の販売費及び一般管理費の部に記帳されますが、製造業や建設業などで、製造や工事の一部を業者に委託する場合、外注加工費や外注工賃といった科目を用いて、製造原価や建設原価に計上します。

> **摘要** 外注費、加工費、業務委託料、アウトソーシング費用、原稿料、デザイン料、イラスト代、調査費、出荷業務、ビル清掃管理など

増加する取引

外部業者に業務の一部を委託して、代金を支払った際に外注費を計上します。外注費は費用なので、借方に記帳します。

会社のパンフレットのデザインを制作会社に依頼し、報酬20万円を現金で支払った。

借方 外注費	200,000 円	**貸方** 現金	200,000 円
			摘要例：デザイン料の支払い

減少する取引

基本的に、外注費が減少する仕訳はありません。ただし、外注費で処理していたが、他の勘定科目で処理すべきだったものを外注費で記帳していた場合に、外注費を貸方に記帳することで削除します。

弁護士の顧問料5万円を外注費で計上していたが、支払手数料に振り替えた。

借方 支払手数料	50,000 円	**貸方** 外注費	50,000 円
			摘要例：弁護士顧問料の科目振替

仕訳例

例 外部の法人への支払い

清掃会社に社内の清掃を依頼し、5万円を普通預金口座から振り込んだ。

借方 外注費	50,000円	貸方 普通預金	50,000円
			摘要例：清掃代支払い

清掃費や管理費といった科目で計上することもあります。

例 人材派遣料の支払い

人材派遣会社へ今月の派遣料として、20万円を普通預金口座から振り込んだ。

借方 外注費	200,000円	貸方 普通預金	200,000円
			摘要例：人材派遣料（〇月分）

例 個人事業主にデザイン制作を委託

❶ 商品カタログのデザインをデザイナーに依頼し、デザイン料8万円を掛けで支払った。

借方 外注費	80,000円	貸方 買掛金	71,832円
		預り金	8,168円
			摘要例：デザイン料の支払い

❷ ❶の支払いの翌月10日に、源泉税8,168円を現金で納付した。

借方 預り金	8,168円	貸方 現金	8,168円
			摘要例：源泉税納付

個人事業主にデザイン制作を委託した場合、支払う報酬から10.21%の所得税及び復興特別所得税を源泉徴収する必要があります。報酬が100万円を超える場合には、その超過部分は20.42%を源泉徴収します。例えば、150万円のデザイン料を支払う場合、次の計算式を用いて源泉徴収する金額を求めます。

「(150万円 -100万円)× 20.42％＋ 102,100円＝ 204,200円」

なお、源泉徴収が必要になる報酬・料金には、原稿や挿絵代、デザイン料、イラスト代、翻訳料、通訳料などがあります。

例 外部の個人業者への支払い

個人の清掃業者に社内の清掃を依頼し、5万円を普通預金口座から振り込んだ。

借方 外注費	50,000円	貸方 普通預金	50,000円
			摘要例：清掃代支払い

個人事業主に支払う清掃業務の委託報酬は、源泉徴収の対象となる報酬ではないので、報酬額をそのまま委託業者に支払います。

例 業務委託報酬の支払い

給与計算業務を計算センターに依頼し、今月分の業務委託報酬3万円を普通預金口座から振り込んだ。

借方 外注費	30,000円	貸方 普通預金	30,000円
			摘要例：給与計算委託料（〇月分）

ポイント

支払手数料

外注費と間違いやすい科目として、支払手数料があります。外注費は社内業務の一部を外部に委託した場合の費用を処理する科目ですが、外部委託の中でも、専門性が高い業務を弁護士や司法書士、税理士、社会保険労務士などの士業に依頼した場合の費用は、支払手数料で処理します。また、これらの社外の専門家が個人事業主である場合、報酬の支払い時に源泉徴収が必要になります。源泉徴収した税金は、支払った月の翌月10日までに納付します（納期の特例の申請を行っている場合、半年ごとの納付になります）。

例 税理士報酬の支払い

❶ 今月分の税理士顧問料を支払った。顧問料33,000円から源泉所得税3,063円を差し引き、普通預金口座から振り込んだ。

借方 支払手数料	33,000円	貸方 普通預金	29,937円
		預り金	3,063円
			摘要例：税理士顧問料支払い

❷ 1月から6月分の源泉所得税6万円を現金で納付した。当社は源泉所得税の納期の特例の承認を受けている。

借方 預り金	60,000 円	貸方 現金	60,000 円
			摘要例：1－6月分源泉税納付

源泉所得税は原則として徴収した日の翌月10日までに納付することになっていますが、給与の支給人員が常時10人未満である事業者については、次のように年2回にまとめて納付することを選択することができます。

・1月から6月までに預かった源泉所得税 ⟶ 7月10日までに納付
・7月から12月までに預かった源泉所得税 ⟶ 翌年1月20日までに納付

この特例制度を受けるためには、適用を受けようとする日の前月中に**源泉所得税の納期の特例の承認に関する申請書**を所轄税務署に提出します。

ポイント　外注費と給与の違い

会社が支払った経費が給与になるのか外注費になるのかは、税務調査でよく問題となります。外注費で支払うと、所得税等を源泉徴収する必要がありませんし、消費税を原則課税で計算している場合は、消費税の計算上も有利になります。また外注費の場合は、社会保険の加入義務もないので、会社が社会保険料を負担する必要がないなど、利点が多くあります。

外注費に計上していた場合でも、次のような事例は、税務調査で実態としては従業員に対する給与の支払いとみなされ、外注費にかかる消費税の仕入税額控除が否認され、さらに給与に係る源泉所得税が徴収されることになります。

・下請けなど、外注先以外が業務を遂行することが認められない（当人しか業務を行えない）
・外注先に業務に必要な材料や用具を提供している
・外注先に指揮監督命令を行っている（外注先自体が業務の進行や手順を決めていない）
・期限内に納品を受けられなかったとしても、対価を支払っている

53 売上原価

期末商品棚卸高（繰越商品）

対象 個人・法人
消費税区分 対象外

損益計算書

費用	売上原価	収益	売上高
	販管費		営業外収益
	営業外費用		
	特別損失		特別利益
	税金他		

 どんな科目か 決算仕訳で使用します。当期末時点で売れ残った商品（在庫）は、翌期以降、販売されたときに経費になるので、当期の売上原価から差し引きます。そして当期末時点で売れ残った商品を期末商品棚卸高として計上します。

摘要

期末商品振替、決算振替など

増加する取引

当期末に在庫として残っている商品を、当期の売上原価から除くために使用します。その際、期末商品棚卸高は貸方に記帳します。決算時に商品棚卸を行い、決算整理仕訳の処理を行います。期末商品棚卸高を貸方に計上することで、売上原価が減少します。仕入高を貸方に記帳する（＝当期の仕入高を減らす）ことと同じことになりますが、当期の仕入高と翌期に繰り越される商品を区別するために、仕入高で記帳せずに期末商品棚卸高を使用します。

決算に際し、商品の実地棚卸を行ったところ、在庫商品が15万円あった。

借方 商品	150,000 円	**貸方** 期末商品棚卸高	150,000 円
			摘要例：期末商品振替

減少する取引

減少する仕訳はありません。貸方にのみ計上する勘定科目になります。

仕訳なし

仕訳例

例 期末商品振替（決算整理仕訳）

当期末において、売れ残った在庫商品 20 万円を決算整理で計上する。

借方 商品	200,000 円

貸方 期末商品棚卸高	200,000 円
	摘要例：期末時点の在庫金額

少なくとも年に一度、決算日（個人であれば、12 月 31 日）に在庫の棚卸を行い、上記の仕訳を行うことで、当期の売上原価がいくらなのかを計算できます。

ポイント

青色申告決算書の記載例

期末に商品棚卸を行い、在庫商品が確認できたら、売上原価の計算を行います。
個人事業者が確定申告のときに税務署に提出する青色申告決算書では、1 ページ目に売上原価を計算する箇所があり、期末商品棚卸高もこちらに記入します。

・計算例

売上高	4,500,000 円
期首商品棚卸高	300,000 円
当期商品仕入高	3,000,000 円
期末商品棚卸高	600,000 円

▼図　期末商品棚卸高を記入する箇所

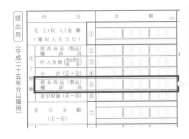

期末の在庫商品は
こちらに記入

①売上（収入）金額 4,500,000 円

②期首商品棚卸高　　　300,000 円

③仕入金額　　　　 3,000,000 円

④小計　　②＋③＝ 3,300,000 円

⑤期末商品棚卸高　　 600,000 円

⑥差引原価　④-⑤＝ 2,700,000 円 ➡ 当年度の売上原価になります

⑦差引金額　①-⑥＝ 1,800,000 円 ➡ 当年度の売上総利益（粗利益）になります

役員報酬

対象 法人
消費税区分 対象外

損益計算書

費用		収益	
	売上原価		売上高
	販管費		営業外収益
	営業外費用		
	特別損失		特別利益
	税金他		

> **どんな科目か** 取締役や監査役など会社の役員に対して、職務執行の対価として定期的に支払われる報酬のことです。株主総会で支給限度額を決議し、所定の手続きを経て、支給限度額の範囲内で各人別の支給額を決定します。
>
> **摘要** 役員報酬、役員報酬支払、社長への報酬支払、取締役報酬、監査役報酬、顧問報酬、非常勤役員報酬、使用人兼務役員の役員報酬分、渡切交際費など

⧺ 増加する取引

取締役や監査役などに報酬を支払った際に、役員報酬の勘定科目で処理します。役員報酬は費用勘定なので、増加する場合は借方に記帳します。

役員報酬50万円から源泉所得税等3万円を天引きし、47万円普通預金口座から振り込んだ。

借方 役員報酬	500,000円	**貸方** 普通預金	470,000円
		預り金（源泉所得税）	30,000円
			摘要例：取締役の報酬支払い

⧼ 減少する取引

業績などの悪化により、さかのぼって役員報酬を減額する場合、計上していた役員報酬を減らし、減額分の役員報酬を貸方に記帳します。また、他の科目で処理すべきものを役員報酬で仕訳していたならば、正しい科目に振り替えるために役員報酬を減少させる処理を行います。

業績悪化により、先月3月分の役員報酬から20万円減額することにした。

借方 未収入金	200,000円	**貸方** 役員報酬	200,000円
			摘要例：3月分役員報酬減額

仕訳例

例 役員への支給

代表取締役に対して、役員報酬 100 万円から社会保険料 11 万円、源泉所得税 10 万円、住民税 7 万円を天引きして普通預金口座から振り込んだ。

借方 役員報酬	1,000,000 円

貸方 普通預金	720,000 円
預り金(社会保険料)	110,000 円
預り金(源泉所得税)	100,000 円
預り金(住民税)	70,000 円

摘要例：社長への報酬支払い

社会保険料、源泉所得税、住民税は、いずれも預り金で処理します。それぞれの残高を管理するために補助科目を設定しておくと便利です。

ポイント

経費に認められる役員報酬

役員報酬が経費に認められるためには、次の 3 つのいずれかの場合です。3 つのいずれにも該当しない場合、基本的に経費に計上できず、法人税法上、経費になりません。

▼表　役員報酬が経費となるケース

理由	内容
定期同額給与	1 か月以下の一定の期間（通常は 1 か月）ごとに同額が支払われる給与。事業年度開始から 3 か月以内に株主総会で支給額を決定し、年度中は毎月同じ額の報酬を支給し続ける
事前確定届出給与	事前に支給する役員の氏名や支払時期、支給金額を税務署に届出、その通りに支給される給与。届出の提出期限は、事業年度開始から 4 か月以内と、支給の決議をした株主総会などの日から 1 か月以内の、いずれか早い日まで
利益連動給与	利益が出た場合に支払われる給与で、同族会社でない法人が、有価証券報告書を基礎として客観的に算定され、支給される給与。通常、中小法人は同族会社であることが多いので、この方法を採用できる法人は少ない

なお、報酬を増減するには、事業年度開始から 3 か月以内に株主総会により決議する必要があります。ただ減額については、一定の要件を満たす場合は、この時期以外でも認められています。

例 法人設立後の役員報酬の支給

6月1日に法人設立し、役員報酬の額を検討してきたが、8月分より支給することとした。8月末に役員報酬40万円から源泉所得税2万円を差し引き、普通預金口座から振り込んだ。

借方 役員報酬	400,000 円

貸方 普通預金	380,000 円
預り金(源泉所得税)	20,000 円

摘要例:8月分役員報酬支払い

役員報酬を変更する場合、事業年度開始の日から3か月を経過する日までに決める必要があります。法人設立1期目も同様で、法人設立日から3か月以内に決定しなければなりません。この例の場合は、決定期限は8月末になります。当月締め翌月払いの場合、9月末締め10月支給分から支払いを開始しても問題ありません。

ちなみに、法人設立が6月10日で、4月分の役員報酬を30万円と決定した場合、日割計算を行う必要はありません。30万円満額を支給します。

ポイント

役員報酬額の決め方

役員報酬の金額は、基本的には自由に決めることができます。ただし、業務の対価として「不相当に高額」とみなされる場合、法人税法上、経費にできません。不相当に高額とみなされるかどうかは、次の2つの基準により判断されます。

▼表 役員報酬が不当とみなされる基準

基準	内容
形式基準	株主総会などの決議により、定められている役員報酬の限度額を超えて支給されている報酬があれば、その超えている金額
実質基準	役員の職務内容や会社の利益、使用人に対する給与の支給状況、事業規模が類似する同業他社の役員報酬の支給状況などに照らし合わせて、報酬額として妥当でないと判断される金額

役員報酬は、税務調査でも、よく調査対象に上がる項目です。役員報酬額の決定の際には、株主総会により決定した支給限度額を超えないこと、また実質基準の項目に照らし合わせて妥当な金額となっているのかを確認しましょう。

例 使用人兼務役員への給与支給

使用人兼務役員の取締役経理部長に、使用人としての給与 50 万円及び役員報酬 10 万円から社会保険料 7 万円と源泉所得税 3 万円、住民税 2 万円を差し引いて普通預金口座から振り込んだ。

借方		
役員報酬	100,000 円	
給与手当	500,000 円	

貸方	
普通預金	480,000 円
預り金(社会保険料)	70,000 円
預り金(源泉所得税)	30,000 円
預り金(住民税)	20,000 円

摘要例：使用人兼務役員へ給与支払い

使用人兼務役員とは、役員のうち、部長や課長、その他法人の使用人としての職制上の地位を持ち、かつ常時使用人としての職務に従事する者のことをいいます。使用人分の給与にあたる金額は**給与手当**で計上し、役員報酬にあたる金額は**役員報酬**で計上します。役員報酬は、原則として毎月定期同額支給となりますが、使用人部分である給与手当は毎月変動させることができます。

ポイント

使用人兼務役員になれない人

使用人兼務役員とは、部長や課長その他法人の使用人としての職制上の地位を有していること、常時使用人としての職務に従事していること、の2つの要件を備えている役員のことです。使用人兼務役員の使用人分の給与は、定期同額給与の制約を受けない、賞与や残業手当の支給が可能、また使用人給与部分について労働保険（雇用保険・労災保険）の対象になるなど、多くのメリットがあります。ただし、下記に掲げる者は使用人兼務役員になれません。

① 代表取締役、代表執行役、代表理事、清算人

② 副社長、専務、常務その他これらに準ずる職制上の地位を有する役員

③ 合名会社、合資会社及び合同会社の業務を執行する役員

④ ①から④の他、同族会社の役員のうち、次のすべての要件に該当する者

・株主グループの1～3順位までを合計して、所有割合が50%を超える株主グループに属している役員

・その役員の所属する株主グループの所有割合が10%を超えている

・その役員とその配偶者（これらの者の所有割合が50%を超える他の同族会社を含む）の所有割合が5%を超えている

給与手当

対象 個人・法人
消費税区分 対象外

損益計算書

費用	売上原価	収益	売上高
	販管費		営業外収益
	営業外費用		
	特別損失		特別利益
	税金他		

> **どんな科目か** 従業員に対して支払う給料及び諸手当です。営業や管理部門で働く従業員などの給与手当は、**販売費及び一般管理費**に計上します。製造業で製造部門に従事する従業員の給料などは、賃金などの勘定科目を用いて、製造原価の労務費に計上します。給与手当には、基本給の他、役職手当や残業手当などの各種手当も含まれます。また、使用人兼務役員に対する使用人分の給与も給与手当で処理します。

> **摘要** 給料、給与、従業員給与、歩合給、各種手当、役職手当、残業手当、家族手当、扶養手当、住宅手当、使用人兼務役員の使用人分給与、現物支給など

≫ 増加する取引

従業員に給与・手当を支払った際に、給与手当の勘定科目で処理します。給与手当は費用勘定なので、増加する場合は借方に記帳します。

従業員の給与25万円を、源泉所得税6,000円を引いて、普通預金口座から振り込んだ。

借方 給与手当	250,000円	貸方 普通預金	244,000円
		預り金（源泉所得税）	6,000円
		摘要例：従業員給与の支払い	

≫ 減少する取引

他の科目で処理すべきものを給与手当で仕訳していた場合に、給与手当を減少させる処理を行います。その際は、給与手当を貸方に計上することで削除します。

通勤費2万円を給与手当で処理していたので、正しい勘定科目に振り替えた。

借方 旅費交通費	20,000円	貸方 給与手当	20,000円
		摘要例：他勘定科目へ振替	

仕訳例

例 従業員への給与支給

従業員に4月分の給与（基本給32万円、通勤手当1万円、家族手当2万円、住宅手当1万円）から社会保険料5万円、源泉所得税1万円、住民税2万円を天引きして普通預金口座から振り込んだ。

借方 給料手当	350,000 円	貸方 普通預金	280,000 円
旅費交通費	10,000 円	預り金（社会保険料）	50,000 円
		預り金（源泉所得税）	10,000 円
		預り金（住民税）	20,000 円

摘要例：4月分給与支払い

基本給と別に各種手当の支給がある場合、それぞれ1つずつ給与手当として計上する必要はなく、基本給と各種手当をまとめて**給与手当**1本で処理してかまいません。また、預り金で処理するものも複数ありますが、**社会保険料**や**源泉所得税**などの補助科目を設定しておくと、残高の管理や正しい金額を納付しているのかを確認しやすくなります。なお、通勤手当は、給与手当に含めずに**旅費交通費**で処理します。

例 使用人兼務役員への給与支給

使用人兼務役員の取締役総務部長に、使用人としての給与50万円及び役員報酬20万円から社会保険料9万円と源泉所得税5万円、住民税3万円を差し引いて普通預金口座から振り込んだ。

借方 役員報酬	200,000 円	貸方 普通預金	530,000 円
給与手当	500,000 円	預り金（社会保険料）	90,000 円
		預り金（源泉所得税）	50,000 円
		預り金（住民税）	30,000 円

摘要例：使用人兼務役員へ給与支払い

使用人兼務役員とは、役員のうち、部長や課長、その他法人の使用人としての職制上の地位を持ち、かつ常時使用人としての職務に従事する者のことをいいます。使用人分の給与にあたる金額は**給与手当**で計上し、役員報酬にあたる金額は**役員報酬**で計上します。役員報酬は、原則として毎月定期同額支給となりますが、使用人部分である**給与手当**は毎月変動させることができます。

専従者給与

対象 個人
消費税区分 対象外

費用	売上原価
	販管費
	営業外費用
	特別損失
	税金他

収益	売上高
	営業外収益
	特別利益

どんな科目か 青色申告をしている個人事業主が、事業に携わっている家族や親族など（青色事業専従者といいます）へ支払う給与です。事業主と生計を一にする配偶者や子などに給与を支払っても、原則経費にはなりませんが、青色申告者の個人事業主が、青色事業専従者に支払う給与は、要件を満たすと経費にできます。

摘要 専従者の給与、夫の給与、妻の給与、子の給与、父の給与、母の給与 など

≫ 増加する取引

青色事業専従者に給与を支払った際に、専従者給与の勘定科目で処理します。専従者給与は費用勘定なので、増加する場合は借方に記帳します。

青色事業専従者である妻に、給与7万円を現金で支払った。

借方 専従者給与	70,000円

貸方 現金	70,000円
	摘要例：配偶者へ給与支払い

≫ 減少する取引

専従者給与を減少させる取引は原則ありません。ただし、他の科目で処理すべきものを専従者給与で仕訳していた場合、正しい科目に振り替えるために専従者給与を減少させる処理を行うことはあります。その際は貸方に専従者給与を記帳します。

同一生計でない親（＝青色事業専従者でない）に支払った給与5万円を専従者給与で処理していたことがわかったので、給与手当に振り替えた。

借方 給与手当	50,000円

貸方 専従者給与	50,000円
	摘要例：科目振替

仕訳例

例 専従者給与の支払い（届出に記載した金額で支給）

青色事業専従者である息子に、給与 30 万円と通勤手当 2 万円から源泉所得税 8,000 円を差し引き、普通預金口座から振り込んだ。

借方	専従者給与	300,000 円	貸方	普通預金	312,000 円
	旅費交通費	20,000 円		預り金（源泉所得税）	8,000 円

摘要例：息子へ給与支払い

通勤手当は、専従者給与に含めず**旅費交通費**で処理します。源泉所得税は**預り金**にし、他の預り金と区別するために**源泉所得税**や**給与源泉税**などの補助科目を作成するとわかりやすいです。

> **ポイント**
>
> ### 専従者給与が認められる要件
>
> 次の条件を満たす場合、専従者給与が認められます。
>
> 1. 青色事業専従者に対する給与であること
>   - 青色申告者と生計を一にする配偶者や子供、家族であること
>   - その年の 12 月 31 日現在で、年齢が 15 歳以上であること
>   - 青色申告者の事業に 6 か月を超える期間従事していること（開業初年度であれば、1/2 を超える期間従事していること）
> 2. 青色事業専従者給与を支払う年の 3 月 15 日までに、青色事業専従者給与の届出書を所轄の税務署長に提出していること（事業開始日や雇用日によって、他の取り扱いあり）
> 3. 給与の額が届出書に記載された金額以内であること

例 専従者給与の支払い（別生計親族への給与）

結婚した娘にアルバイトに来てもらい、今月のアルバイト代 3 万円を現金で支払った。

借方	給与手当	30,000 円	貸方	現金	30,000 円

摘要例：アルバイト代支払い

別生計の親族に給与を支払った場合、給与手当として経費になります。ただし、実態に見合わないような高額な給与を支払っている場合は、経費として認められない可能性があります。一般の従業員と同じ基準で支給するようにしましょう。

例 専従者給与の支払い（届出に記載した金額を超えて支給）

青色事業専従者である息子に、給与30万円と通勤手当2万円から源泉所得税8,000円を差し引き、普通預金口座から振り込んだ。税務署には、息子の専従者給与は月20万円で届け出ている。

借方			貸方		
専従者給与	200,000 円		普通預金	312,000 円	
旅費交通費	20,000 円		預り金（源泉所得税） 8,000 円		
事業主貸	100,000 円				

摘要例：息子へ給与支払い

税務署に届け出ている金額以上の給与を支払った場合、届け出ている金額までしか経費にできません。よって、20万円を専従者給与で処理し、差額の10万円は**事業主貸**で処理をして経費から除くことになります。専従者給与を増額したい場合は、変更届出書を提出する必要があります。

例 専従者給与の支払い（届出に記載した金額以下で支給）

青色事業専従者である息子に、給与30万円と通勤手当2万円から源泉所得税8,000円を差し引き、普通預金口座から振り込んだ。税務署には、息子の専従者給与は月40万円で届け出ている。

借方			貸方		
専従者給与	300,000 円		普通預金	312,000 円	
旅費交通費	20,000 円		預り金（源泉所得税） 8,000 円		

摘要例：息子へ給与支払い

税務署に届け出ている金額以下であれば、給与金額を変更することができます。よって、届出金額よりも低い金額で支給した場合、支給した金額を専従者給与で処理するだけでよく、変更届出書の提出も不要です。

ポイント

給与の設定への注意

青色事業専従者給与に関する届出書を提出する際、労務の対価として認められる金額で届け出る必要があります。税務調査により、不必要に高額な金額とみなされた場合、経費にすることができません。例えば、1日2時間ほど事務作業を行っている妻の給与について、月100万円と記入し届出書を提出し、実際に100万円支払っていたとしても、労務の対価として過大とみなされる金額については経費から除かれることになります。給与の設定には注意が必要です。

コラム

専従者給与を支給するために必要な届出

所得税の青色承認申請書

青色申告を選択する際に提出する申請書

（提出期限）

・青色申告書で申告しようとする年の 3 月 15 日
まで

・その年の 1 月 16 日以後、新たに事業を開始し
たり、不動産の貸付をした場合、その事業開
始などの日から 2 か月以内

青色事業専従者給与に関する届出書

（変更届出書もこちら）

青色申告をしている方が、事業専従者に支払う
給与を経費にするために提出する届出書

（提出期限）

・給与を支払おうとする年の 3 月 15 日まで

・その年の 1 月 16 日以後に開業した場合や、新
たに専従者が所属することになった場合は、
その開業の日や専従者が所属することになっ
た日から 2 か月以内

賞与

対象 個人・法人
消費税区分 対象外

損益計算書

費用		収益	
	売上原価		売上高
	販管費		
	営業外費用		営業外収益
	特別損失		特別利益
	税金他		

> **どんな科目か** 夏季、冬季などに支給される臨時給与（ボーナス）のことです。給与や役員報酬は、1か月以下の間隔で定期的に支給されるものですが、賞与は業績などに応じて臨時的に支給されます。賞与には、使用人兼務役員に対する使用人分の賞与も含まれます。役員への賞与は、役員賞与の科目で処理します。役員賞与は、原則として経費にはなりません。ただし、一定の期間内に**事前確定届出給与に関する届出書**を提出し、その通りに支給すれば経費になります。

> **摘要** 賞与、ボーナス、夏季賞与、冬季賞与、決算賞与、特別賞与、販売奨励金、使用人兼務役員賞与の使用人部分、事前確定届出給与など

≪ 増加する取引

従業員に対して賞与を支払った際に、賞与の科目で処理し、借方に計上します。

夏季賞与30万円について、源泉所得税6万円を差し引いて普通預金口座から振り込んだ。

借方 賞与	300,000 円	貸方 普通預金	240,000 円
		預り金（源泉所得税）	60,000 円

摘要例：夏季賞与の支払い

≫ 減少する取引

減少させる取引は原則ありません。ただし、他の科目で処理すべきものを賞与で仕訳していた場合、賞与を減少させます。

相談役へ支払った報酬20万円を賞与で処理していたため、役員報酬へ振り替えた。

借方 役員報酬	200,000 円	貸方 賞与	200,000 円

摘要例：科目修正

仕訳例

例 賞与の支給

従業員に冬季賞与50万円から社会保険料8万円、源泉所得税6万円を天引きして普通預金口座から振り込んだ。

借方 賞与	500,000円

貸方 普通預金	360,000円
預り金(社会保険料)	80,000円
預り金(源泉所得税)	60,000円

摘要例：冬季賞与支払い

例 使用人兼務役員への賞与支給

使用人兼務役員の取締役経営管理部長に、使用人としての賞与60万円から社会保険料9万円と源泉所得税7万円を天引きして、普通預金口座から振り込んだ。

借方 賞与	600,000円

貸方 普通預金	440,000円
預り金(社会保険料)	90,000円
預り金(源泉所得税)	70,000円

摘要例：使用人兼務役員へ賞与支払い

　使用人兼務役員の使用人分の賞与にあたる金額は、他の従業員と同様に賞与で計上して経費にすることができ、**事前確定届出給与**の届出を行う必要もありません。

例 決算賞与の支給

決算に際し、従業員へ決算賞与を支払うことを決定した。賞与総額300万円から社会保険料40万円、源泉所得税30万円を差し引いて、未払計上した。

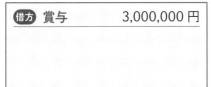

借方 賞与	3,000,000円

貸方 未払金	2,300,000円
預り金(社会保険料)	400,000円
預り金(源泉所得税)	300,000円

摘要例：決算賞与の未払計上

　従業員へ賞与を支給する場合、基本的に支給したときに経費になります。決算賞与の場合は支給が翌期になってしまうので、原則としては、翌期の経費になります。ただし、一定の条件を満たしている場合は、当期の経費にすることができます。

退職金

対象 個人・法人
消費税区分 対象外

損益計算書

費用	売上原価	収益	売上高
	販管費		営業外収益
	営業外費用		
	特別損失		特別利益
	税金他		

> **どんな科目か**　役員や従業員が退職した際に、過去の勤務への対価として、役員報酬や給与手当とは別に支給する金銭です。従業員に支給する退職金は、支給した日に退職金として経費に計上します。役員に支給する退職金は、役員退職金の科目で計上します。役員退職金は、株主総会などで支給額が決議された日が属する事業年度で経費に計上しますが、実際に支払った日で計上することもできます。

> **摘要**　退職金支払い、従業員退職金、退職一時金、退職年金、役員退職慰労金、解雇予告手当など

⨠ 増加する取引

従業員の退職に伴い、退職金を支払った際に、退職金の勘定科目で処理します。退職金は費用勘定なので、増加する場合は借方に記帳します。

従業員が退職し、退職金 100 万円を普通預金口座から振り込んだ。

借方 退職金	1,000,000 円	貸方 普通預金	1,000,000 円
			摘要例：従業員退職金の支払い

⨠ 減少する取引

退職金を減少させる取引は原則ありません。ただし、他の科目で処理すべきものを退職金で仕訳していた場合、退職金を貸方に記帳し減少させます。

退職した従業員について、退職月に支払った給与 40 万円と退職金 150 万円をまとめて退職金で処理していたため、給与手当分の科目を修正する。

借方 給与手当	400,000 円	貸方 退職金	400,000 円
			摘要例：科目修正

仕訳例

例 従業員への退職金支給（退職所得の受給に関する申告書の提出あり）

14 年 3 か月勤務した従業員が退職し、退職金 700 万円から源泉所得税 25,525 円、住民税 5 万円を天引きして、普通預金口座から振り込んだ。

借方 退職金	7,000,000 円

貸方 普通預金	6,924,475 円
預り金（源泉所得税）	25,525 円
預り金（住民税）	50,000 円

摘要例：退職金支給

ポイント

退職金から天引きする源泉所得税等の計算

退職金の支給時は、給与などと同様に源泉徴収が必要になります。退職者に「退職所得の受給に関する申告書」を提出しているかどうかで、計算式が変わります。

退職所得の受給に関する申告書の提出がある場合

①退職所得控除の計算

次の表に当てはめて、退職所得控除額を計算

勤続年数	退職所得控除額
20 年以下	40 万円×勤続年数（80 万円未満の場合は、80 万円）
20 年超	800 万円 + 70 万円×（勤続年数 -20 年）

※勤続年数 14 年 3 か月の場合は、端数を切り上げて 15 年になる

② 課税対象となる退職金の金額の計算

（退職金 － ①で計算した退職所得控除）× 1/2 ※ 1,000 円未満切捨

③ 源泉徴収税額の計算

②で計算した金額を下記の税額表に当てはめて計算する

課税退職所得金額（②の金額）	税率	控除額
195 万円以下	5%	0 円
195 万円を超え　330 万円以下	10%	97,500 円
330 万円を超え　695 万円以下	20%	427,500 円
695 万円を超え　900 万円以下	23%	636,000 円
900 万円を超え　1,800 万円以下	33%	1,536,000 円
1,800 万円を超え　4,000 万円以下	40%	2,796,000 円
4,000 万円超	45%	4,796,000 円

※平成 25 年から令和 19 年までについては、上記税額表で計算した所得税と復興特別所得税（原則としてその年分の基準所得税額の 2.1%）を天引きする

それでは、前記の仕訳例を使って、退職金から天引きする源泉所得税等を計算してみましょう。

① 勤続年数が 14 年 3 か月なので、15 年で計算すると、退職所得控除額は、勤続年数 20 年以下となり、「40 万円× 15 年」で 600 万円となります。

② 課税対象となる退職金は、「(700 万円 -600 万円)× 1/2」で 50 万円となります。

③ 源泉徴収する税額は、「50 万円× 5 ％」25,000 円となり、さらに所得税と復興特別所得税を「25,000 円× 2.1%」で計算して、525 円となります。合計、「25,000 円＋ 525 円」の 25,525 円を源泉徴収することになります。

退職所得の受給に関する申告書の提出がない場合
「源泉徴収する税額＝退職金× 20.42％」となるので、「700 万円× 20.42％」の 1,429,400 円の天引きが必要になります。

例 従業員への退職金支給（退職所得の受給に関する申告書の提出なし）

従業員が退職したため退職金 200 万円を支給する。「退職所得の受給に関する申告書」の提出がなかったため、所得税及び復興特別所得税を源泉徴収し、普通預金から振り込んだ。

借方 退職金	2,000,000 円	貸方 普通預金	1,591,600 円
		預り金（源泉所得税）	408,400 円
		摘要例：退職金支給	

退職所得の受給に関する申告書の提出がない場合は、退職金の収入金額から一律 20.42％の所得税及び復興特別所得税を源泉徴収します。従業員は、確定申告をすることで精算することになります。

例 従業員退職金の未払計上

3 月末で従業員が退職し、就業規則にしたがい、支給する退職金を 300 万円と決定し、4 月末に支給する予定である。3 月末で決算を迎え、退職金を未払計上する。

借方 退職金	3,000,000 円	貸方 未払金	3,000,000 円
		摘要例：退職金未払計上	

ポイント

従業員退職金を経費に計上できる時期

従業員に支給する退職金ですが、原則として支給した日に退職金として経費に計上します。ただし、次の3つのいずれかの日で経費に計上することが認められています。

・退職日
・退職金支給日
・就業規則に退職金の支払日が明記されている場合には、その支払日

例えば、3月決算の法人で従業員が3月末に退職し、退職金を4月になってから支給する場合でも、3月末の退職日において退職金を未払計上し、今期の経費にすることができます。

例 役員退職金の支給

退職した役員に対し、株主総会において退職金2,000万円を支給することを決議した。

借方 役員退職金 20,000,000円	貸方 未払金 20,000,000円
	摘要例：役員退職金支給決定

役員退職金は、原則として、株主総会などで支給額が決議された日が属する事業年度で経費に計上することになりますが、実際に支払った日に計上していれば、実際に支払った事業年度で経費にすることもできます。

役員退職金は在任期間や類似する同業他社の役員退職金の支給状況などに照らし合わせて、妥当であると認められる金額までしか経費に算入することができません。

ポイント

分掌変更による退職金の支給

退職金は本来退職という事実により支給されるものですが、役員退職金の場合、分掌変更に伴い支給されることがあります。分掌変更とは、例えば代表取締役や取締役が、会長や監査役に退くなど役割を大きく変更した上で、引き続き会社に在籍することを指します。

分掌変更の場合も、役員退職金を経費にすることはできますが、次の条件を満たしている必要があります。

・給与が半分以下になる
・経営上主要な地位を占めていない
・未払でなく、全額支払っている

このように、分掌変更による退職金の支給の場合、未払いだと経費に計上できません。

法定福利費

対象 個人・法人
消費税区分 対象外

損益計算書

費用	売上原価
	販管費
	営業外費用
	特別損失
	税金他

収益	売上高
	営業外収益
	特別利益

> **どんな科目か** 従業員に支出する福利厚生費用の中で、法律にもとづいた費用です。具体的には、社会保険料（健康保険料、介護保険料、厚生年金保険料）と労働保険料（労災保険料、雇用保険料、児童手当拠出金）になります。社会保険料は事業主と従業員が折半で負担します。労働保険料のうち、雇用保険料は事業主と従業員が折半で負担しますが、労災保険料と児童手当拠出金は事業主が全額負担します。

> **摘要** 社会保険料（事業主負担分）、労働保険料（事業主負担分）、健康保険料（事業主負担分）、介護保険料（事業主負担分）、厚生年金保険料（事業主負担分）など

≪ 増加する取引

社会保険料などを支払った際、事業主負担分を法定福利費で処理し借方に計上します。

社会保険料 10 万円が普通預金口座から引き落とされた。法人負担分は 5 万円、社員負担分は 5 万円であり、社員負担分は給与から天引きし、預り金で処理している。

| 借方 法定福利費 | 50,000 円 |
| 預り金（社会保険料） | 50,000 円 |

| 貸方 普通預金 | 100,000 円 |
| | 摘要例：社会保険料の納付 |

≫ 減少する取引

減少する取引は原則ありません。ただし、他の科目で処理すべきものを法定福利費で仕訳していた場合、減少させる処理を行い、法定福利費を貸方に計上します。

雇用保険料の従業員負担分 5 万円もまとめて法定福利費で処理していたため、科目修正した。

| 借方 立替金（雇用保険料） | 50,000 円 |

| 貸方 法定福利費 | 50,000 円 |
| | 摘要例：従業員負担分修正 |

仕訳例

例 法定福利費支払いまでの流れ

① 労働保険料の支払い

労働保険料の年度更新を行い、保険料 30 万円を普通預金口座から振り込んだ。そのうち、従業員負担分は 10 万円である。

借方		貸方	
法定福利費	200,000 円	普通預金	300,000 円
立替金	100,000 円		
		摘要例：労働保険料支払い	

② 給与支給時

20 日締め当月 25 日払いの法人である。10 月分の給与 20 万円を支給し、9 月分の給与にかかる社会保険料 3 万円、雇用保険料 1,000 円及び源泉所得税 3,000 円を天引きして普通預金口座から振り込んだ。

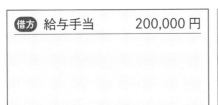

借方		貸方	
給与手当	200,000 円	普通預金	166,000 円
		預り金(社会保険料)	30,000 円
		立替金(雇用保険料)	1,000 円
		預り金(源泉所得税)	3,000 円
		摘要例：10 月分給与支払い	

③ 社会保険料の支払い

10 月末に年金事務所より納入告知書が届き、9 月分社会保険料 6 万円を普通預金口座から振り込んだ。

借方		貸方	
法定福利費	30,000 円	普通預金	60,000 円
預り金(社会保険料)	30,000 円		
		摘要例：社会保険料の支払い	

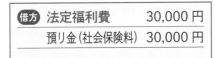

労働保険料を支払った際、法定福利費で経費計上しますが、従業員負担分は**立替金**で処理します①。社会保険料などの社員本人負担分は、通常毎月の給与から税金などと一緒に天引きします。社会保険料は**預り金**、労働保険料は**立替金**で処理します。社会保険料を支払う際は、事業主負担分を**法定福利費**に、従業員負担分を**預り金**で計上することで、預り金残高がゼロになります③。

福利厚生費

対象 個人・法人
消費税区分 課税・対象外

損益計算書

費用	売上原価		収益	売上高
	販管費			営業外収益
	営業外費用			特別利益
	特別損失			
	税金他			

> **どんな科目か** 働きやすい環境を整備するために支出する費用のことです。そのうち、法律にもとづいて支出されるものは**法定福利費**で計上し、それ以外を**福利厚生費**で計上します。基本的に、消費税区分は課税取引になりますが、結婚祝い金などの冠婚葬祭、海外の慰安旅行費などの支出については対象外になります。
>
> **摘要** 常備薬、定期健康診断費用、予防接種費用、社員旅行代、忘年会費、厚生施設利用料、社員寮、結婚祝い金（社内）、食事補助、研修費など

≫ 増加する取引

従業員などのために福利厚生に関する費用を支払った際に、福利厚生費の勘定科目で処理します。福利厚生費は費用勘定なので、増加する場合は借方に記帳します。

従業員に結婚祝い金3万円を現金で支払った。

借方 福利厚生費	30,000 円	**貸方** 現金	30,000 円
			摘要例：結婚祝い金の支給

≫ 減少する取引

減少する取引は原則ありません。ただし、他の科目で処理すべきものを福利厚生費で仕訳していた場合、減少させる処理を行います。

取引先への香典1万円を福利厚生費で処理していたため、正しい勘定科目に振り替えた。

借方 交際費	10,000 円	**貸方** 福利厚生費	10,000 円
			摘要例：科目修正

仕訳例

例 忘年会費の支払い

❶ 会社全体を対象にした忘年会を行い、20万円を現金で支払った。

借方 福利厚生費	200,000円	貸方 現金	200,000円
			摘要例：忘年会費の支払い

❷ ❶の忘年会の後に二次会を行い、得意先を含めて数名の社員が参加し、二次会費用5万円を現金で支払った。

借方 交際費	50,000円	貸方 現金	50,000円
			摘要例：二次会費の支払い

親睦・慰安費などの支出は、全従業員が対象になっている場合に福利厚生費になります。取引先などの外部関係者が参加者に含まれている場合は**交際費**になります。また、一部の従業員のみで行う食事会費を会社などが負担した場合は、**給与**とみなされます。

ポイント
福利厚生費の種類と認められる要件

福利厚生費には次のような支出が該当します。

・種類
①医療や健康（常備薬、定期健診、予防接種など）
②親睦や慰安（社員旅行、歓送迎会、忘年会、周年記念品、レクリエーション費用など）
③厚生施設（社宅、保養所、外部厚生施設の利用など）
④冠婚葬祭（結婚祝い金、出産祝い金、香典、見舞金など）
⑤生活（社内お茶代、社内菓子代など）

これらの支出が福利厚生費として認められるには、次の3つの要件を満たす必要があります。

・認められる要件
①社会通念上、常識的な範囲内での金額であること
②その経費が特定の従業員に対してではなく、全従業員を対象とした経費であること

③現金支給でないこと

これらの要件を満たさない支出については、給与や交際費として認定されることが
あるので、支出する際には注意が必要です。

例 まかないの処理

個人で飲食店を経営している。従業員にまかないを出しており、1食あたりの食材費
は200円、営業数は1月あたり26日である。従業員負担として1食あたり120円を
負担してもらい、今月分を現金で受け取った。

借方	現金	3,120円
	福利厚生費	2,080円

貸方	売上高	5,200円
		摘要例：今月分まかない費計上

まかないなどの食事（代）の提供は、原則として従業員などに対する現物給与になり
ます。ただし、次の2つの要件の両方を満たすことで、給与課税せず、福利厚生費
とすることができます。
- 自己負担：従業員などが食事の価額の50％以上負担すること
- 事業者負担：法人や個人事業主の負担額が税込3,850円（税抜3,500円）／
  月以下であること（食事の価額－従業員の負担額≦3,850円）

今回の例の場合、要件を満たしているので福利厚生費で処理します。
- 自己負担：200円×50％＝100円（≦120円）
- 事業者負担：（200円-120円）×26日＝2,080円（≦税込3,850円）

例 残業飲食代の処理

残業した従業員のために弁当を購入し、現金で3,000円を支払った。

借方	福利厚生費	3,000円

貸方	現金	3,000円
		摘要例：残業弁当代

通常の勤務時間外に勤務した従業員に対して、食事を支給した場合、**福利厚生費**に
なります。もともと夜勤の従業員に夕食や夜食を提供した場合は、**給与手当**になり
ます。

例 従業員へ香典のお渡し

社員のご家族に不幸があったとの知らせを受け、会社の弔意規定にもとづき、従業員に香典1万円を渡した。

借方 福利厚生費	10,000 円		貸方 現金	10,000 円
				摘要例：香典お渡し（従業員）

会社で社員に香典などを支払う場合、社内規定で金額を定めておいた方がよいです。慶弔費は領収証が出ないものが多いですが、支払った旨を書面に残しておけば証明書類になります。書面には日付・内容・相手先の名前・金額を記載し、会葬礼状などと一緒に保管しておきましょう。

> **ポイント**
> **弔問費**
>
> 香典などの慶弔費は、支払相手によって科目が変わります。取引先などの外部関係者の場合、交際費に、役員や従業員などに支出する場合は、福利厚生費になります。

例 常備薬の購入

従業員用に風邪薬2,000円を購入し、現金で支払った。

借方 福利厚生費	2,000 円		貸方 現金	2,000 円
				摘要例：常備薬の購入

常備薬は、全社員が使用できるよう保管されていれば、福利厚生費で経費にできます。

例 消毒液の購入

手指用消毒液を2本購入し、代金3,000円を現金で支払った。1本はお客様用で店舗入り口に、もう1本は事務所に社員用として据え置く。

借方 消耗品費	3,000 円		貸方 現金	3,000 円
				摘要例：消毒液の購入

厳密にいうと、社員用の消毒液は福利厚生費になりますが、お客様用とまとめて購入する場合、実務的には消耗品費で計上することが多いです。どちらの科目にするにしても、同じ取引では同じ科目を継続的に使用していきましょう。

9

販売費及び一般管理費

雑給

対象 個人・法人
消費税区分 対象外

損益計算書

費用	売上原価
	販管費
	営業外費用
	特別損失
	税金他

収益	売上高
	営業外収益
	特別利益

> **どんな科目か** アルバイトなどの臨時の従業員に対して支払う給与及び諸手当のことです。正社員に支払う給与などは給与手当、パートなどに支払う給与などは雑給というように、正社員とパート・アルバイトを区別するために雑給を使用します。ただ、会計処理上、必ずしも区別しなければいけないわけではありません。
>
> **摘要** アルバイト給料、パート給与、バイト給与、臨時社員給与、契約社員給与、アシスタント給与など

≫ 増加する取引

パートやアルバイトなどに給与・手当を支払った際に、雑給の勘定科目で処理します。雑給は費用勘定なので、増加する場合は借方に記帳します。

パートの給与15万円から、源泉所得税3,000円を引いて現金で支払った。

借方 雑給	150,000円	貸方 現金	147,000円
		預り金(源泉所得税)	3,000円
			摘要例:パート給与の支払い

≫ 減少する取引

給与の締め日が月末ではなく、前期決算において支払っていない給与を計上している場合、翌期首で再振替仕訳を行い、雑給を貸方に計上します。

アルバイト給与は20日締めの当月末払いである。前期決算時に、21日から末日までのアルバイト給与の合計額100万円を未払費用で計上していたので、期首に振り替えた。

借方 未払費用	1,000,000円	貸方 雑給	1,000,000円
			摘要例:期首再振替

仕訳例

例 パートへの給与支給

4月分のパート給与13万円から、源泉所得税2,000円を天引きして現金で支払った。

借方 雑給	130,000円

貸方 現金	128,000円
預り金（源泉所得税）	2,000円

摘要例：4月分パート給与支払い

パートやアルバイトなどの臨時の従業員についても、給与から所得税等を源泉徴収します。給与を1か月や半月ごと、10日ごとに支払う場合は、源泉徴収税額表の**月額表**を使用し、毎日払い、週払い、日割りで支払う場合は、**日額表**を使用します。**給与所得者の扶養控除等申告書**を提出している従業員については「**甲欄**」を使用し、提出していない従業員については「**乙欄**」を使用します。日雇賃金については、日額表の「**丙欄**」を使用します。

例 飲食店などのアルバイト給与

飲食店を営んでいる。アルバイトに対して今月分の給与8万円から今月分のまかない分2,500円を差し引いて、現金で支払った。

借方 雑給	80,000円

貸方 現金	77,500円
売上高	2,500円

摘要例：アルバイト給与

ポイント

まかない

まかないなどの食事（代）の提供は、原則として従業員などに対する現物給与になります。ただし、次の2つの要件を満たすことで、福利厚生費とすることができます。

①自己負担：従業員などが食事の価額の50%以上負担すること

②事業者負担：法人や個人事業主の負担額が税込3,850円（税抜3,500円）／月以下であること（食事の価額－従業員の負担額 ≦ 3,850円）

例えば1日あたり250円のまかないに対し、従業員が150円負担し、勤務日数が23日の場合は、福利厚生費で処理できます。

・自己負担：250円× 50% ＝ 125円（≦ 150円）

・事業者負担：（250円 -150円）× 23日 ＝ 2,300円（≦税込 3,850円）

広告宣伝費

対象 個人・法人
消費税区分 課税
※広告用プリペイドカードは非課税

損益計算書

費用	売上原価	収益	売上高
	販管費		営業外収益
	営業外費用		
	特別損失		特別利益
	税金他		

どんな科目か 不特定多数の人を対象に、商品などの販売促進や会社のイメージアップのために行う、広告や宣伝に支出した費用のことです。広告宣伝費は、販売活動に必要な費用ですので、損益計算書の販売費及び一般管理費に計上します。会社の宣伝や商品などの販売促進にかかる費用以外に、従業員採用のための求人広告の掲載代や、決算書開示のための決算広告費用も広告宣伝費になります。

摘要 会社パンフレット作成、チラシ制作費、ポスター制作費、インターネット広告掲載費、雑誌・新聞広告掲載費、ビラ印刷配布費用、試供品、求人広告費用など

増加する取引

一般消費者などを対象に、広告費や宣伝費用を支出した際に、広告宣伝費で計上します。広告宣伝費は費用勘定なので、増加する場合は借方に記帳します。

商品カタログの制作代 15 万円を普通預金口座から振り込んだ。

借方 広告宣伝費	150,000 円	貸方 普通預金	150,000 円
			摘要例：カタログ制作代の支払い

減少する取引

配布用のチラシなどを制作した際に、決算時点で未配布のものがあった場合、未配布分を貯蔵品（流動資産）に振り替えます。その場合、広告宣伝費を貸方に記帳することで未配布分の広告宣伝費を減らし、借方に貯蔵品を計上します。

決算時、広告宣伝費で処理したビラ制作費用で未配布分 5 万円を貯蔵品に振り替えた。

借方 貯蔵品	50,000 円	貸方 広告宣伝費	50,000 円
			摘要例：未配布分振替

仕訳例

例 広告掲載料

雑誌に広告を掲載するために、広告代理店に20万円を普通預金口座から振り込んだ。

借方 広告宣伝費	200,000円	貸方 普通預金	200,000円
			摘要例：雑誌広告の掲載代

例 広告看板設置

広告宣伝用のネオンサインを設置し、制作代9万円を現金で支払った。

借方 広告宣伝費	90,000円	貸方 現金	90,000円
			摘要例：広告用ネオンサインの制作代

広告宣伝のための看板やネオンサインなどを設置した際、取得価額（制作及び設置費）が10万円未満であれば、広告宣伝費で費用にできます。10万円以上の場合は、原則として**構築物**などの科目で固定資産に計上します。10万円以上30万円未満の場合は、一定の要件を満たせば**少額減価償却資産**として全額費用計上できます。

例 ホームページの制作費

会社のホームページを作成し、制作費25万円を普通預金口座から振り込んだ。

借方 広告宣伝費	250,000円	貸方 普通預金	250,000円
			摘要例：ホームページ制作費の支払い

ホームページ制作費のうち、会社概要や商品の紹介を目的として制作され、その内容が頻繁に更新されるようなものについては、支出の効果が1年以上に及ばないと判断されるので、広告宣伝費として一括で費用計上できます。自社商品を検索する機能やオンラインショッピング機能などのプログラムの作成費用が含まれている場合、その作成費用は**ソフトウェア（無形固定資産）**で計上します。

> **ポイント**
> ### 1年超の広告契約の前払い
> 2年契約など、1年を超える期間で広告契約を結ぶことがあります。広告料を全額前払いした場合でも、当期の費用にできるのは、当期に対応する分のみです。残りの金額は前払費用や長期前払費用に振り替えて、翌期以降に繰り越します。

9
販売費及び一般管理費

荷造発送費・運賃・荷造運賃

対象 個人・法人
消費税区分 課税
※ EMS など海外向けの郵便料金は対象外

損益計算書

費用		収益	
	売上原価		売上高
	販管費		営業外収益
	営業外費用		特別利益
	特別損失		
	税金他		

> **どんな科目か** 商品などを納品する際にかかる荷造費用（梱包材料や資材など）と発送費用（運送費や配送費など）を処理するための科目です。荷造発送費は、販売活動に必要な費用ですので、損益計算書の販売費及び一般管理費に計上します。荷造運賃や荷造運送費など、別の科目を使用することもできます。

> **摘要** 梱包用材料、ガムテープ代、段ボール代、宅急便代、バイク便代、航空貨物運賃、船舶運賃、着払い運賃、EMS、国際郵便、輸出関係手数料、倉庫代など

≫ 増加する取引

商品などを発送するために、荷造代や発送代を支出した際に、荷造発送費で計上します。荷造発送費は費用勘定なので、増加する場合は借方に記帳します。

得意先に商品を販売し、宅急便で発送した。宅急便代1万円は現金で支払った。

借方 荷造発送費	10,000 円	**貸方** 現金	10,000 円
			摘要例：宅急便代支払い

≫ 減少する取引

減少する取引は原則ありません。ただし、他の科目で処理すべきものを荷造発送費で仕訳した場合、荷造発送費を貸方に記帳して、減少させる処理を行います。

仕入での運賃2万円を荷造発送費で計上していたため、正しい科目に振り替えた。

借方 仕入高	20,000 円	**貸方** 荷造発送費	20,000 円
			摘要例：科目振替

仕訳例

例 梱包材料の購入

❶ 配送業者より段ボールを購入し、5万円を現金で支払った。

借方 荷造発送費	50,000 円	貸方 現金	50,000 円
			摘要例：梱包用段ボール購入

❷ 決算に際し、❶の段ボールのうち未使用分4万円を貯蔵品に振り替えた。

借方 貯蔵品	40,000 円	貸方 荷造発送費	40,000 円
			摘要例：段ボール未使用分振替

　梱包用の資材などはまとめて購入することが多いので、本来は購入時に**貯蔵品**として資産に計上し、出荷のたびに**荷造発送費**に振り替えていくのが好ましいです。ただし、日々の処理が煩雑になるので、実務上は購入時に荷造発送費で処理し、決算時点で未使用部分を貯蔵品の科目で流動資産に振り替えることが多いです。

例 商品発送代の処理

得意先に商品10万円を掛けで販売し、商品を発送した。送料3,000円を現金で支払ったが、発送費は当社が負担する契約になっている。

借方 売掛金	100,000 円	貸方 売上高	100,000 円
荷造発送費	3,000 円	現金	3,000 円
			摘要例：商品販売

　契約上、発送費が当方負担になっている場合、送料の支払い時に荷造発送費で経費に計上します。契約上、発送費が先方負担になっている場合は、発送費の支払い時に、**立替金**または**売掛金**で処理して、商品代と一緒に得意先に請求します。

> **ポイント**
> ## 荷造発送費と仕入高
> 荷造発送費は商品などを販売する際にかかる梱包費や発送費を処理する科目になります。商品などを購入する際の運賃などの費用は、商品本体の代金と一緒に仕入高で処理します。また、固定資産購入時の送料などは、固定資産の取得価額に含めます。

販売促進費

対象 個人・法人
消費税区分 課税

損益計算書

費用	売上原価
	販管費
	営業外費用
	特別損失
	税金他

収益	売上高
	営業外収益
	特別利益

> **どんな科目か** 商品や製品、サービスの販売を促進し、売上の増加を図るために支出した費用のことです。商品などの販売促進のための費用を処理する科目には、**広告宣伝費**もありますが、両科目に明確な区別はありません。一般的に、販売促進費は不特定多数の人に商品やサービスを**直接的**に宣伝する際にかかる費用で、広告宣伝費は**間接的**に宣伝する際にかかる費用と区別します。

> **摘要** **販売促進費用、キャンペーン費用、展示会・見本市出店費用、店頭ポスター・POP 制作費用、チラシ代、カタログ代、販売奨励金、売上奨励金など**

⊗ 増加する取引

販売促進を図るための支出を行った際に、販売促進費で計上します。販売促進費は費用勘定なので、増加する場合は借方に記帳します。

店頭に置く POP 広告の作成費 5 万円を現金で支払った。

借方 販売促進費	50,000 円

貸方 現金	50,000 円
	摘要例：POP 作成費

⊗ 減少する取引

チラシなどを制作・購入した際に、販売促進費で処理しますが、そのうち決算時点における未配布分は貯蔵品（流動資産）に振り替えます。

ノベルティを制作し、代金を販売促進費に計上していたが、決算時点で 20 万円が余っていたので、貯蔵品に振り替えた。

借方 貯蔵品	200,000 円

貸方 販売促進費	200,000 円
	摘要例：ノベルティ未配布分振替

仕訳例

例 商品サンプルの購入

新商品を販売するために、サンプル品1,000円を購入し現金で支払った。

借方 販売促進費	1,000円		貸方 現金	1,000円
				摘要例：サンプル品購入

例 商品サンプルの提供

❶ 販売用の商品を仕入れ、代金10万円を普通預金口座から振り込んだ。

借方 仕入高	100,000円		貸方 普通預金	100,000円
				摘要例：商品仕入

❷ ❶のうち2万円分をサンプル品として無料で配った。

借方 販売促進費	20,000円		貸方 仕入高	20,000円
				摘要例：サンプル品提供

販売用で仕入れた商品をサンプル品として無料提供した場合、仕入高から販売促進費に振り替えます。サンプル提供分も仕入高に含めてしまうと、売上総利益（売上高 - 売上原価）が実際よりも低くなってしまい、経営判断を誤るかもしれません。サンプル品に関する費用は、仕入高として売上総利益の計算に含めないように、販売促進費（販売費及び一般管理費）で処理しましょう。

ポイント
販売促進費と交際費

ノベルティグッズの制作費用は、通常販売促進費となりますが、得意先などの特定の者のみに渡したり、金額が高額であったりすると、販売促進費で処理していたとしても交際費とみなされることがあります。配布する相手と金額には注意が必要です。また、情報提供を生業としていない者に対する情報提供料の支払いは、交際費とみなされる可能性が高いです。ただし、あらかじめ締結された契約通りの情報提供を受け、支払った金額も妥当である場合は、販売促進費で処理できます。

水道光熱費

対象 個人・法人
消費税区分 課税

損益計算書

費用	売上原価	収益	売上高
	販管費		営業外収益
	営業外費用		
	特別損失		特別利益
	税金他		

> **どんな科目か** 本社、支店、事務所、店舗などで使用した電気、水道、ガスなどの料金を処理する科目です。通常、本社や事務所などで発生する水道光熱費は、損益計算書の販売費及び一般管理費に計上します。工場などの水道光熱費は、製造経費として製造原価報告書に記載します。

> **摘要** 電気料金、水道料金、ガス料金、光熱費、プロパンガス代、灯油代、冷暖房用重油代、冷房費、暖房費など

≫ 増加する取引

本社などの電気代や水道代などの光熱費を支払った際に、水道光熱費で計上します。水道光熱費は費用勘定なので、増加する場合は借方に記帳します。

店舗の3月分の電気代3万円が普通預金口座から引き落とされた。

借方 水道光熱費	30,000 円	貸方 普通預金	30,000 円
			摘要例：電気代（3月分）

≫ 減少する取引

決算時にまだ支払いが済んでいない水道光熱費を未払計上していた場合、翌期首において、再振替を行います。決算時に「借方 水道光熱費／貸方 未払金」で処理しているので、翌期首では逆仕訳を行います。

前期末に支払っていない光熱費1万円を未払金で計上していたので、期首再振替を行った。

借方 未払金	10,000 円	貸方 水道光熱費	10,000 円
			摘要例：期首再振替仕訳

仕訳例

例 水道光熱費の計上時期

前月分の電気代2万円が普通預金口座から引き落とされた。

借方	水道光熱費	20,000円

貸方	普通預金	20,000円
		摘要例：電気代支払い

電気、ガス、水道代などの使用料は、原則としては請求月に水道光熱費で経費に計上しますが、毎月大きく金額が変動しなければ、同じ処理を継続することを前提に支払った時に経費に計上することができます。実務上は、支払日や銀行口座からの振替日に水道光熱費を計上していることが多いです。

例 個人事業者の場合

自宅の一部を店舗として使用している。光熱費5万円が事業用の普通預金口座から引き落とされた。自宅と店舗は使用面積で按分し、店舗部分は40％である。

借方	水道光熱費	20,000円
	事業主貸	30,000円

貸方	普通預金	50,000円
		摘要例：光熱費支払い

個人事業主が自宅の一部を事務所や店舗に使用している場合、光熱費は事業分と家事費分に按分し、事業分のみを水道光熱費で計上できます。家事費分は経費に認められないので、**事業主貸**の科目で処理します。事業分と家事費分の按分方法ですが、**使用面積割合**や**使用時間割合**など合理的な基準で計算し、計算根拠は資料などで残しておきましょう。

例 法人の場合

自宅を本店登記して、自宅の一部を事務所に使用している（使用面積割合30％）。電気代4万円が法人の普通預金通帳から引き落とされた。

借方	水道光熱費	12,000円
	立替金（社長）	28,000円

貸方	普通預金	40,000円
		摘要例：電気代支払い

自宅の一部を法人事務所で使用している場合の光熱費も、合理的な基準で事業分と家事費分を按分し、事業分は水道光熱費で、家事費分は**社長立替金**で処理します。

車両費・車両関連費

対象 個人・法人
消費税区分 課税

損益計算書

費用		収益	
	売上原価		売上高
	販管費		
	営業外費用		営業外収益
	特別損失		特別利益
	税金他		

> **どんな科目か** 業務用の車両運搬具（自動車など）に使うガソリンなどの燃料費や、維持管理に必要な車検代などを処理する科目です。**車両関係費**という科目を使用することもあります。消費税区分は課税取引になりますが、軽油代について、明細などで軽油引取税が区分されて記載されている場合は、軽油引取税については消費税区分が対象外になります。車両費の科目を使用せず、ガソリン代は**旅費交通費**、車両修理代は**修繕費**、タイヤ代は**消耗品費**など、他の科目も使用できます。

摘要 ガソリン代、燃料代、オイル代、オイル交換代、軽油代（車両分）、重油代（車両分）、車検代、車両修理代、車両定期点検代、タイヤ代、高速代など

≫ 増加する取引

車両運搬具の使用・維持管理に必要な費用を支払った際に、車両費で計上します。車両費は費用勘定なので、借方に記帳します。

営業車のガソリン代1万円を現金で支払った。

借方 車両費	10,000 円	貸方 現金	10,000 円
			摘要例：ガソリン代

≫ 減少する取引

減少する取引は原則ありません。ただし、他の科目で処理すべきものを車両費で仕訳していた場合、減少させる処理を行います。その際は車両費を貸方に計上します。

40万円で購入した中古車を車両費で計上していたので、車両運搬具に振り替えた。

借方 車両運搬具	400,000 円	貸方 車両費	400,000 円
			摘要例：科目修正

仕訳例

例 車検代の支払い

事業用の車を車検に出し、検査・事務手数料 5 万円、自動車重量税 2 万円、収入印紙 2,000 円、自賠責保険料 3 万円の合計 102,000 円を現金で支払った。

借方			貸方		
車両費	50,000 円		現金	102,000 円	
租税公課	22,000 円				
保険料	30,000 円			摘要例：車検費用一式	

車検の際の費用には、検査代の他にも税金や保険料などが含まれています。車検基本料（検査料・手数料など）は車両費で計上し、自動車重量税と収入印紙は**租税公課**で、自賠責保険料は**保険料**でそれぞれ計上します。

例 個人事業主の処理

① 一部事業にも使用している自家用車のタイヤを交換し、代金 8 万円を事業用の普通預金口座から振り込んだ。

借方		貸方	
車両費	80,000 円	普通預金	80,000 円
			摘要例：タイヤ交換

② 決算に際し、①で計上したタイヤ交換代について、家事使用分 30％を事業主貸に振り替えた。

借方		貸方	
事業主貸	24,000 円	車両費	24,000 円
			摘要例：家事費分車両費の振替

個人事業者が自家用車を一部事業に使用し、期中において維持管理費などを全額車両費に計上している場合、決算時に家事費分を車両費から**事業主貸**に振り替えます。その際は、家事費分の車両費を貸方に計上し、減少させます。通常、決算時にまとめて家事費分を振り替えますが、金額の大きなものについては、支払時に事業割合に応じて車両費と事業主貸を計上した方が毎月の収支を正確に把握することができます。

事務用品費

対象 個人・法人
消費税区分 課税

損益計算書

費用	売上原価	収益	売上高
	販管費		営業外収益
	営業外費用		
	特別損失		特別利益
	税金他		

どんな科目か 事務作業に必要な文房具などを購入した際に使用する科目です。**事務用消耗品費**という科目を使用することもあります。類似科目である**消耗品費**とは、明確な区別はありません。事務作業に使用する消耗品を事務用品費に、それ以外の日用消耗品や10万円以下の備品を消耗品費とする区別が一般的ですが、事務用品費の科目を使用せず、まとめて消耗品費で計上しても問題ありません。

摘要 事務用品、文房具代、印鑑代、封筒代、名刺代、帳票用紙代、小切手帳代、コピー用紙代、クリアファイル代、トナー代、CD-R代、USBメモリー代など

増加する取引

事務作業に使用する文房具や伝票、コピー用紙などを購入した際に、事務用品費で計上し、増加する場合は借方に記帳します。

社名入りの封筒を注文し、代金5万円を現金で支払った。

借方 事務用品費	50,000円	貸方 現金	50,000円
			摘要例：社名入り封筒代

減少する取引

決算時点での未使用分は貯蔵品（流動資産）に振り替えます。その際、事務用品費を貸方に記帳し、借方に貯蔵品を計上します。定期的に一定数量を購入して使用する場合、貯蔵品に振り替えなくてもかまいません。

コピー用紙を事務用品費で処理していたが、未使用の5万円分を貯蔵品に振り替えた。

借方 貯蔵品	50,000円	貸方 事務用品費	50,000円
			摘要例：未使用分振替

仕訳例

例 事務用品費の購入

❶ 新入社員の名刺を業者に依頼し、代金 1 万円を現金で支払った。

借方 事務用品費	10,000 円	貸方 現金	10,000 円
			摘要例：名刺代

❷ コピー機のトナー 2 万円を購入し、普通預金口座から振り込んだ。

借方 事務用品費	20,000 円	貸方 普通預金	20,000 円
			摘要例：トナー代

❸ インターネット通販サイトでコピー用紙 1 万円と来客用スリッパ 5,000 円を購入し、事業用カードで支払った。

借方 事務用品費	10,000 円	貸方 未払金	15,000 円
消耗品費	5,000 円		
			摘要例：コピー用紙、スリッパ代

スリッパは事務作業で使用するものではないので、**消耗品費**で計上します。事務用品費の科目を使用せず、コピー用紙も一緒に消耗品費で計上することもできます。

例 期末に資産に振り替える場合

❶ インクカートリッジをまとめて購入し、代金 2 万円を現金で支払った。

借方 事務用品費	20,000 円	貸方 現金	20,000 円
			摘要例：インクカートリッジ代

❷ 決算で棚卸を行い、未使用だったインクカートリッジ 1 万円分を資産に振り替えた。

借方 貯蔵品	10,000 円	貸方 事務用品費	10,000 円
			摘要例：インクカートリッジ未使用分振替

決算直前に通常以上に大量購入した場合、未使用分は貯蔵品に振り替えます。

消耗品費

対象 個人・法人
消費税区分 課税

費用	売上原価	収益	売上高
	販管費		営業外収益
	営業外費用		
	特別損失		特別利益
	税金他		

> **どんな科目か** 事業で使用していくことで消耗したり、価値がなくなったりするもののうち、文房具などの物品や、購入金額が 10 万円未満または使用可能期間が 1 年未満の什器備品を購入した際に使用する科目です。事務作業に必要な文房具やデスク回り用品などは、**事務用品費**の科目を使用して、消耗品費と分けて記帳することもありますが、まとめて消耗品費の科目で計上しても問題ありません。

> **摘要** 事務用デスク代、携帯電話機代、電池代、蛍光灯代、洗剤代、トイレットペーパー代、事務用品代、コーヒーメーカー代、パソコン代（少額）など

増加する取引

10 万円未満の備品や、工具、その他消耗品などを購入した際に、消耗品費で計上します。消耗品費は費用勘定なので、増加する場合、借方に記帳します。

来客用のティーセットを購入し、2 万円を現金で支払った。

借方 消耗品費	20,000 円	貸方 現金	20,000 円
			摘要例：来客用ティーセット購入

減少する取引

消耗品費で購入処理したもので、決算時点で未使用のものは貯蔵品（流動資産）に振り替えます。ただし、定期的に一定数量を購入して使用していくものについては、貯蔵品に振り替えなくてもよいです。

決算時、清掃用品のうち 2 万円分が未使用のまま残っていたので、貯蔵品に振り替えた。

借方 貯蔵品	20,000 円	貸方 消耗品費	20,000 円
			摘要例：未使用分振替

仕訳例

例 10万円未満の備品購入

プリンター3万円を購入し、現金で支払った。

借方 消耗品費	30,000 円	貸方 現金	30,000 円
			摘要例：プリンター代

例 複数の備品購入

事務用机8万円と椅子2万円、書棚7万円を購入し、普通預金口座から振り込んだ。

借方 消耗品費	80,000 円	貸方 普通預金	170,000 円
消耗品費	20,000 円		
消耗品費	70,000 円		
			摘要例：事務所机・椅子・書棚購入

　10万円未満の消耗品や備品は消耗品費で計上します。1個または1セットあたり10万円以上の消耗品や備品は、**固定資産**に計上し、所定の耐用年数にわたって減価償却をしていくことになります。上記例のように、備品をまとめて購入して10万円以上になった場合でも、それぞれ1個ごとに10万円の判定を行うため、3つとも消耗品費になります。また、応接セットはテーブルとイスなどがセットで販売されていますが、テーブルとイスを一緒に使用するものであるため、1セットあたりの金額が10万円以上か未満なのかで判定します。

例 事務関連の消耗品購入

ホワイトボード8万円とコピー用紙1万円を購入し、事業用カードで支払った。

借方 消耗品費	80,000 円	貸方 未払金	90,000 円
事務用品費	10,000 円		
			摘要例：ホワイトボード、コピー用紙代

　コピー用紙は事務作業で使用する消耗品なので**事務用品費**で計上します。事務用品費の科目を使用せず、コピー用紙も一緒に消耗品費で計上してもよいことになっています。同じ取引では、同じ科目を使用するようにしましょう。

賃借料

対象 個人・法人
消費税区分 課税

損益計算書

費用	売上原価	収益	売上高
	販管費		営業外収益
	営業外費用		特別利益
	特別損失		
	税金他		

どんな科目か 土地や建物以外の資産（車両やパソコンなど）を外部から借りる際に支払う費用のことです。会議室などを一時的に使用するための利用料は、賃借料で処理しますが、一般的に土地や建物を借りる際は、**地代家賃**の科目で処理します。OA機器のリース契約などについては、**リース料**を用いることもあります。1年基準（ワン・イヤー・ルール）にもとづいて、決算日から1年以内に費用となるものは**前払費用**として流動資産に振り替えて、1年を超えるものについては**長期前払費用**として投資その他の資産に振り替えます。

摘要 レンタル料、リース料金、OA機器賃借料、機械賃借料、備品賃借料、厨房機器レンタル料、観葉植物レンタル料、オフィス家具レンタル料など

≫ 増加する取引

パソコンなどのレンタル料や機械などのリース代を支払う際に賃借料で計上します。

業務上の移動のためにレンタカーを借りて、代金2万円を現金で支払った。

借方 賃借料	20,000 円

貸方 現金	20,000 円
	摘要例：レンタカー代

≫ 減少する取引

決算時、計上済みの賃借料のうち、前払いしている分を繰り延べる（翌期以降の費用とする）際に、貸方に計上し賃借料を減少させます。借方は前払費用などで計上します。

決算に際し、先払いしていた翌期分の機械賃借料10万円を繰り延べた。

借方 前払費用	100,000 円

貸方 賃借料	100,000 円
	摘要例：機械賃借料の繰延

仕訳例

例 レンタル料の支払い

❶ 新商品の展示のためにイベント機材をレンタルし、レンタル料1万円を普通預金口座より振り込んだ。

借方 賃借料	10,000 円

貸方 普通預金	10,000 円
摘要例：イベント機材レンタル料	

❷ セミナー開催の際、パソコン10台をレンタルし、代金6万円は事業用カードで支払った。

借方 賃借料	60,000 円

貸方 未払金	60,000 円
摘要例：セミナー用パソコンレンタル料	

例 オペレーティング・リース取引

❶ 本日、業務に必要な備品のリース契約を結んだ。この契約はオペレーティング・リースに該当する。リース期間は3年、リース料は月2万円である。

仕訳なし

❷ 1回目のリース料の支払日が到来し、普通預金口座から引き落とされた。

借方 賃借料	20,000 円

貸方 普通預金	20,000 円
摘要例：備品リース料支払い	

リース取引は、**ファイナンス・リース取引**と**オペレーティング・リース取引**に分けられます。

ファイナンス・リース取引とは、中途解約ができず、修繕費などのコストを自己負担する契約で、資産を購入した場合と同じ会計処理を行います。オペレーティング・リース取引は、ファイナンス・リース取引以外の取引で通常の賃貸借取引です。オペレーティング・リースの場合は、リース契約時には特に処理は不要で、リース料を支払時に賃借料で費用に計上します。

支払保険料・保険料・損害保険料

対象 個人・法人
消費税区分 非課税

損益計算書

費用	売上原価	収益	売上高
	販管費		営業外収益
	営業外費用		
	特別損失		特別利益
	税金他		

 どんな科目か 生命保険契約にもとづく掛け捨て部分や、火災保険、自動車保険などの損害保険料の支払いを処理する科目です。保険には、会社や個人事業主が所有する事業資産の不慮の事故に備えて掛ける損害保険と、役員や従業員を被保険者とする生命保険があります。個人事業主本人の生命保険契約にもとづく保険料は、事業の経費にはならず、内容に応じて個人の**生命保険料控除**の対象となります。よって、事業用の口座から支払った場合は、**事業主貸**で処理します。

> **摘要**
> 生命保険料、損害保険料、医療保険料、共済掛金、傷害保険料、火災保険料、自動車保険料、傷害保険料、運送保険料、中小企業退職金共済など

増加する取引

保険料を支払った際に計上します。**保険料**や**損害保険料**の科目を使用することもあります。

店舗の火災保険料2万円を普通預金口座から振り込んだ。

借方 支払保険料	20,000円	**貸方** 普通預金	20,000円
		摘要例:店舗火災保険料支払い	

減少する取引

1年を超える保険期間の保険料を一括で支払った場合、今期に該当する金額のみが今期の費用になり、翌期以降に該当する保険料を**前払費用**または**長期前払費用**に振り替えて、資産に計上します。

決算時、店舗総合保険料6万円のうち、翌期分にあたる3万円を前払費用に振り替えた。

借方 前払費用	30,000円	**貸方** 支払保険料	30,000円
		摘要例:翌期分振替(店舗総合保険料)	

仕訳例

例 掛け捨て型定期保険料の支払い

従業員を被保険者とする定期保険を契約し、保険料2万円を普通預金口座から振り込んだ。死亡保険金の受取人は法人で、解約返戻金がない保険である。

借方 支払保険料	20,000 円	貸方 普通預金	20,000 円
			摘要例：定期保険料支払い

定期保険とは、被保険者に万が一のことがあった場合、または所定の高度障害状態になった場合に保険金が支払われる保険です。保険期間を10年、20年といったように設定し、保障期間の満了とともに契約が消滅し、保障も終了します。定期保険の会計処理は、保険契約の内容（受取人が誰であるか、保障期間、最高解約返戻率など）によって異なります。

例 個人事業主の自動車保険

個人事業主が所有している車の自動車保険料5万円を事業用口座から振り込んだ。車は一部プライベートでも使用しており、その割合は30％である。

借方 支払保険料	35,000 円	貸方 普通預金	50,000 円
事業主貸	15,000 円		
			摘要例：自動車保険（事業割合70％）

事業用に購入した車をプライベートでも使用する場合には、事業で使用している分のみが費用になります。プライベートで使っている分は**事業主貸**で計上し、事業所得の計算に含めないようにします。

例 事務所火災保険の前払い

3年分の事務所建物の火災保険料6万円を一括払いし、保険料で計上している。決算に際し、翌期以降に該当する4万円を資産に振り替えた。

借方 長期前払費用	40,000 円	貸方 支払保険料	40,000 円
			摘要例：事務所火災保険2年分振替

3年分の保険料を一括で支払った場合、決算の際に翌期以降に該当する保険料を資産科目に振り替えます。上記例の場合は、決算日から1年超の契約期間が残っているので、**長期前払費用**に振り替えます。

修繕費

対象 個人・法人
消費税区分 課税

損益計算書

費用		収益	
	売上原価		売上高
	販管費		営業外収益
	営業外費用		特別利益
	特別損失		
	税金他		

> **どんな科目か** 建物や備品などの修理や保守、メンテナンスにかかる支出を処理する科目です。建物などは使用していくと一部損傷などが発生します。よって、一定の期間ごとに部品の取替えや故障箇所の修理が必要になり、これらの費用は基本的に修繕費になります。定期的なメンテナンス費用も修繕費に含まれます。

> **摘要** 故障修理代、部品取替え、原状回復工事、メンテナンス費用、定期点検費用、機械装置修理、OA機器保守費用、設備移設費用、制服直しなど

≪ 増加する取引

固定資産などの修理や、保守、メンテナンスにかかる費用を支払った際に、修繕費で計上します。修繕費は費用科目なので借方に記帳します。

パソコンが故障し、修理のために3万円かかった。支払いは現金で行った。

借方 修繕費	30,000 円	**貸方** 現金	30,000 円
			摘要例：パソコン修理代

≫ 減少する取引

修繕費が減少する取引は原則ありません。ただし、他の科目で処理すべきものを修繕費で仕訳していた場合、減少させる処理を行います。

自社ビルの老朽化に伴い、300万円の改修工事を行い修繕費で処理していたが、資本的支出に該当したため建物に振り替えた。

借方 建物	3,000,000 円	**貸方** 修繕費	3,000,000 円
			摘要例：科目修正（自社ビル改修工事）

仕訳例

例 保守料金の支払い

リース契約のコピー機にて、今月の保守料金 5,000 円が普通預金口座から引き落とされた。

借方 修繕費	5,000 円	貸方 普通預金	5,000 円
			摘要例：コピー機保守料金

例 部品交換代の支払い

営業車の定期点検で、部品交換などを行い、代金 3 万円を事業用カードで支払った。

借方 修繕費	30,000 円	貸方 未払金	30,000 円
			摘要例：営業車の部品交換代

例 社用車の修理

社用車がパンクし、修理代金 3 万円を現金で支払った。

借方 修繕費	30,000 円	貸方 現金	30,000 円
			摘要例：社用車の修理代支払い

車両の修理代も修繕費で計上します。**車両費**の科目を使用している場合、車両費で計上してもかまいません。修繕費と車両費のどちらで処理するにしても、同じ取引については、毎期同じ勘定科目を使用するようにしましょう。

例 賃貸物件の原状回復工事

賃貸マンションの入居者が退去し、クロスの張替えなどの原状回復工事を行い、代金 15 万円を普通預金口座から振り込んだ。

借方 修繕費	150,000 円	貸方 普通預金	150,000 円
			摘要例：原状回復工事代金支払い

賃貸物件のクロスの張替え工事は通常の維持管理にあたり、修繕費になります。見積書や請求書に原状回復工事と記載があっても、工事内容が給湯器やエアコンの交換など、壊れたものを新しく買い替える場合は、修繕費ではなく資産に計上し、金額によっては**消耗品費**になります。

例 避難階段の取付け

本社建物に避難階段の取付工事を行い、工事費用60万円を普通預金口座から振り込んだ。

借方 建物付属設備	600,000 円	**貸方** 普通預金	600,000 円
			摘要例：避難階段取付工事

避難階段の取付工事は、資産の価値を高めるための工事とみなされ、修繕費ではなく資本的支出として資産に計上します。避難階段は**建物付属設備**のうち、消火、排煙または災害報知設備及び格納式避難設備に該当し、耐用年数8年で減価償却していきます。

例 防水工事

賃貸アパートの改修工事を行い、代金500万円を普通預金口座から振り込んだ。工事内容は、屋上の防水工事300万円と、二重窓の取付工事200万円である

借方 修繕費	3,000,000 円	**貸方** 普通預金	5,000,000 円
建物	2,000,000 円		
			摘要例：賃貸アパート改修工事

屋上の防水工事は通常の維持管理にあたるので修繕費になりますが、二重窓の取付工事は建物の価値を高めるものなので資本的支出になり、**建物**として固定資産に計上します。

例 外壁塗装（修繕費になるケース）

店舗の外壁について、塗装が一部剥がれたため、業者に依頼しペンキを塗り直してもらった。代金30万円は普通預金口座から振り込んだ。

借方 修繕費	300,000 円	**貸方** 普通預金	300,000 円
			摘要例：店舗外壁塗装工事

外壁塗装工事は、内容や金額によって修繕費になるものと、資本的支出として建物などの資産科目で計上すべきものがあります。支出額が20万円以上になると、資本的支出と見なされる可能性が出てきます。ただし、通常の維持管理の範囲内で行われる修繕や改良や、マイナスをゼロに戻すために行われるものであれば、修繕費で支払時に費用計上できます。

例 外壁塗装（資本的支出になるケース）

店舗のリニューアルのため、古くなった外壁のモルタル塗装をリフォームし、サイディングへ張替えた。業者へ工事代金 150 万円を普通預金口座から振り込んだ。

借方 建物	1,500,000 円	貸方 普通預金	1,500,000 円
		摘要例：店舗外壁リフォーム工事	

　建物の維持や原状回復ではなく、建物自体の価値や性能、耐久性を高めるために行われる工事は、資本的支出に該当し、建物などの固定資産で計上します。

ポイント

修繕費と資本的支出

建物、機械などの修理、改良などのためにかかった費用のうち、通常の維持管理のため、または災害などによって棄損した状態から回復させるための部分に対応する金額は修繕費になります。対して、かかった費用のうち、これらの資産の価値を高めたり、耐久性が増したりと認められる部分に対応する金額は資本的支出になります。実務上は、工事明細や見積書など、内容のわかる書類などを参考に区分していくことになりますが、修繕費になるのか、資本的支出になるのか判断が難しいので、次のフローチャートにもとづいて判定していきます。

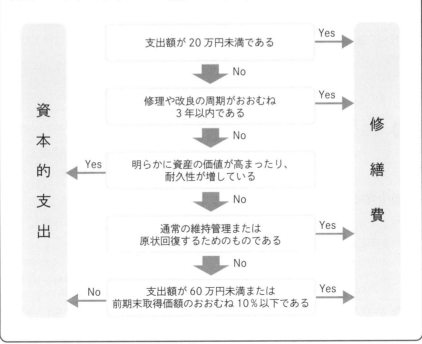

租税公課

対象 個人・法人
消費税区分 対象外

損益計算書

費用	売上原価	収益	売上高
	販管費		営業外収益
	営業外費用		
	特別損失		特別利益
	税金他		

> **どんな科目か** 国税や地方税などの税金である**租税**と、国や地方公共団体などから課される会費、組合費、賦課金や罰金などの**公課**を処理するための科目です。租税には印紙代や消費税、登録免許税などの国税と、固定資産税や不動産取得税、償却資産税、自動車関連税などの地方税があります。公課には、印鑑証明書や住民票の発行手数料や、その他公共サービスに対する手数料などがあります。消費税区分は一部例外を除き、原則対象外となります。

> **摘要** 収入印紙、固定資産税、都市計画税、事業所税、自動車税、不動産取得税、消費税、印鑑証明、住民票発行手数料、源泉税、車庫証明手数料など

⋙ 増加する取引

印紙税や固定資産税などの租税や、住民票などの発行手数料などの公課を支払った際に、租税公課で計上します。租税公課は費用勘定なので、増加する場合は借方に記帳します。

法人所有の土地の固定資産税5万円を現金で支払った。

借方 租税公課	50,000 円	貸方 現金	50,000 円
			摘要例：固定資産税の支払い

⋙ 減少する取引

決算時点で未使用のまま残っている収入印紙は、貯蔵品（流動資産）に振り替え、経費から除きます。その際は、借方に貯蔵品、貸方に租税公課を記帳します。

決算に際し、購入した収入印紙のうち、未使用分5万円分を貯蔵品に振り替えた。

借方 貯蔵品	50,000 円	貸方 租税公課	50,000 円
			摘要例：収入印紙未使用分

仕訳例

例 証明書の発行手数料

法務局で登記事項証明書を取得し、発行手数料 600 円を現金で支払った。

借方 租税公課	600 円	貸方 現金	600 円
			摘要例：登記事項証明書発行手数料

膳本や住民税、印鑑証明など、証明書の発行手数料は租税公課で記帳します。

例 金券ショップでの印紙購入

金券ショップにて、収入印紙 3 万円分を 29,400 円で購入し、現金で支払った。

借方 租税公課	29,400 円	貸方 現金	29,400 円
			摘要例：印紙購入

消費税の課税事業者の場合、金券ショップで印紙を購入した際、消費税区分を**課税**で処理します。計上する金額は 3 万円ではなく、支払額の 29,400 円になります。

例 消費税の支払い（税込経理の場合）

① 決算に際し、消費税を計算し 50 万円で確定した。

借方 租税公課	500,000 円	貸方 未払消費税等	500,000 円
			摘要例：消費税確定金額

② 消費税の振替期日になり、①の納付額が普通預金口座から引き落とされた。

借方 未払消費税等	500,000 円	貸方 普通預金	500,000 円
			摘要例：消費税納付

税込経理方式の場合、決算で消費税が確定した際、租税公課で計上します。相手勘定は**未払消費税等**で処理します。また、決算時には租税公課を計上せず、納付時に租税公課を計上することもできます。

❶ 事業税 10 万円と住民税 20 万円を事業用の普通預金口座から納付した。

借方	租税公課	100,000 円
	事業主貸	200,000 円

貸方	普通預金	300,000 円
		摘要例：事業税・住民税納付

❷ プライベート兼事業で使用している車の自動車税 7 万円を現金で納付した。事業での使用割合は 70％である。

借方	租税公課	49,000 円
	事業主貸	21,000 円

貸方	現金	70,000 円
		摘要例：自動車税納付（事業割合 70％）

　個人事業税を支払った際、租税公課で経費に計上します。個人所得税及び個人住民税は経費にならないため、支払時には**事業主貸**で処理します❶。自動車税は租税公課の科目で経費処理しますが、事業で使用している分しか経費にはなりません。車をプライベートでも使用している場合には、その割合分は家事費として**事業主貸**の科目で処理します❷。

例 **固定資産税の納付**

所有している事務所の固定資産税の納税通知書が届き、第 1 期分の 3 万円を現金で納付した。

借方	租税公課	30,000 円

貸方	現金	30,000 円
		摘要例：固定資産税第 1 期分納付

　固定資産税や自動車税などの賦課決定方式の税金は、まだ納めていなくても納税通知書を受け取った日で租税公課に計上します。納期ごとに分割して納付している場合は、納付した日で租税公課に計上することもできます。

例 **事業用不動産の購入**

❶ 事業用不動産を購入し、購入代金 2,000 万円と登記費用 30 万円（登録免許税 20 万円、司法書士報酬 10 万円）をそれぞれ普通預金口座から振り込んだ。登記費用は、建物に含めず当期の費用として処理することとする。

借方 建物	20,000,000 円		貸方 普通預金	20,300,000 円
租税公課	200,000 円			
支払手数料	100,000 円			摘要例：事業用不動産購入

❷❶から半年後、不動産取得税の納税通知書が届き、30 万円を現金で支払った。

借方 租税公課	300,000 円		貸方 現金	300,000 円
				摘要例：不動産取得税支払い

　購入した固定資産の取得価額には、原則として資産の購入代金の他に、その資産を購入するために要した費用も含まれます。ただし、不動産取得税、自動車取得税、登録免許税その他登記等関連費用、新増設にかかる事業所税は租税公課の科目で費用に計上することもできます。司法書士に支払う報酬は、**支払手数料**の科目を使用します。

例 交通反則金（法人の場合）

従業員が業務の途中で駐車違反をし、交通反則金 2 万円を現金で支払った。

借方 租税公課	20,000 円		貸方 現金	20,000 円
				摘要例：交通反則金支払い

　法人では、罰金や加算税、延滞金、反則金といった懲罰的な性格のものも租税公課で処理をしますが、法人税の計算上は経費に算入することはできません。

例 交通反則金（個人事業主の場合）

従業員が業務の途中で駐車違反をし、交通反則金 2 万円を現金で支払った。

借方 事業主貸	20,000 円		貸方 現金	20,000 円
				摘要例：交通反則金支払い

　個人事業主の場合、罰金などを事業用資金から支払ったとしても、租税公課でなく**事業主貸**で処理し、損益計算に含めません。

減価償却費

対象 個人・法人
消費税区分 対象外

損益計算書

費用	
売上原価	
販管費	
営業外費用	
特別損失	
税金他	

収益	
売上高	
営業外収益	
特別利益	

どんな科目か 建物などの固定資産を、法定耐用年数に応じて配分し、少しずつ費用として計上するときに使用します。複数年で費用を配分するような資産を**減価償却資産**といい、減価償却の方法や耐用年数は、資産の種類によって決まっています。個人の場合、必ず決められた償却方法、耐用年数によって減価償却費を計算し、毎年計上する必要があります。法人の場合は、減価償却をしない、もしくは任意償却（償却限度額よりも少ない金額で計上）を選択することができます。

> **摘要** 当期償却額、固定資産減価償却、建物減価償却、機械減価償却、車両運搬具減価償却、ソフトウェア減価償却、無形固定資産減価償却など

≫ 増加する取引

事業に使用している固定資産について、耐用年数に応じて当期の費用になる金額を計算し、減価償却費の科目で計上します。

決算時、営業車の減価償却費50万円を計上した。当社は直接法を採用している。

借方 減価償却費	500,000 円	**貸方** 車両運搬具	500,000 円
			摘要例：車両の減価償却

≫ 減少する取引

減少する取引は原則ありません。ただし、個人事業主が一部プライベートでも使用している固定資産の場合、その割合分を減価償却費から差引き、**事業主貸**に振り替えます。

車両の減価償却費30万円を計上していたが、プライベート分が30％あり、決算で修正した。

借方 事業主貸	90,000 円	**貸方** 減価償却費	90,000 円
			摘要例：家事費分（30％）振替

仕訳例

例 建物の減価償却（直接法）

賃貸用建物の減価償却費として 100 万円を計上した。

借方 減価償却費	1,000,000 円

貸方 建物	1,000,000 円
	摘要例：建物の当期償却額

減価償却の仕訳には**直接法**と**間接法**があり、いずれを採用しても、計上する減価償却費は同じになります。

直接法は、減価償却費を直接購入した固定資産の取得価額から減らしていく方法です。帳簿には減価償却後の固定資産が計上されるので、「固定資産の帳簿価額≠固定資産の取得価額」になります。

間接法は固定資産の取得価額から減価償却費を直接減らさない方法で、**減価償却累計額**という科目を用いて間接的に固定資産の価値の目減り分を計上します。間接法の場合は、常に「固定資産の帳簿価額＝固定資産の取得価額」になります。どちらの方法を用いるのかは、継続適用を条件に任意で決められます。

例 建物の減価償却（関接法）

平成 25 年に建築した賃貸用建物（取得価額 5,000 万円、定額法、耐用年数 50 年）の減価償却費として 100 万円を計上した。

借方 減価償却費	1,000,000 円

貸方 減価償却累計額	1,000,000 円
	摘要例：建物の当期償却額

減価償却費の計算にて、**定額法**は、「取得価額×定額法の償却率」で計算します。耐用年数 50 年の定額法償却率は 0.020 であるため、取得価額 5,000 万円×償却率 0.020 ＝減価償却費 100 万円を計上します。

> **ポイント**
> ### 減価償却の計算方法
> 固定資産の内容ごとに決められている償却方法（定額法・定率法など）と耐用年数を確認し、決められた償却率や改定償却率、保証率にもとづいて減価償却費を計算します。国税庁のホームページから耐用年数表及び減価償却資産の償却率表が入手できるので、それらを参考に計算します。
> 主な減価償却の計算方法として、次の 2 つがあります。

▼表　減価償却の方法

方法	内容
定額法	毎期、同額の減価償却費を計上していく
定率法	毎期、期首未償却残高に一定率を乗じた減価償却費を計上し、毎期の減価償却費が徐々に減っていく

どちらの計算方法を使用するのかは、継続的に同じ方法を用いることを条件に任意で決められます。ただし、平成10年4月1日以後に所得した建物は、旧定額法または定額法のみとなり、平成28年4月1日以後に取得した建物付属設備及び構築物の償却方法は定額法になります。ソフトウェアなどの無形固定資産も定額法のみです。

なお、個人事業主の償却方法は、原則定額法になります。所定の期限までに届出を提出することで、一部資産については定率法を選択できます。法人の場合、原則は定率法です。ただし、上記の通り、一部の建物及び建物付属設備、構築物については定額法が強制されます。

例　プライベート兼事業用で使用する車両の償却（個人事業者）

決算に際し、今年1月に購入した営業車（取得価額200万円、定率法、耐用年数6年）の減価償却を行った。事業使用割合は80％、間接法を用いている。

借方 減価償却費	532,800 円	貸方 減価償却累計額　666,000 円
事業主貸	133,200 円	

摘要例：営業車の減価償却（事業割合80％）

耐用年数6年の定率法における償却率は0.333であるため、減価償却費は「取得価額200万円×償却率0.333＝666,000円」になります。ただし、事業使用割合80％のみが経費になるため、「666,000円×80％＝532,800円」を減価償却費で計上し、差額の133,200円は**事業主貸**で計上します。また間接法を用いる場合、貸方を**車両運搬具**とせず、**減価償却累計額**にします。

例　中古資産の減価償却方法

決算にあたり、当期の7月に購入した中古の軽トラック（取得価額100万円、定率法、耐用年数5年のうち2年経過）の減価償却を行った。3月決算、直接法を用いる。

(借方) 減価償却費	500,250 円

(貸方) 車両運搬具	500,250 円

摘要例：車両の減価償却

中古資産の耐用年数の計算に当てはめて、耐用年数が3年と算出されます。耐用年数3年の定率法償却率は0.667、事業使用月数は9か月であるため、減価償却費は「100万円×償却率0.667×（9か月／12か月）＝500,250円」になります。

ポイント
中古資産の耐用年数

中古資産を購入して事業に使用した場合、その資産の耐用年数は法定耐用年数ではなく、以下の計算式で求められる使用可能期間を用います。

▼表　中古資産の耐用年数

条件	採用する耐用年数
法定耐用年数の全部を経過した資産	その法定耐用年数の20%に相当する年数
法定耐用年数の一部を経過した資産	その法定耐用年数から経過した年数を差し引いた年数に、経過年数の20%に相当する年数を加えた年数

なお、これらの計算により算出した年数に1年未満の端数があるときは、その端数を切り捨て、その年数が2年に満たない場合は2年とします。直前の例の場合、法定耐用年数5年のうち、2年経過しているため、

（法定耐用年数5年 - 経過年数2年）＋（経過年数2年×20%）＝3.4年 ⇒　3年

となります。

例 無形固定資産の減価償却

決算にあたり、今期4月に購入した自社利用の販売管理用ソフトウェア（取得価額100万円、定額法、耐用年数5年）の減価償却を行った。決算月は9月である。

(借方) 減価償却費	100,000 円

(貸方) ソフトウェア	100,000 円

摘要例：ソフトウェアの減価償却

無形固定資産の減価償却方法は**定額法のみ**で、「取得価額÷耐用年数」で計算し、毎期同額の減価償却費を計上していきます。自社利用目的のソフトウェアの耐用年数は5年で、未償却残高がゼロになるまで償却していきます。今回の減価償却費は、取得価額「100万円÷耐用年数5年×（6か月／12か月）＝10万円」と計算されます。なお、無形固定資産の仕訳は**直接法のみ**になります。

旅費交通費

対象 個人・法人
消費税区分 課税
※海外出張時の航空券や滞在費は対象外

損益計算書

費用		収益	
	売上原価		売上高
	販管費		営業外収益
	営業外費用		特別利益
	特別損失		
	税金他		

> **どんな科目か**
> 役員や従業員が業務上利用した電車やバス、車などの移動費や、出張に伴う宿泊費や手当などの支払いです。業務に関連することで、出張する際にかかる費用（出張手当や宿泊費など）の旅費と、通勤費や定期代、電車賃、バス代、高速代、タクシー代などの交通費を合わせた勘定科目です。

> **摘要**
> 電車代、バス代、タクシー代、ガソリン代、コインパーキング代、高速料金、Suicaチャージ代、通勤手当、定期券、出張旅費、出張日当、転勤旅費など

≫ 増加する取引

業務上必要となる移動費を支払ったり、通勤手当や出張手当などの移動にかかわる手当を支払ったりする際に、旅費交通費の科目で借方に計上します。

取引先へ行くためにバスを利用し、バス運賃500円を現金で支払った。

借方 旅費交通費	500円	貸方 現金	500円
			摘要例：バス代

≫ 減少する取引

減少する取引は原則ありません。ただし、他の科目で処理すべきものを旅費交通費で記帳していた場合、減少させる処理を行い、旅費交通費を貸方に計上します。

旅費交通費に計上していたタクシー代5,000円が得意先接待時の支払いと判明したため、交際費に振り替えた。

借方 交際費	5,000円	貸方 旅費交通費	5,000円
			摘要例：科目修正

仕訳例

例 定期券代の支払い

3月分の給与7万円と1か月分の定期券代1万円を一緒に普通預金口座から振り込んだ。

借方 給与手当	70,000 円	貸方 普通預金	80,000 円
旅費交通費	10,000 円		
		摘要例：3月分給与・定期代支払い	

例 出張費の後払い精算

従業員が地方出張した際の、新幹線代5万円とタクシー代1万円を現金で支払った。

借方 旅費交通費	60,000 円	貸方 現金	60,000 円
		摘要例：出張のための新幹線代・タクシー代支払い	

出張費を後払いで精算する際は、精算時に旅費交通費を計上します。

例 出張費の仮払い精算

❶ 出張に際し、従業員に出張費の概算額として、10万円を現金で支払った。

借方 仮払金	100,000 円	貸方 現金	100,000 円
		摘要例：出張旅費の概算支払い	

❷ 出張から戻り、領収書にもとづき、出張旅費（新幹線代5万円、タクシー代1万円）と得意先の接待費3万円を精算し、残金を現金で受け取った。

借方 旅費交通費	60,000 円	貸方 仮払金	100,000 円
交際費	30,000 円		
現金	10,000 円		
		摘要例：出張費の精算	

出張にかかわる費用をあらかじめ概算で支払った場合には、**仮払金**で処理します❶。取引先を接待する際に、取引先の送迎やその際に社員の移動のために支払ったタクシー代は**交際費**になります。取引先から接待を受けた際に社員の移動のために支払ったタクシー代は旅費交通費になります❷。

通信費

対象 個人・法人
消費税区分 課税
※国外取引は対象外

損益計算書

費用		収益	
	売上原価		売上高
	販管費		営業外収益
	営業外費用		特別利益
	特別損失		
	税金他		

> **どんな科目か** 電話代やFAX、インターネット利用料、郵便料金など、通信のために支払った金額です。取引先に出す年賀状の費用や、ゆうパックなどの宅急便料金、サーバー使用料なども通信費になります。固定電話の通話料は通信費ですが、ビジネスフォンなどのリース代は**リース料**になります。携帯電話料金も通信費になりますが、私用で通話した分については、当然通信費に含めることはできません。顧客に送るダイレクトメール（郵便など）の費用は**広告宣伝費**になります。

> **摘要** 電話代、携帯電話料金、FAX代、郵便料金、ゆうパック、内容証明料金、宅急便（書類など）、インターネット料金、ドメイン使用料など

増加する取引

営業上の連絡や書類送付の通信料金などを支払った際に、通信費で計上します。通信費は費用勘定なので、増加する場合は借方に記帳します。

インターネット使用料2万円が普通預金口座から引き落とされた。

借方 通信費	20,000 円	貸方 普通預金	20,000 円
			摘要例：ネット接続料

減少する取引

他の科目で処理すべきものを通信費で仕訳していた場合、減少させる処理を行います。まとめて購入し、決算時に未使用のまま残っている切手などは貯蔵品に振り替えます。

決算で棚卸をしたところ、切手1万円分とはがき5,000円分が未使用のまま残っていた。

借方 貯蔵品	15,000 円	貸方 通信費	15,000 円
			摘要例：未使用分振替

仕訳例

例 切手と収入印紙

郵便局で切手 3,000 円と収入印紙 1 万円を購入し、さらに商品発送のためのゆうパック代 2,000 円がかかり、合わせて現金で支払った。

借方		
通信費	3,000 円	
租税公課	10,000 円	
荷造発送費	2,000 円	

貸方	
現金	15,000 円

摘要例：切手、印紙、ゆうパック代

収入印紙は**租税公課**になります。切手やはがきなどと一緒に収入印紙を購入した場合は、通信費と租税公課に分けて記帳する必要があります。また、商品などを納品する際にかかる荷造費用や発送費は**荷造発送費**などの科目で記帳します。

例 携帯料金の按分計算（個人事業主）

❶ 携帯料金 1 万円が事業用の普通預金口座から引き落とされた。

借方	
通信費	10,000 円

貸方	
普通預金	10,000 円

摘要例：携帯代支払い

❷ 決算時に私用で使った携帯料金を計算し、4 万円を事業主貸に振り替えた。

借方	
事業主貸	40,000 円

貸方	
通信費	40,000 円

摘要例：携帯代家事費分振替

固定電話や携帯電話、インターネットなどを私用でも使っていた場合、事業使用分しか経費にできないため、私用分を計算し、経費から除く必要があります。利用明細などを参考に事業分と家事費分を分け、利用料を全額通信費に計上していたならば、決算時に家事費分を事業主貸に振り替えます。これらの料金を、プライベートの口座から支払っている場合は、事業使用分だけを抜き出し、「通信費／事業主借」で記帳します。

支払手数料

対象 個人・法人
消費税区分 課税

損益計算書

費用	売上原価		収益	売上高
	販管費			営業外収益
	営業外費用			
	特別損失			特別利益
	税金他			

> **どんな科目か** 金融機関に支払う各種手数料や、不動産会社に支払う仲介手数料、弁護士や税理士などの外部専門家に支払う報酬・相談料などを処理する科目です。フランチャイズ加盟手数料（ロイヤリティ）や、ネットショップの出店費用、解約手数料、キャンセル料なども含まれ、事業を行う際に間接的にかかる費用が中心になります。支払時には、源泉徴収が必要なものと不要なものがあります。

> **摘要** 振込手数料、振替手数料、仲介手数料、業務委託料、弁護士報酬、税理士報酬、コンサルタント報酬、キャンセル料など

≫ 増加する取引

銀行の振込手数料や不動産会社に仲介手数料を支払った場合などに、支払手数料で計上します。支払手数料は費用勘定なので、増加する場合は借方に記帳します。

所有していた不動産を売却し、不動産会社に仲介手数料20万円を現金で支払った。

借方 支払手数料	200,000 円	貸方 現金	200,000 円
			摘要例：販売仲介手数料支払い

≫ 減少する取引

減少する取引は原則ありません。ただし、業務委託料などで、決算時点で委託業務が完了しておらず経費計上できない場合、前渡金（前払金）などの資産の科目に振り替えて、支払手数料は貸方に記帳します。

委託業務が未完のため、決算時に計上していた業務委託料20万円を前渡金に振り替えた。

借方 前渡金	200,000 円	貸方 支払手数料	200,000 円
			摘要例：科目振替

仕訳例

例 売上代金が振込手数料を引いて入金された場合

A 社に対する売掛金 50 万円が、振込手数料 660 円を引かれて普通預金口座に入金された。

借方	普通預金	499,340 円
	支払手数料	660 円

貸方	売掛金	500,000 円
		摘要例：A 社売掛金回収

振込手数料をこちらで負担する場合、振込手数料分を**支払手数料**で処理します。

例 源泉徴収が必要な場合

税理士の顧問料 55,000 円（うち消費税 5,000 円）について、源泉所得税 5,105 円を天引きして普通預金口座から振り込んだ。

借方	支払手数料	55,000 円

貸方	普通預金	49,895 円
	預り金	5,105 円
		摘要例：税理士顧問料支払い

弁護士や税理士などの外部専門家へ顧問料や相談料などを支払う際には、所得税及び復興特別所得税を源泉徴収する必要があります。天引きした源泉所得税は、支払い月の翌月 10 日までに税務署に納めます（納期の特例あり）。源泉所得税の計算方法は、「報酬額（税抜）× 10.21％」です。上記例の場合は、「50,000 × 10.21％ = 5,105 円」になり、**預り金**で計上します。税理士法人などの法人に支払う際は、源泉徴収は不要です。

また、司法書士や土地家屋調査士へ報酬を支払う際にも源泉徴収を行いますが、1 回の支払いごとに報酬額（税抜）から 1 万円を差し引いた金額に 10.21％を掛けた金額が源泉所得税になります。

ポイント
消費税区分の例外

支払手数料において原則、消費税区分は課税ですが、例外事項として、クレジットカード手数料、外貨への両替手数料、外貨預金取扱手数料、行政手数料などは非課税になります。また、解約損害金、キャンセル料も課税対象外ですが、解約時の事務手数料部分は課税になります。

会議費

対象 個人・法人
消費税区分 課税

損益計算書

費用	売上原価	収益	売上高
	販管費		営業外収益
	営業外費用		特別利益
	特別損失		
	税金他		

> **どんな科目か**　社内で行った会議や取引先との打ち合わせで発生した費用です。会議で使用する会場使用料や会議の書類作成費用、会議などの際に出したお弁当や飲み物、お菓子などの支払いが含まれます。なお、交際費は得意先や仕入先に対する接待や供応などのために支出する費用です。したがって、得意先との飲食代でも、主な目的が商談であれば会議費、接待が目的であれば交際費になります。

> **摘要**　打ち合わせ飲食代、会議飲食代、会議弁当、取引先との打ち合わせ代、会場使用料、会場設置費用、会議資料代、OA機器使用料など

≫ 増加する取引

業務を進めていく上で必要な社内会議や、取引先との商談などを行う際に支払った会場関連費用や飲食代などを会議費で計上します。増加する場合は借方に記帳します。

月例会議で配るお茶代1万円を現金で支払った。

借方 会議費	10,000 円	貸方 現金	10,000 円
			摘要例：会議用お茶代

≫ 減少する取引

減少する取引は原則ありません。ただし、他の科目で処理すべきものを会議費で仕訳していた場合、減少させる処理を行います。

会食代3万円を会議費で処理していたが、内容から判断して交際費に振り替えた。

借方 交際費	30,000 円	貸方 会議費	30,000 円
			摘要例：科目修正

仕訳例

例 会議室のレンタル

会議のため、会議室使用料 5 万円と OA 機器使用料 1 万円を普通預金口座から振り込んだ。

借方 会議費	60,000 円	貸方 普通預金	60,000 円
			摘要例：会議室・OA 機器使用料

例 1 人 5,000 円以下の接待飲食代（法人）

接待で取引先と食事をし、飲食代 2 万円（1 人あたり 4,000 円）を現金で支払った。

借方 会議費（または交際費）	20,000 円	貸方 現金	20,000 円
			摘要例：接待飲食代（〇×商事計4名）／〇〇レストラン

平成 18 年度の税制改正で、1 人あたり 5,000 円以下の接待飲食代については、交際費ではなく**会議費**で処理できるようになりました。「得意先など社外の人間が参加していること」と「一定の記載（飲食などを行った年月日、飲食店名、金額、相手先と合計人数など）を記載した書類を保存すること」の 2 つが要件になります。通常は、領収証のスペースに、取引先名と合計の人数を記入することが多いです。ただし、法人において 1 年間の交際費の金額が 800 万円以内の場合、あえて会議費を使用せず、交際費のままで処理していても特段問題はありません。

例 打ち合わせ飲食代

社員 2 名で営業の打ち合わせを行い、飲食代 12,000 円（一人あたり 6,000 円）を現金で支払った。打ち合わせ後、会議議事録を作成した。

借方 会議費	12,000 円	貸方 現金	12,000 円
			摘要例：打ち合わせ飲食代／〇×レストラン

社内の人間のみで飲食をし、代金を会社に請求した場合、いわゆる社内接待費となり、金額にかかわらず原則として**交際費**になります。ただし、取引の実態が会議や打ち合わせを行う際の飲食代であって、社内や一般的に打ち合わせなどが行える場所を利用し、通常の費用として認められる金額であれば会議費で処理できます。飲み会や食事会と区別するために、出席者や打ち合わせの内容などを領収証や議事録などに記載し、書面で記録を残しておくようにしましょう。

交際費

対象 個人・法人
消費税区分 課税

損益計算書

費用	
	売上原価
	販管費
	営業外費用
	特別損失
	税金他

収益	
	売上高
	営業外収益
	特別利益

> **どんな科目か** 事業を円滑に行うために、得意先や仕入先、事業に関係のある者などに対して、接待や交際のために支払った費用のことです。会議費は社内で行った会議や取引先との打ち合わせに伴う飲食代を処理する科目になります。したがって、得意先との飲食代でも、主な目的が商談であれば会議費、接待が目的であれば交際費になります。取引実態を確認し、正しい科目に振り分けます。

> **摘要** 接待飲食代、会食代（接待）、取引先への贈答品、お中元、お歳暮、香典（取引先）、接待ゴルフプレー代、商品券（贈答用）など

≪ 増加する取引

事業に関係のある取引先や仕入先などを接待したり、贈答品を購入したりするために支出した金額を交際費で計上します。増加する場合は借方に記帳します。

得意先を飲食店で接待し、会食代6万円を現金で支払った。

借方 交際費	60,000 円

貸方 現金	60,000 円
	摘要例：接待飲食代（○×商事）

≪ 減少する取引

減少する取引は原則ありません。ただし、他の科目で処理すべきものを交際費で仕訳していた場合に、減少させる処理を行います。

社内打ち合わせの際の弁当代1万円を交際費で処理していたが、内容から判断して会議費であることがわかった。

借方 会議費	10,000 円

貸方 交際費	10,000 円
	摘要例：科目修正

仕訳例

例 ゴルフプレー代

取引先とゴルフに行き、プレー料金を現金で支払った。明細は以下の通りである。
プレー料金 33,000 円、ロッカー代 550 円、飲食代 3,300 円、ゴルフ場利用税 1,200 円、緑化協力金 50 円

借方 交際費（課税）	36,850 円	貸方 現金	38,100 円
交際費（対象外）	1,250 円		摘要例：○×建設とゴルフプレー代

ゴルフのプレー代のうち、ゴルフ場利用税と緑化協力金は消費税が対象外になります。課税事業者は、上記のように交際費を課税と対象外に分けて計上しましょう。
ゴルフ場の年会費は、**諸会費**ではなく、交際費（課税）で処理します。

例 接待飲食代（個人事業者）

取引先を飲食店で接待し、飲食代 3 万円と送迎用タクシー代 1 万円を現金で支払った。

借方 交際費	40,000 円	貸方 現金	40,000 円
			摘要例：接待飲食代・お車代（○×会社）

個人事業主の場合、交際費には上限がなく、全額が経費として認められます。法人の場合は、期末の資本金などの金額によって、経費にできる金額が異なります。

▼表　法人の交際費

会社規模	金額
期末の資本金（または出資金）が 1 億円以下	年間 800 万円まで経費算入（接待飲食代の 50％を経費にすることも選択可能）
期末の資本金（または出資金）が 1 億円超	交際費のうち接待飲食代の 50％を経費算入

平成 18 年度の税制改正で 1 人あたり 5,000 円以下の接待飲食代については交際費ではなく**会議費**で処理できるようになりました（P.231 参照）

> **ポイント**
> ### 消費税区分の例外
> 交際費の消費税区分は課税ですが、例外として、商品券、ビール券などの金券は非課税になります。また、ゴルフ利用税、ご祝儀、香典、見舞金などの現金で渡す慶弔費などは、課税の対象外になります。

諸会費

対象 個人・法人
消費税区分 対象外

損益計算書

費用	売上原価
	販管費
	営業外費用
	特別損失
	税金他

収益	売上高
	営業外収益
	特別利益

> **どんな科目か**　業務に関連した業界団体や自治会など、各種団体に対する会費の支払いです。また、クレジットカードの年会費も諸会費になります。諸会費の消費税区分は、原則は対象外（不課税）になります。ただし、クレジットカードの年会費は課税です。さらに、名目が会費になっているものでも、対価性のあるものは課税取引になります。例えば、セミナー会費は講義の提供への対価なので課税となります。

> **摘要**　会費、組合費、同業者団体会費、商工会議所会費、自治会費、協同組合会費、通常会費、特別会費、臨時会費、年会費、カード年会費、クラブ会費など

≫ 増加する取引

業務に必要な各種団体への会費や、クレジットカードの年会費を支払った際に、諸会費で計上します。諸会費は費用勘定なので、増加する場合は借方に記帳します。

法人会の会費3万円を現金で支払った。

借方 諸会費	30,000 円

貸方 現金	30,000 円
	摘要例：法人会会費

≫ 減少する取引

減少する取引は原則ありません。ただし、他の科目で処理すべきものを諸会費で仕訳していた場合、減少させる処理を行います。

同業者団体への会費1万円を諸会費で処理していたが、実際は懇親会の会費であったため、交際費に振り替えた。

借方 交際費	10,000 円

貸方 諸会費	10,000 円
	摘要例：科目修正（同業者団体懇親会費）

仕訳例

例 クレジットカード年会費の支払い

事業用クレジットカードの年会費1万円がクレジットカードで決済された。

借方 諸会費	10,000 円

貸方 未払金	10,000 円
	摘要例：カード年会費

　クレジットカードの年会費は諸会費で処理し、相手勘定は**未払金**になります。消費税区分は**課税**です。

例 商工会会費の支払い

商工会の年会費1万円と、定期交流会の会費3,000円を現金で支払った。

借方 諸会費	10,000 円 (対象外)
諸会費	3,000 円 （課税）

貸方 現金	13,000 円
	摘要例：商工会会費

　年会費、定期交流会の会費ともに諸会費の科目で処理します。消費税区分は、年会費は対象外になりますが、定期交流会の会費は対価性があるので課税取引になります。消費税の課税事業者の場合、この例のように諸会費を消費税区分ごとに2段に分けて計上しましょう。なお、会費という名目であっても、会員の懇親や飲食のために集められた会費は**交際費**になります。

例 ロータリークラブへの支払い（法人）

ロータリークラブの通常会費15万円を普通預金口座から振り込んだ。

借方 交際費	150,000 円

貸方 普通預金	150,000 円
	摘要例：ロータリークラブ通常会費支払い

　法人がロータリークラブやライオンズクラブに対する入会金や会費などを支払った場合、**交際費**で計上します。会員間の親睦を深めることが目的の団体への入会金や会費の支払いも諸会費になりません。法人会員として入会する場合の入会金や経常会費の支払いは、交際費になります。特定の役員や従業員が個人会員として入会する場合は、その役員などへの**給与**になります。

個人事業主についてはこれらの会費は経費にならないため、**事業主貸**で処理します。

寄付金

対象 法人
消費税区分 対象外

損益計算書

費用	売上原価		収益	売上高
	販管費			営業外収益
	営業外費用			特別利益
	特別損失			
	税金他			

> **どんな科目か** 相手からの反対給付（見返り）を求めない金銭や物品の贈与や、サービスを無償で提供をした際に、使う科目です。見返りを期待して行う支出は、交際費や広告宣伝費などで計上します。また、著しく低い金額で資産を譲渡した場合、実質的に贈与として寄付金で処理します。個人事業主が支出した寄付金は事業上の経費にはなりません。特定の相手先へ寄付を行った場合は、**寄付金控除**として所得控除の対象になります。

> **摘要** 国・地方公共団体への寄付、認定 NPO 法人への寄付、政治団体拠出金、神社への祭礼寄附、義援金、ふるさと納税、赤い羽根共同募金、無償供与など

≪ 増加する取引

業務と直接関係のない者に対して、見返りを求めず、金銭や物品などを提供した際に、寄付金で計上します。寄付金は費用勘定なので、増加する場合は借方に記帳します。

中央共同募金会に現金で 20 万円を贈呈した。

借方 寄付金	200,000 円	**貸方** 現金	200,000 円
			摘要例：中央共同募金会への寄付

≫ 減少する取引

減少する取引は原則ありません。ただし、他の科目で処理すべきものを寄付金で仕訳していた場合、減少させる処理を行います。その際は寄付金を貸方に記帳します。

取引先への見舞金 3 万円を寄付金で計上していたが、交際費と判明したので修正した。

借方 交際費	30,000 円	**貸方** 寄付金	30,000 円
			摘要例：科目修正（取引先への見舞金）

仕訳例

例 指定寄付金

赤い羽根共同募金に現金3万円を寄付した。

借方 寄付金	30,000 円

貸方 現金	30,000 円
	摘要例：赤い羽根共同募金

国や地方公共団体に対する寄付金や、公益法人などに対する寄付金（指定寄付金）は、寄付金で計上し、税法上、その支払った全額が経費に算入されます。赤い羽根共同募金は指定寄付金に該当します。

例 特定公益増進法人への寄付

認定NPO法人に寄付し、普通預金口座から5万円を振り込んだ。

借方 寄付金	50,000 円

貸方 普通預金	50,000 円
	摘要例：認定NPO法人への寄付

特定公益増進法人とは、教育や科学の振興、文化の向上、社会福祉への貢献など、公益の増進に著しく寄与すると認められた一定の公益法人などです。例えば、認定NPO法人の特定非営利活動への寄付や日本赤十字社の事業費や通常経費に対する寄付が、特定公益増進法人への寄付に該当し、支払時に寄付金で処理します。税法上、特定公益増進法人などに対する寄付金は、経費算入限度額の範囲内で経費に算入します。

例 神社への祭礼寄付

神社への祭礼寄付として、現金2万円を支払った。

借方 寄付金	20,000 円

貸方 現金	20,000 円
	摘要例：神社への祭礼寄付

神社や寺院、宗教法人に対する寄付や、政治団体への政治資金、町内会への寄付なども、寄付金で計上しますが、税法上は**一般の寄付金**として、経費算入限度額の範囲内で経費に算入します。

新聞図書費

対象 個人・法人
消費税区分 課税

損益計算書

費用		収益	
	売上原価		売上高
	販管費		
	営業外費用		営業外収益
	特別損失		
	税金他		特別利益

どんな科目か 業務上必要となる調査や情報収集などのために購入する書籍や雑誌などを処理する科目です。業界紙の購読料、従業員教育のための教育DVDの購入、情報収集のためのメールマガジンの購読料や、有料サイトの会費も新聞図書費になります。接客業にて、購入した雑誌や新聞なども計上できます。なお、新聞の定期購読料（週2回以上発行）は、軽減税率（8％）が適用されます。

摘要 書籍代、雑誌代、新聞購読料、年間購読料、業界紙購入代、レンタルDVD・CD代、メールマガジン購読料、情報サイト会費、有料サイト会費など

≫ 増加する取引

業務で必要な書籍や雑誌、新聞などを購入した際に、新聞図書費で計上します。新聞図書費は費用勘定なので、増加する場合は借方に記帳します。

経理業務のために、参考書籍2,000円を現金で購入した。

借方 新聞図書費	2,000円	**貸方** 現金	2,000円
			摘要例：書籍購入代

≫ 減少する取引

雑誌などの定期購読で購読料を一括払いした場合、決算時点で翌期に対応する分の購読料を前払費用で借方に記帳し、新聞図書費を貸方に記帳することで減少させます。

雑誌の年間購読料24,000円を一括払いしたが、決算で翌期に対応する6か月分を資産に振り替えた。

借方 前払費用	12,000円	**貸方** 新聞図書費	12,000円
			摘要例：雑誌購読料の未経過分振替

仕訳例

例 新聞代の支払い

今月の新聞代（電子版）4,400円が普通預金口座から引き落とされた。

借方 新聞図書費	4,400円	貸方 普通預金	4,400円
			摘要例：新聞代

　新聞、雑誌、書籍などは、紙媒体だけでなく、電子版での購入も新聞図書費になります。新聞の定期購読料は消費税について軽減税率が適用されますが、電子版の場合は軽減税率の適用対象外です。また定期購読料を一括払いした場合、翌期以降に該当する分は、新聞図書費ではなく、**前払費用**になります。ただし継続的に、一括で支払った事業年度の経費にしていれば、決済の際に前払費用に振り替える必要はありません。

例 顧客用書籍の購入

美容室に置く雑誌1万円と、従業員の研究用の書籍5,000円を購入し、事業用クレジットカードで決済した。

借方 新聞図書費	15,000円	貸方 未払金	15,000円
			摘要例：顧客用雑誌・研究用書籍購入

　飲食店や美容院などで、来店客が読むために購入する雑誌代は、新聞図書費として経費に計上できます。従業員向けに社内の休憩スペースに置く新聞や雑誌の代金は、**福利厚生費**で計上します。事業用のクレジットカードで支払った場合、**未払金**で計上します。

例 1セット10万円以上の書籍代など

1セット12万円の百科事典を購入し、普通預金口座から振り込んだ。

借方 工具器具備品	120,000円	貸方 普通預金	120,000円
			摘要例：百科事典購入

　百科事典は通常全巻1揃いでの購入になるため、1セットの代金で経費に計上します。1セット10万円以上の場合は新聞図書費ではなく、**工具器具備品**として資産に計上します。

研修費

対象 個人・法人
消費税区分 課税

損益計算書

費用	
	売上原価
	販管費
	営業外費用
	特別損失
	税金他

収益	
	売上高
	営業外収益
	特別利益

どんな科目か 業務上必要となる知識や技術を習得するために、社内研修を行う際の費用や、外部の講習会やセミナーに参加させるための受講料などを処理する科目で、**教育研修費や教育訓練費などの科目を使うこともあります。また、金額が少額の場合、雑費で計上することもあります。なお、会場使用料は賃借料、研修会場までの交通費は旅費交通費の科目を使用してもよいです。**

摘要 研修費、講習会参加費、教育訓練費用、研修に伴う食事代、教材代、会場使用料、講師謝金、資格取得費用、通信教育費用、e ラーニング費用など

増加する取引

新人外部の研修や講習会などの参加費を支払った際に、研修費で計上します。研修費は費用勘定なので、増加する場合は借方に記帳します。

新卒社員が外部の新人研修に参加し、参加費 3 万円を現金で支払った。

借方 研修費	30,000 円

貸方 現金	30,000 円
	摘要例：新人研修参加費

減少する取引

減少する取引は原則ありません。翌期に受講する予定の費用を前払いし、当期の研修費で計上している場合、当期の費用に計上できません。サービスを受けたときに費用になります。計上していた研修費は、決算時に前渡金（前払金）などに振り替えます。

来季開催されるセミナー参加費 2 万円を研修費として計上していたので、決算時に前渡金に振替えた。

借方 前渡金	20,000 円

貸方 研修費	20,000 円
	摘要例：科目振替（セミナー参加費）

仕訳例

例 外部セミナーへの参加

従業員を営業セミナーに参加させ、受講料1万円を普通預金口座から振り込んだ。

借方 研修費	10,000 円	貸方 普通預金	10,000 円
		摘要例：営業セミナー参加費	

例 資格取得費用

保険代理店で、従業員の保険募集人の受験費用2,000円を普通預金口座から振り込んだ。

借方 研修費	2,000 円	貸方 普通預金	2,000 円
		摘要例：保険募集人資格取得費用	

業務上、必要となる資格を取得するための費用は研修費になります。ただし、運転免許証のような一般的な免許の取得費用や、仕事に必ず必要とはいえない資格の取得費用を負担した場合は、その者への給料扱いになる可能性があります。

例 社内研修費用

管理職を対象にリーダー研修を行い、会場使用料7万円を現金で支払った。

借方 研修費	70,000 円	貸方 現金	70,000 円
		摘要例：社内研修用の会場使用料	

会場使用料は**賃借料**の科目で処理してもよいです。

例 講師への謝礼

社内研修を行い、外部講師に謝金11万円（税込）から源泉所得税10,210円を控除して、普通預金口座から振り込んだ。

借方 研修費	110,000 円	貸方 普通預金	99,790 円
		預り金	10,210 円
		摘要例：講師謝金支払い	

講師への謝礼から所得税及び復興特別所得税を源泉徴収する必要があります。金額は「謝金10万円（税抜）× 10.21% = 10,210円」になり、**預り金**で計上します。

貸倒引当金繰入額

対象 法人・個人
消費税区分 対象外

損益計算書

費用		収益	
	売上原価		売上高
	販管費		
	営業外費用		営業外収益
	特別損失		
	税金他		特別利益

どんな科目か 取引先の倒産などにより、売掛金などの金銭債権が回収できなくなる場合に備えて、取立不能となる金額をあらかじめ見積り、貸倒引当金を計上しておきます。貸倒引当金繰入額は、貸倒引当金を設定する際に、借方に計上する費用の科目です。貸方には、貸倒引当金の科目で計上します。同じ費用の科目に**貸倒損失**がありますが、貸倒損失が実際に貸倒れた金額であるのに対して、貸倒引当金繰入額は貸倒れの見積金額であるという違いがあります。

> **摘要** 貸倒引当金の繰入、貸倒引当金計上、債権回収不能見込額、売掛金回収不能見込額、受取手形回収不能見込額、貸付金回収不能見込額など

⪢ 増加する取引

期末に保有している金銭債権について、貸倒れの可能性がある場合、貸倒引当金を計上します。増加する場合は借方に記帳します。貸方には貸倒引当金を記帳します。

期末に保有している売掛金に対して、貸倒引当金3万円を計上した。

借方 貸倒引当金繰入額 30,000 円	貸方 貸倒引当金 30,000 円
	摘要例：貸倒引当金の繰入

⪡ 減少する取引

貸倒引当金繰入額が減少する取引は、基本的にはありません。

仕訳なし

仕訳例

例 貸倒引当金計上

決算に際し、売掛金 100 万円に対して、法定繰入率 5.5％での貸倒引当金を計上した。

借方 貸倒引当金繰入額	55,000 円	貸方 貸倒引当金	55,000 円
			摘要：貸倒引当金計上

例 貸倒引当金の計上（洗替法）

今期末の売掛金に対して、貸倒引当金 10 万円を計上する。前期末には、貸倒引当金を 7 万円計上していた。

借方 貸倒引当金	70,000 円	貸方 貸倒引当金戻入益	70,000 円
貸倒引当金繰入額	100,000 円	貸倒引当金	100,000 円
			摘要例：貸倒引当金計上

　毎期決算時に売掛金などの取立不能見込額を見積り、貸倒引当金を計上しますが、前期の決算時に計上した貸倒引当金が残っているときには、**洗替法**と**差額補充法**のいずれかの方法で会計処理を行います。

　洗替法は、前期に計上した貸倒引当金を**貸倒引当金戻入益**で全額戻し入れて、新たに今期末計上する分を貸倒引当金繰入額で計上します。差額補充法は、前期末に計上した分と、今期末に計上する分の差額を補充する方法で、前期計上額よりも今期計上額が多い場合、その差額を貸倒引当金繰入額の科目で計上します。前期計上額よりも今期計上額の方が少ない場合は、その差額分を借方に貸倒引当金で計上することで、今期計上額まで貸倒引当金残高を減少させます。貸方には貸倒引当金戻入益を計上します。この例では洗替法を採用しているので、前期に計上した貸倒引当金 7 万円を貸倒引当金戻入益に振り替えていったんゼロにし、新たに今期分の 10 万円を計上します。その際、借方は貸倒引当金繰入額の科目で記帳します。

例 差額補充法による計上（前期計上額＜当期計上額の場合）

今期末の売掛金に対して、貸倒引当金 10 万円を計上する。前期末には、貸倒引当金を 7 万円計上していた。

借方 貸倒引当金繰入額	30,000 円	貸方 貸倒引当金	30,000 円
			摘要例：貸倒引当金洗替

差額補充法を採用する場合、前期末に計上した分と今期末に計上する分の差額を補充するために、差額分を貸倒引当金繰入額で計上します。「今期計上額 10 万円－前期計上額 7 万円＝ 3 万円」を繰り入れます。

例 差額補充法による計上（前期計上額＞当期計上額の場合）

今期末の売掛金に対して、貸倒引当金 10 万円を計上する。前期末には、貸倒引当金を 15 万円計上していた。

借方 貸倒引当金 50,000 円	**貸方** 貸倒引当金戻入益 50,000 円
	摘要例：貸倒引当金洗替

「前期計上額＞当期計上額」の場合、その差額分を戻し入れて、当期計上額 10 万円が貸倒引当金残高になるように調整します。その際には、借方に**貸倒引当金**を計上して前期との差額分を減らし、貸方は**貸倒引当金戻入益**の科目で計上します。

ポイント

貸倒引当金の計算方法

税法上、貸倒引当金の経費算入が認められているのは、基本的には資本金が 1 億円以下の中小法人のみで、金融機関などを除いて、規模の大きな法人には認められていません。貸倒引当金の計算方法は、一括評価と個別評価の 2 種類があります。個別評価をしないといけないものは、回収不能の可能性がかなり高いもので、一括評価できるものはそれ以外です。また、税法上、貸倒引当金を計上する際に対象となる金銭債権は、受取手形、売掛金、未収入金、立替金、貸付金などです。

・一括評価での貸倒引当金の計上

原則的には、受取手形、売掛金、貸付金などの金銭債権を合計して、過去 3 年間の貸倒損失発生額にもとづく実績繰入率を乗じて計算します。ただし、資本金 1 億円以下の中小法人は、一部を除いて**法定繰入率**を使用して貸倒引当金繰入額を計算することが認められています（個別評価の対象になる金銭債権は除きます）。また、青色申告の個人事業主（事業所得）も法定繰入率を使用した貸倒引当金の計上が認められています。

繰入限度額＝期末における金銭債権の金額×法定繰入率

法定繰入率は、業種によって次の通りに決まっています。

法人					個人事業主（青色申告者）	
卸・小売業	製造業	金融保険業	割賦小売業	その他事業	金融業	その他
1.0%	0.8%	0.3%	1.3%	0.6%	3.3%	5.5%

例 一括評価による貸倒引当金の計上（法人の場合）

決算に際し、今期末の売掛金残高 200 万円に対し、法定繰入率（小売業 1.0%）で一括評価により引当金を設定した。

借方 貸倒引当金繰入額 20,000 円	貸方 貸倒引当金 20,000 円
	摘要例：貸倒引当金計上

小売業の法人について一括評価による法定繰入率は 1.0% です。期末時点の「売掛金 200 万円× 1.0% ＝ 2 万円」が貸倒引当金繰入額になります。

例 一括評価による貸倒引当金の計上（個人の場合）

決算に際し、前年末に計上した貸倒引当金 2 万円を戻入れ、当期分として売掛金残高 100 万円に対し、法定繰入率（小売業 5.5%）で一括評価により引当金を設定した。

借方 貸倒引当金 20,000 円	貸方 貸倒引当金戻入益 20,000 円
貸倒引当金繰入額 55,000 円	貸倒引当金 55,000 円
	摘要例：貸倒引当金計上

洗替法を採用する場合、前期末に計上した**貸倒引当金**を全額戻し入れて、新たに今期決算時に計算した貸倒引当金を繰り入れます。前期に計上した貸倒引当金 2 万円は**貸倒引当金戻入益**に振り替えていったんゼロにし、新たに今期分の貸倒引当金を計上します。

小売業（個人事業主）の場合は、法定繰入率が 5.5% になるので、貸倒引当金は「100 万円× 5.5% ＝ 55,000 円」になります。

> **ポイント**
> #### 一括評価金銭債権に含まれないもの
> 預貯金や保証金、敷金、預け金、手付金、前渡金、仮払金、立替金などの金銭債権は、一括評価により貸倒引当金を計算する際に対象となる一括評価金銭債権に含まれません。

貸倒損失

対象 法人・個人
消費税区分 課税・対象外

損益計算書

> **どんな科目か** 売掛金や貸付金などの金銭債権が回収できなくなった際に、その損失額を処理するため、貸倒損失を計上します。受取手形や売掛金などの債権の回収不能に備えて、貸倒引当金を計上していたならば、貸倒引当金を超えた部分を貸倒損失で処理します。貸倒損失は損益計算書に記載しますが、受取手形や売掛金などの通常の営業債権にかかる貸倒損失は**販売費及び一般管理費**に、それ以外の債権は**営業外費用**または**特別損失**に計上します。

> **摘要** 貸倒れ、売掛債権貸倒れ、手形債権貸倒れ、回収不能額、債権放棄、倒産企業への債権貸倒れ、弁済後1年以上経過した債権の貸倒れ、債権切り捨てなど

≫ 増加する取引

売掛金や貸付金などの金銭債権が、取引先の倒産などにより回収不能になった場合、貸倒損失を計上します。貸倒損失は費用なので、増加する場合は借方に記帳します。

民事再生法の決定により、売掛金100万円の70%が切り捨てられることになった。

借方 貸倒損失	700,000 円	貸方 売掛金	700,000 円
			摘要例：民事再生法による債権貸倒れ

≫ 減少する取引

減少する取引は原則ありません。ただし、貸倒処理した年度中に債権の一部が回収できた場合、貸方に貸倒損失を記帳し、回収できた金額分の貸倒損失を減らします。

得意先の倒産により期中に貸倒損失50万円を計上していたが、清算人から残余財産の分配として2万円が普通預金口座に振り込まれた。

借方 普通預金	20,000 円	貸方 貸倒損失	20,000 円
			摘要例：残余財産分配金受取

仕訳例

例 法律上の貸倒れ

取引先が倒産し、債権者集会の協議により売掛金 50 万円のうち 90％が切り捨てられることが決定した。

借方 貸倒損失	450,000 円

貸方 売掛金	450,000 円
	摘要例：回収不能額

例 法律上の貸倒れ（分配金の受取）

❶ 会社更生法の規定による再生計画決定通知があり、取引先に対する売掛金 200 万円のうち 70％が切り捨てられた。

借方 貸倒損失	1,400,000 円

貸方 売掛金	1,400,000 円
	摘要例：回収不能額

❷ ❶の売掛金について、1回目の分配金 5 万円が普通預金口座に振り込まれた。

借方 普通預金	50,000 円

貸方 売掛金	50,000 円
	摘要例：分配金（1回目）受取

売掛金 200 万円のうち、切り捨てられる 70％分を貸倒損失に振り替えます❶。

例 形式上の貸倒れ

継続取引をしていた得意先の業績悪化により取引を停止していたが、取引停止後 1 年以上経過したので、売掛金 30 万円を貸倒損失に計上した。

借方 貸倒損失	299,999 円

貸方 売掛金	299,999 円
	摘要例：売掛債権貸倒れ

取引を停止してから 1 年を超える場合、または売掛債権の額が取立費用（旅費など）よりも小さい場合は、「債権金額－1」円を貸倒損失で計上し、備忘価額 1 円を決算書に残しておきます。

例 形式上の貸倒れ（債権放棄）

債務超過の状態が続いている取引先について、売掛金30万円及び受取手形20万円は回収不能と判断し、債務免除通知書を内容証明郵便で送付した。

借方 貸倒損失	500,000 円

貸方 売掛金	300,000 円
受取手形	200,000 円

摘要例：債権放棄

　債務者の資産状況や支払い能力などを勘案し、債権全額が回収できないことが明らかになった場合、法的な手続きがなくても債権全額を貸倒損失で処理できます。

ポイント

消費税区分

消費税区分は、債権の内容によって異なります。例えば、売掛金のうち課税売上にかかるものに対する貸倒損失は課税、貸付金や土地売却の未収金、非課税売上の売掛金にかかるものは対象外になります。また、免税事業者であった間に発生した売掛金などが貸倒れになった場合も対象外になります。

例 当期中に貸倒処理した債権が回収できた場合

当期中に貸倒処理した債権について、残余財産として2万円が普通預金口座に振り込まれた。

借方 普通預金	20,000 円

貸方 貸倒損失	20,000 円

摘要例：残余財産分配金受取

　当期中に貸倒処理した債権が回収できた場合、回収できた金額分だけ貸倒損失を減額するため、貸方に計上します。

例 前期以前に貸倒処理した債権が回収できた場合

前期に貸倒処理した債権について、残余財産として1万円が普通預金に振り込まれた。

借方 普通預金	10,000 円

貸方 償却債権取立益	10,000 円

摘要例：残余財産分配金受取

　前期以前に貸倒処理した債権が回収できた場合、回収できた金額を償却資産取立益の科目で特別利益に計上します。

> **コラム**
>
> ## 貸倒損失となる3つの要件
>
> 税務上、貸倒損失を計上するための要件が決められており、次の3つのいずれかを満たしている場合に限り、経費として認められます。また、貸倒損失は要件を満たした年度に計上しなければならず、そのタイミングを逃すと貸倒損失が認められなくなる可能性があり注意が必要です。
>
> ① 法律上の貸倒れ（事実が発生した事業年度・書面で債権放棄の通知をした日で計上）
>   ・法令の規定により切り捨てられた金額
>   例：会社更生法、金融機関などの更生手続の特例などに関する法律、民事再生法など
>   ・関係者との協議によって切り捨てられた金額
>   例：債権者集会の協議決定、行政機関や金融機関などのあっせんによる協議など
>   ・債務者の債務超過の状態が相当期間継続し、その金銭債権の弁済を受けることができない場合に、債務者に対して債務免除通知を発送するなど、書面で明らかにした債務免除額
>
> ② 事実上の貸倒れ（債権全額が回収できないことが明らかになった事業年度で計上）
>   債務者の資産状況、支払能力などからその全額が回収できないことが明らかになった場合、債権全額を貸倒損失で計上できる
>   例：債務者の破産、強制執行、整理、死亡、行方不明、天災事故など
>
> ③ 形式上の貸倒れ（最後の支払期限などから1年以上経過した事業年度・督促しても弁済がない日で計上）
>   以下のいずれかの場合は、備忘価額1円を控除した残額を貸倒損失で計上できる
>   ・継続的な取引を行っていたが、取引先の資産状況などの悪化により取引を停止してから1年以上経過している
>   ・同一地域にある売掛債権の総額が、回収コスト（旅費など）よりも小さいにもかかわらず支払いを督促しても支払われない
>
> 貸倒損失を計上する場合、貸し倒れの事実を証明する根拠書類を保存し、調査があった際にしっかり立証できるようにしておきましょう。根拠書類としては、債務免除通知書や債権者集会の協議決定通知書などがあります。また、請求書や納品書に加え、催告書の写しなど回収努力を行ったことを証明する書類も重要です。

地代家賃

対象 個人・法人
消費税区分 課税・非課税

損益計算書

費用	売上原価
	販管費
	営業外費用
	特別損失
	税金他

収益	売上高
	営業外収益
	特別利益

> **どんな科目か**
> 事務所や店舗、工場、倉庫などの建物や、資材置き場や駐車場などで土地を借りる場合に、賃貸人に支払う賃料のことです。家賃と一緒に支払う共益費も地代家賃に含まれます。また役員や従業員のために借りる社宅家賃の支払いも、地代家賃になります。

> **摘要**
> 家賃支払い、事務所家賃、店舗家賃、倉庫賃料、工場賃料、社宅家賃、駐車場賃料、共益費、借地料、トランクルーム、ウィークリーマンションなど

≪ 増加する取引

事務所や駐車場を借りる際に、不動産賃貸借契約書を結び、家主にお金を払います。その中で、賃料として支払う金額を地代家賃として借方に記帳します。

店舗の家賃30万円を普通預金口座から振り込んだ。

借方 地代家賃	300,000円

貸方 普通預金	300,000円
	摘要例：店舗家賃の支払い

≫ 減少する取引

決算において、計上済みの地代家賃のうち、前払いしている分を繰り延べる（翌期以降の費用とする）際に、地代家賃を貸方に計上し、費用を減少させます。また、個人事業主で賃貸物件である自宅を、自宅兼事務所にしている場合、地代家賃に計上していた賃料のうち、自宅に対応する分を事業主貸に振り替え、地代家賃を減らします。

決算に際し、先払いしていた翌期分の家賃15万円を繰り延べた。

借方 前払費用	150,000円

貸方 地代家賃	150,000円
	摘要例：家賃の繰延

仕訳例

例 家賃の支払い

営業所の家賃 10 万円と共益費 1 万円を普通預金口座より振り込んだ。

借方	地代家賃	110,000 円

貸方	普通預金	110,000 円
		摘要例：営業所家賃

共益費とは、賃貸の集合住宅や貸ビルなどで、家賃とは別に毎月支払うものです。共用部分の電気代や定期清掃代など、借家人が共同で利用する設備や施設の維持管理のために必要なので、家賃と一緒に地代家賃で計上します。

ポイント

地代と家賃の消費税の課税区分

地代家賃の消費税の取り扱いには注意が必要です。土地を借りる際の地代は、原則非課税ですが、駐車場を借りる場合、その形状や契約内容で消費税の取り扱いが変わります。いわゆる青空駐車場は土地の貸付として非課税になります。同じ駐車場でもアスファルト舗装されていたり、駐車線や車止めなどがあったりして駐車スペースが明確になっているような駐車場は課税になります。したがって一般的な月極駐車場を借りた場合の地代の支払いには、消費税が課税されます。また、家賃のうち、居住用に借りているものは非課税、それ以外は課税になります。

例 地代の支払い

営業車を置いている月極駐車場の料金 1 万円を現金で支払った。

借方	地代家賃	10,000 円

貸方	現金	10,000 円
		要例：月極駐車場代

月極駐車場の料金は、地代家賃で記帳します。同じ駐車場でも、コインパーキングなどの時間貸し駐車場は一時的なサービスの利用なので、**旅費交通費**で記帳します。

9

販売費及び一般管理費

例 賃料の前払い

2月末に翌月分の店舗家賃20万円を普通預金口座から振り込んだ。

借方 地代家賃	200,000円	貸方 普通預金	200,000円
			摘要例：3月分家賃支払い

通常、地代家賃の支払いは、翌月分を当月に前払いします。会計処理方法としては、
  ❶支払時に前払費用で計上し、翌月に地代家賃を振り替える
  ❷支払時に地代家賃で計上する
という2つになり、どちらを選択することも認められています。
実務上は、会計処理が楽なので❷を選択している事業者が多いです。どちらを選択
するにしても、毎期同じ計上方法を継続しましょう。

例 賃借契約時

事務所を賃借して、家賃20万円、礼金30万円、敷金40万円、仲介手数料20万円
を普通預金口座から振り込んだ。

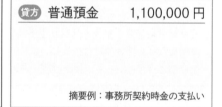

借方 地代家賃	200,000円	貸方 普通預金	1,100,000円
長期前払費用	300,000円		
敷金・保証金	400,000円		
支払手数料	200,000円		
			摘要例：事務所契約時金の支払い

不動産の賃借時に支払うお金は、内容によって資産になるもの、費用になるものが
あります。家賃、仲介手数料は当期の費用に計上し、敷金は立ち退き時に原則戻っ
てくるものなので、資産に計上します。また、礼金は20万円未満の場合は地代家
賃などで全額費用処理できます。20万円以上の場合、**長期前払費用**で計上し、原
則5年間にわたって費用処理していきます。賃借期間が5年未満の場合は、賃借期
間で費用処理することになります。

例 退去時の処理

事務所の退去を申し入れ、家賃の日割り分3万円と敷金40万円から原状回復費用の
借主負担分15万円が差し引かれて、普通預金口座に入金された。

借方	普通預金	280,000 円	貸方	地代家賃	30,000 円
	修繕費	150,000 円		敷金・保証金	400,000 円

摘要例：事務所退去に伴う精算金受取

家賃を先払いしている場合、月の途中で退去する際には日割り家賃の返金があります。また、預けていた敷金・保証金が返還されますが、退去に伴う原状回復工事を行い、借主負担分がある場合は、敷金・保証金から差し引かれ、残金が返還されます。

日割り家賃の返金分は、地代家賃を**貸方**に記帳し、先に計上していた地代家賃を減額します。また、原状回復工事の借主負担金は**修繕費**の科目で計上します。

例 自宅兼事務所の家賃処理（個人事業者）

賃貸物件を自宅兼事務所に使用しており、月額 15 万円の家賃は、支払時に全額費用計上している。決算に際し、1 年分の家賃のうち、自宅部分（床面積のうち 70%）を事業主貸に振り替える。

借方	事業主貸	1,260,000 円	貸方	地代家賃	1,260,000 円

摘要例：家事費分家賃の振替

年間家賃 180 万円（15 万円× 12 か月）のうち、自宅として使用している分の家賃は費用にできないので、**事業主貸**に振り替えます。決算時に「180 万円× 70% ＝ 126 万円」を振り替えてもよいですし、毎月の収支を正しく把握するためには、次の仕訳例のように、毎月の家賃の支払い時に事業割合に応じて地代家賃と事業主貸を計上した方がよいです。

例 自宅兼事務所の家賃処理（毎月処理する場合）

賃貸物件を自宅兼事務所（自宅使用分は 70%）に使用しており、5 月分の家賃 15 万円を普通預金口座から振り込んだ。

借方	地代家賃	45,000 円	貸方	普通預金	150,000 円
	事業主貸	105,000 円			

摘要例：5 月分家賃支払い

雑費

対象 個人・法人
消費税区分 課税

損益計算書

費用	売上原価	収益	売上高
	販管費		営業外収益
	営業外費用		
	特別損失		特別利益
	税金他		

どんな科目か 普段あまり発生しない臨時的な支出や、金額が小さく重要性が乏しいもの、個人事業主や法人が設定しているどの勘定科目にも当てはまらない支出を処理するための科目です。どのような内容を雑費で処理するのかは個人事業主、法人によって違います。

摘要 ごみ処理券、廃棄物処理代、コピー代、FAX代、クリーニング代、証明書などの手数料、キャンセル料、生花代、貸金庫代、引越費用、採用関連費など

⟪ 増加する取引

使用しているどの勘定科目にも当てはまらない支払いや、少額の臨時支出をした場合に計上します。増加する場合は借方に記帳します。

コンビニで書類のコピーをし、300円を現金で支払った。

借方 雑費	300円	貸方 現金	300円
			摘要例：コピー代

⟫ 減少する取引

減少する取引は原則ありません。ただし、他の科目で処理すべきものを雑費で仕訳していた場合、減少させる処理を行います。その際は雑費を貸方に記帳します。

事務所の清掃代2万円を雑費で処理したが、これまで清掃費の科目を使用していたことがわかったため、振り替えた。

借方 清掃費	20,000円	貸方 雑費	20,000円
			摘要例：科目修正（事務所清掃代）

仕訳例

例 雑費で処理する仕訳例

① 従業員の作業着をクリーニングに出し、代金1万円を現金で支払った。

(借方) 雑費	10,000 円	(貸方) 現金	10,000 円
			摘要例：作業着クリーニング代

② オフィス用に観葉植物を購入し、代金2万円を現金で支払った。

(借方) 雑費	20,000 円	(貸方) 現金	20,000 円
			摘要例：観葉植物代

③ 取引銀行で貸金庫を借り、年間保管料3万円を普通預金口座から支払った。

(借方) 雑費	30,000 円	(貸方) 普通預金	30,000 円
			摘要例：貸金庫保管料

④ 事務所を移転し、引越代10万円を普通預金口座から振り込んだ。

(借方) 雑費	100,000 円	(貸方) 普通預金	100,000 円
			摘要例：事務所引越代

ポイント

金額の目安

雑費は、臨時的な支払いや少額の支出を処理するための勘定科目で、他の科目で処理することが好ましくないものを計上する際に使用します。ただ、なんでも雑費に計上してしまうと、雑費の金額が大きくなってしまいます。雑費の金額が大きいと、事業でどのような経費がかかっているのかがわかりにくいですし、金融機関や税務署の印象もよくありません。雑費で計上する金額の目安は、販売費及び一般管理費の金額の5％を超えない程度です。それを超える場合は、雑費で計上した費用のうち、他の科目で計上すべきものはないか、新たに科目を設定して、そちらで処理をすることを検討しましょう。

受取利息

 法人
消費税区分 非課税

損益計算書

費用	売上原価
	販管費
	営業外費用
	特別損失
	税金他

収益	売上高
	営業外収益
	特別利益

> **どんな科目か** 預貯金の利息や有価証券の利子などを処理する科目です。受取利息は商品の販売やサービスの提供などの営業活動によって直接的に得た収入ではないので、営業外収益の部に計上します。個人事業主の場合、事業用口座に利息が入金されたとしても、事業所得ではなく利子所得になるので、受取利息として処理せず、事業主借で計上して、事業の収支に関連させないようにします。

> **摘要** 利息の受取、普通預金利息、定期預金利息、郵便貯金利息、有価証券利息、貸付金利息、未収利息、未収利息の期首再振替など

≫ 増加する取引

預貯金の利息などを受け取った際に計上します。収益科目なので貸方に記帳します。

法人の普通預金口座に、利息500円(税金控除後)が入金された。

借方 普通預金	500円
法人税等	90円

貸方 受取利息	590円
	摘要例:預金利息受取

≫ 減少する取引

資金の貸付を行っていて、決算時に受け取っていない利息を未収計上していた場合、翌期首において再振替処理を行います。受取利息を借方に記帳し、利息残高を減らします。

前期決算時に貸付金利息2万円を未収計上した。翌期首になり、振替処理を行う。

借方 受取利息	20,000円

貸方 未収収益	20,000円
	摘要例:期首再振替

仕訳例

例 預貯金利息の処理（法人）

法人の普通預金口座に利息 300 円が入金された。

借方	普通預金	300 円
	法人税等	54 円

貸方	受取利息	354 円
		摘要例：普通預金利息

口座に入金された利息は税金が源泉徴収されています。源泉徴収される前の総額を受取利息で計上するために、税金を計算する必要があります。税金が源泉徴収される前の利息は「入金額÷84.685%」で計算されるので≒354 円です。354 円を受取利息で計上し、入金額 300 円との差額は**法人税等**で計上します。

> **ポイント**
> ### 利息の源泉徴収
>
> 預金利息が口座に振り込まれた場合、すでに国税 15.315%、地方税 5 ％が源泉徴収されています（法人の場合は、国税 15.315%のみです）。利息の受取時には、天引きされている税金を計算し、税引前の金額を受取利息で計上し、税金は法人税等または租税公課などの科目で計上します。

例 預貯金利息の処理（個人）

個人の事業用口座に利息 300 円が入金された。

借方	普通預金	300 円

貸方	事業主借	300 円
		摘要例：普通預金利息

個人事業主の受取利息は、事業上の収益にはならず、**事業主借**で処理します。預貯金の利息は利子所得ですが、支払いを受ける際（＝口座に入金があった時）に、税金が自動的に徴収される**源泉分離課税**なので、確定申告は必要ありません。

> **ポイント**
> ### 未収収益
>
> 未収収益とは、一定の契約に従って継続して役務の提供を行う際に、すでに提供した役務に対し支払いを受けていない対価を計上するための経過勘定です。まだ利息を受け取っていなくても、当期の期間に対応する分の利息を未収計上します。

支払利息

対象 個人・法人
消費税区分 非課税

損益計算書

費用	売上原価
	販管費
	営業外費用
	特別損失
	税金他

収益	売上高
	営業外収益
	特別利益

どんな科目か 金融機関などからの借り入れに対して支払う利息や、信用保証協会などに支払う保証料を処理する科目です。利息は資金調達のために必要な費用ですが、商品の販売やサービスの提供などの営業活動に直接的に関連する費用ではないので、**営業外費用**の部に計上します。また、返済期間が1年を超える借入金の保証料は、費用とはせず、資産の**長期前払費用**で処理します。

> **摘要** 借入利息、借入金利息の支払い、短期借入金利息の支払い、長期借入金利息の支払い、信用保証料、前払いの振替、科目振替など

⩘ 増加する取引

銀行などからの借り入れに対して、利息を支払った際に支払利息で計上します。支払利息は費用に分類され、費用が発生した場合は借方に記帳します。

A銀行から借入金500万円の利息1万円が普通預金口座から引き落とされた。

借方 支払利息	10,000 円	貸方 普通預金	10,000 円
			摘要例：A銀行借入利息支払い

⩗ 減少する取引

当期に支払った利息のうち、翌期以降に対応する分で、決算日から1年以内に支払期限が到来するものは**前払費用**、1年を超えるものは**長期前払費用**に振り替えます。

決算に際し、A銀行に支払った利息のうち、翌期に対応する金額5,000円を前払費用に振り替えた。

借方 前払費用	5,000 円	貸方 支払利息	5,000 円
			摘要例：利息前払分振替

仕訳例

例 借入元金と利息を一緒に支払う場合

B銀行より設備資金として借り入れた長期借入金500万円について、1回目の支払期日が到来し、普通預金口座から50万円（元金45万円、利息5万円）が引き落とされた。

借方	長期借入金（B銀行）450,000円
	支払利息（B銀行）　50,000円

貸方	普通預金　　　　500,000円
	摘要例：B銀行借入返済

返済期間が1年超の借入金は**長期借入金**で処理します。毎月の返済について、銀行などから届く返済予定表を確認しながら、元金の返済分と利息の支払いを分けて、複合仕訳で入力します。また、借入金が複数ある場合、補助科目を作成した方が管理しやすいです。

例 信用保証料の処理

❶ 銀行から融資を受ける際に、保証協会に5年分の保証料40万円を普通預金口座より支払い、いったん全額を前払い処理した。

借方	長期前払費用　　400,000円

貸方	普通預金　　　　400,000円
	摘要例：信用保証料支払い（5年分）

❷ 決算にあたり、❶のうち当期の期間に対応する分4万円を支払利息に振り替えた。

借方	支払利息　　　　40,000円

貸方	長期前払費用　　40,000円
	摘要例：当期対応分の保証料振替

一般的に保証料は借入時に一括で支払います。保証料は借入の期間に対応するものなので、借入の返済期日が到来していない部分については費用にできず、いったん資産（前払費用）に計上することになります。返済期間が決算日から1年超の場合、**長期前払費用**で処理します❶。

長期前払費用として資産計上した保証料のうち、すでに経過した期間に対応する分を支払利息に振り替えます❷。毎月の収支を正確に計算したいならば、❶の保証料の支払い時に、期間に応じて支払利息と長期前払費用に分けて計上します。

受取配当金

対象 法人
消費税区分 対象外

損益計算書

費用	売上原価		収益	売上高
	販管費			営業外収益
	営業外費用			特別利益
	特別損失			
	税金他			

> **どんな科目か** 株式会社から受け取る配当金や投資信託の収益の分配などを処理する科目です。商品の販売やサービスの提供などの営業活動によって直接的に得た収入ではないので、**営業外収益**に計上します。個人事業主の場合、事業用口座に配当金が入金されても、事業所得ではなく配当所得になり、受取配当金として処理せず、**事業主借**で計上して、事業の収支に関連させないようにします。

> **摘要** 配当金受取、株式配当金、中間配当金、出資配当金、有価証券配当金、特別分配金、投資信託収益分配金、剰余金分配金など

⋀ 増加する取引

上場会社の株式配当金や、出資配当金などを受け取った場合、受取配当金で処理します。受取配当金は収益なので、貸方に記帳します。

法人の普通預金口座に、上場会社の株式配当金1万円（税金控除後）が入金された。

借方	普通預金	10,000 円
	法人税等	1,808 円

貸方	受取配当金	11,808 円

摘要例：株式配当金受取

⋁ 減少する取引

減少する仕訳は原則ありません。ただし、他の勘定科目で処理すべきだったものを受取配当金で記帳していた場合、減少する仕訳で処理します。

受取利息500円を誤って受取配当金で処理していたので、決算整理で修正した。

借方	受取配当金	500 円

貸方	受取利息	500 円

摘要例：科目修正

仕訳例

例 非上場株式の配当（法人）

非上場会社の株式にて、配当金 2 万円（税金控除後）が普通預金口座に入金された。

| 借方 普通預金 | 20,000 円 |
| 法人税等 | 5,131 円 |

貸方 受取配当金	25,131 円
	摘要例：配当金受取（非上場株式）

受取配当金 25,131 円（≒ 20,000 ÷ 79.58%）を計上し、入金額 20,000 円との差額を**法人税等**（租税公課ないし**仮払税金**）で計上します。

> **ポイント**
>
> ### 配当金の税金
>
> 上場株式などの配当金が口座に振り込まれた場合、すでに国税 15.315%、地方税 5 %が源泉徴収されています（法人の場合は、国税 15.315% のみ）。利息の受取時には、天引きされている税金を計算し、税引前の金額を受取配当金で計上し、税金は法人税等または租税公課、仮払税金といった勘定科目で計上します。例えば、法人の口座に上場会社の株式配当金 1 万円が入金された場合、受取配当金で計上する金額は、「入金額 1 万円 ÷ 84.685% = 11,808 円」になり、1,808 円は法人税等の科目で借方に記上します。非上場株式の配当を受け取る際には、国税 20.42% が源泉徴収されます。受取配当金として計上するのは、税金が源泉徴収される前の金額（入金額 ÷ 79.58%）になります。
>
> また信用金庫などから出資配当金を受け取る際も、国税 20.42% が源泉徴収されて入金されます。

例 非上場株式の配当（個人事業者）

非上場会社の株式にて、配当金 2 万円（税金控除後）が事業用の普通預金口座に入金された。

借方 普通預金	20,000 円

貸方 事業主借	20,000 円
	摘要例：配当金受取（非上場株式）

個人事業主の場合、受取配当金は配当所得になり、事業上の収益にはならないので、**事業主借**で処理します。配当所得は、原則として総合課税の対象になる所得で、確定申告が必要になりますが、確定申告不要制度を選択できるものもあります。

有価証券
売却益（損）

対象 法人
消費税区分 対象外
※売却金額の5％を非課税売上とする

損益計算書

費用	売上原価
	販管費
	営業外費用
	特別損失
	税金他

収益	売上高
	営業外収益
	特別利益

> **どんな科目か**　売買目的で保有していた有価証券を売却したことで得られる利益、または損失のことです。有価証券を売却した際に、売却金額が取得価額を上回っている場合、差額を有価証券売却益で処理し、逆に下回った場合は、差額を有価証券売却損で処理します。計上する時期は、原則として約定日（取引日）であり、有価証券の引渡日ではありません。

> **摘要**　有価証券の売却、株式の売却、国債の売却、投資信託の売却、有価証券売却益（損）、株式売却益（損）、国債売却益（損）など

⊗ 増加する取引（有価証券売却益）

有価証券を売却した際、「売却金額＞取得価額」の場合に出る売却益を計上します。

法人保有の有価証券50万円を53万円で売却し、代金が普通預金口座に入金された。

借方 普通預金	530,000円

貸方 有価証券	500,000円
有価証券売却益	30,000円

摘要例：有価証券の売却

⊗ 増加する取引（有価証券売却損）

有価証券を売却した際、「売却金額＜取得価額」の場合に出る売却損を計上します。

法人保有の有価証券50万円を45万円で売却し、代金が普通預金口座に入金された。

借方 普通預金	450,000円
有価証券売却損	50,000円

貸方 有価証券	500,000円

摘要例：有価証券の売却

仕訳例

例 有価証券の売買

❶ 株価 500 円の株式を 1,000 株購入し、証券会社の購入手数料 5,000 円とともに普通預金口座から振り込んだ。

借方 有価証券	505,000 円	貸方 普通預金	505,000 円
			摘要例：株式購入

❷ ❶の株式を 58 万円で売却し、売却手数料 1 万円が差し引かれ、代金が普通預金口座に入金された。

借方 普通預金	570,000 円	貸方 有価証券	505,000 円
支払手数料	10,000 円	有価証券売却益	75,000 円
			摘要例：株式の売却

❸ ❶の株式を 45 万円で売却し、売却手数料 8,000 円が差し引かれ、代金が普通預金口座に入金された。

借方 普通預金	442,000 円	貸方 有価証券	505,000 円
支払手数料	8,000 円		
有価証券売却損	55,000 円		
			摘要例：株式の売却

有価証券を購入する際に支払う手数料は、有価証券の購入価額に含めます。支払手数料などの費用で計上することはできません。消費税について、有価証券の取引自体は非課税ですが、購入手数料は課税取引になります❶。有価証券を売却する際に支払う手数料は、**支払手数料**で処理します❷。「売却価額＜取得価額（帳簿価額）」なので、差額は有価証券売却損になります❸。

ポイント
消費税の扱い

消費税についてですが、有価証券の売却金額は非課税になります（売却金額の 5 ％が非課税）。有価証券売却益 (損) 自体は、消費税は対象外で処理します。ただし、会計ソフトを使用する場合は、通常、有価証券の売却について専門の消費税コードが設定されているので、そちらを使用します。

雑収入

対象 個人・法人
消費税区分 課税・非課税・対象外

損益計算書

費用	売上原価	収益	売上高
	販管費		営業外収益
	営業外費用		
	特別損失		特別利益
	税金他		

どんな科目か 本業以外の取引から生じる収益で、発生頻度が低いものや、少額かつ重要性の乏しいものを処理する勘定科目です。雑収入は、法人や個人事業者によって多種多様ですが、個人事業主が受け取る税金の還付加算金は、雑収入として事業所得に含めず、雑所得になります。また、消費税区分は取引の内容によって異なり、例えば自販機手数料や廃材の売却代金は課税、社宅家賃の受取は非課税、現金過不足や保険金収入、税金の還付加算金などは対象外になります。

> **摘要** 現金過不足、保険金受取、受取地代、駐車場収入、還付金、還付加算金、補助金受取、祝儀、アフィリエイト収入、損害賠償金など

⋀ 増加する取引

通常の営業活動以外の取引で収入を得た場合、雑収入で処理し、貸方に記帳します。

移転祝いに取引先から現金5万円を受け取った（祝い金の消費税区分は対象外）。

借方 現金	50,000 円	**貸方** 雑収入	50,000 円
			摘要例：移転祝い金受取

⋁ 減少する取引

減少する取引は原則ありません。ただし、他の科目で処理すべきものを雑収入で仕訳していた場合、減少させる処理を行うため、借方に記帳します。

貸付金利息5万円が事業用の普通預金口座に振り込まれ、雑収入で処理したが、知人への個人的な貸付金に対する利息であることがわかった。

借方 雑収入	50,000 円	**貸方** 事業主借	50,000 円
			摘要例：科目振替

仕訳例

例 作業くずの売却代金

加工作業で発生した廃材を売却し、代金2万円を現金で受け取った。

借方 現金	20,000 円

貸方 雑収入	20,000 円
	摘要例：廃材売却代金

例 養老保険の満期処理

養老保険の満期保険金100万円が普通預金口座に入金された。この保険について保険積立金80万円を計上している。

借方 普通預金	1,000,000 円

貸方 保険積立金	800,000 円
雑収入	200,000 円
	摘要例：養老保険満期受取

契約内容によって、養老保険の支払保険料は**保険積立金**として資産計上していくことになります。満期保険金を受け取った際には、計上している保険積立金を全額取り崩し、満期保険金と保険積立金の差額は、雑収入または雑損失で計上します。この例では、「満期保険金＞保険積立金」なので、差額は雑収入になります。

例 現金過不足

❶ 手元にある現金を確認したところ、帳簿上の現金残高よりも2,000円多かった。

借方 現金	2,000 円

貸方 現金過不足	2,000 円
	摘要例：現金超過分処理

❷ ❶の現金過不足の原因がわからないまま、決算を迎えた（決算整理）。

借方 現金過不足	2,000 円

貸方 雑収入	2,000 円
	摘要例：現金過不足振替

期中、現金有高の不一致が判明した際には**現金過不足**で処理します❶。現金過不足が貸方に残ったまま決算を迎えた場合は、雑収入に振り替えます❷。

雑損失

対象 個人・法人
消費税区分 対象外

損益計算書

費用	売上原価
	販管費
	営業外費用
	特別損失
	税金他

収益	売上高
	営業外収益
	特別利益

どんな科目か 本業以外の取引から生じる費用で、発生頻度が低いものや、少額かつ重要性の乏しいものを処理する勘定科目です。類似科目として雑費があります。雑費は、本業の売上を上げるためにかかった費用のうち、普段あまり発生しない臨時的な支払いや、金額が小さく重要性が乏しいものを処理するために使用します。よって本業の取引から生じた費用であるのかを確認し、雑損失と雑費のどちらの科目で処理すべきかを判断します。

摘要 現金過不足、弁償費用、違約金の支払い、過料の支払い、損害賠償金の支払い、駐車違反罰金の支払い、交通反則金の支払いなど

⩘ 増加する取引

通常の営業活動以外の取引で費用を負担した場合、雑損失で処理し、借方に記帳します。

リース契約を契約期間前に解除し、違約金10万円を普通預金口座から振り込んだ。

借方 雑損失	100,000 円	貸方 普通預金	100,000 円
			摘要例：リース契約解約違約金

⩗ 減少する取引

減少する取引は原則ありません。ただし、他の科目で処理すべきものを雑損失で記帳していた場合、減少させる処理を行うために、貸方に記帳します。

従業員の駐車違反反則金1万円を雑損失で処理していたが、業務以外の外出にかかわるものであることがわかり、給与手当に振り替えた。

借方 給与手当	10,000 円	貸方 雑損失	10,000 円
			摘要例：科目修正

仕訳例

例 廃材処分代の支払い

廃材の処分を産業廃棄物業者に依頼し、処分代5万円を現金で支払った。

借方 雑損失	50,000円	貸方 現金	50,000円
			摘要例：廃材処分代

例 盗難による損失

事務所で盗難被害にあい、金庫から現金10万円が盗まれた。

借方 雑損失	100,000円	貸方 現金	100,000円
			摘要例：盗難損失

盗難により現金を失った場合、雑損失で処理するためには盗難の事実を証明する書類が必要になります。警察へ被害届を提出し、控えを保管しておきましょう。

例 損害賠償金の支払い

社員が業務上の事故を起こし、被害者に損害賠償金5万円を現金で支払った。

借方 雑損失	50,000円	貸方 現金	50,000円
			摘要例：損害賠償金の支払い

例 弁償費用の支払い

お客様の持ち物に傷を付けてしまい、弁償費用として3万円を現金で支払った。

借方 雑損失	30,000円	貸方 現金	30,000円
			摘要例：弁償金の支払い

例 現金過不足

決算時、現金過不足で計上していた現金有高誤差1,000円を雑損失に振り替えた。

借方 雑損失	1,000円	貸方 現金過不足	1,000円
			摘要例：現金不足分振替

固定資産売却益

対象 法人
消費税区分 課税・非課税

損益計算書

費用	売上原価	収益	売上高
	販管費		営業外収益
	営業外費用		
	特別損失		特別利益
	税金他		

> **どんな科目か**
> 会社が保有する固定資産を売却した際に、得られる利益です。売却価額が帳簿価額を上回る場合、その差額を固定資産売却益で計上します。原則、土地は購入した金額が帳簿価額になりますが、建物や自動車などは取得価額から売却時までの減価償却費の合計（減価償却累計額）を除いた金額が帳簿価額になります。個人事業主の場合、売却益は譲渡所得として扱うので事業所得の計算には含めず、固定資産を売却し、売却益が出た際は事業主借で計上します。

> **摘要**
> 土地売却益、建物売却益、建物付属設備売却益、構築物売却益、機械売却益、車両売却益、工具売却益、借地権売却益、機械下取益など

⩘ 増加する取引

売却した固定資産の簿価を貸方に記帳すると同時に、売却代金を借方に記帳します。そして、その差額を固定資産売却益で貸方に記帳します。

法人保有の土地 2,000 万円を 2,500 万円で売却し代金が普通預金口座に入金された。

借方 普通預金	25,000,000 円	貸方 土地	20,000,000 円
		固定資産売却益	5,000,000 円

摘要例：土地売却益

⩘ 減少する取引

減少する取引は原則ありません。科目の修正が必要の際に減少させることもあります。

仕訳なし

268

仕訳例

例 建物（間接法）の売却（法人）

帳簿価額（取得価額 3,000 万円、減価償却累計額 2,500 万円）の建物を 1,500 万円で売却し、代金は小切手で受け取った。当社は間接法を採用している。

借方	現金	15,000,000 円	貸方	建物	30,000,000 円
	減価償却累計額	25,000,000 円		固定資産売却益	10,000,000 円

摘要例：建物売却益

固定資産の帳簿価額の記帳方法には、**直接法**と**間接法**があります。固定資産を減価償却する際に、**減価償却累計額**勘定を使用して、間接的に控除するのが間接法です。間接法では、売却時において建物の取得価額を貸方に記帳し、計上してきた減価償却累計額を借方に計上します。

例 建物（直接法）の売却（法人）

帳簿価額（取得価額 3,000 万円、減価償却累計額 2,500 万円）の建物を 1,500 万円で売却し、代金は小切手で受け取った。当社は直接法を採用している。

借方	現金	15,000,000 円	貸方	建物	5,000,000 円
				固定資産売却益	10,000,000 円

摘要例：建物売却益

直接法の場合は、減価償却費を直接建物から控除していくので、売却時の建物勘定は 500 万円になります。建物は貸方に計上し、「現金（売却価額）＞建物（帳簿価額）」の場合は、差額を固定資産売却益の科目で貸方に計上します。

例 建物（間接法）の売却（個人）

帳簿価額（取得価額 3,000 万円、減価償却累計額 2,500 万円）の建物を 1,500 万円で売却し、代金は小切手で受け取った。間接法を採用している。

借方	現金	15,000,000 円	貸方	建物	30,000,000 円
	減価償却累計額	25,000,000 円		事業主借	10,000,000 円

摘要例：建物売却益

11

特別利益・損失

間接法を採用している個人事業主が事業で使用していた建物を売却した場合、法人と同様に帳簿に計上されている建物を貸方に記帳し、計上してきた減価償却累計額を借方に記帳することで、帳簿から建物を除去します。

売却益が出る際には、固定資産売却益でなく**事業主借**で計上し、事業上の利益にしないように処理します。そして、確定申告では**譲渡所得**として計算を行います。

例 建物（直接法）の売却（個人）

帳簿価額（取得価額 3,000 万円、減価償却累計額 2,500 万円）の建物を 1,500 万円で売却し、代金は小切手で受け取った。直接法を採用している。

借方	現金	15,000,000 円	貸方	建物	5,000,000 円
				事業主借	10,000,000 円

摘要例：建物の売却

直接法を採用している個人事業主の場合、法人と同様に減価償却費を直接建物から控除していきます。「現金（売却価額）＞建物（帳簿価額）」の場合は、差額を固定資産売却益でなく、**事業主借**で計上し、事業上の利益にしないよう処理します。そして、確定申告では譲渡所得として計算を行います。

ポイント
固定資産の売却と消費税

固定資産を売却した際の消費税ですが、売却益に対してかかるのではなく、譲渡対価（売った代金）に対してかかります。よって、固定資産を売却して損失が出た場合でも消費税はかかるので、注意が必要です。なお、土地の譲渡は、非課税取引に該当し、消費税はかかりません。

例 車両の買い替え（間接法）

法人保有の車両（取得価額 350 万円、減価償却累計額 300 万円）を 100 万円で売却し 500 万円の新車を購入した。差額 400 万円は普通預金口座より振り込んだ。

借方	減価償却累計額	3,000,000 円	貸方	車両運搬具	3,500,000 円
	車両運搬具	5,000,000 円		固定資産売却益	500,000 円
				普通預金	4,000,000 円

摘要例：営業車の買い替え

車両の帳簿価額 50 万円 (取得価額 350 万円－減価償却累計額 300 万円)＜下取価額 100 万円のため、差額の 50 万円を固定資産売却益で記帳します。新車の購入価額 500 万円から下取額 100 万円を差し引いた 400 万円を支払います。

例 備品の売却（直接法）

法人で使用していた帳簿価額 15 万円 (取得価額 60 万円、減価償却累計額 45 万円) の冷蔵ケースを 20 万円売却し、代金は普通預金口座に入金された。

借方 普通預金	200,000 円

貸方 工具器具備品	150,000 円
固定資産売却益	50,000 円

摘要例：冷蔵ケースの売却

直接法の場合、減価償却累計額は使用せず、工具器具備品勘定から直接減価償却費を控除しています。よって、売却時は、帳簿に計上されている工具器具備品を貸方に記帳し、売却代金との差額を固定資産売却益で計上します。

> **ポイント**
> ### 固定資産売却益の計上時期【法人】
> 固定資産を売却した際、売却益を計上する時期は、原則として固定資産を相手に引き渡した日になります。例外として、固定資産が土地や建物の場合は、売買契約の締結日など、契約の効力発生の日に売却益を計上してもよいことになっています。
> ちなみに、所有移転登記が完了した日は売却益を計上する候補日になりません。登記は、第三者に対して対抗要件を獲得するための行為であり、契約の効力発生要件には含まれないためです。

11

特別利益・損失

固定資産売却損

対象 法人
消費税区分 課税・非課税

損益計算書

どんな科目か　会社保有の固定資産を売却する際、売却価額が帳簿価額を下回る際の差額を処理します。固定資産売却損は通常の営業取引以外で生じる損失であり、一般的に**特別損失**に計上します。土地は購入した際の価額が帳簿価額ですが、土地以外の固定資産は取得価額から売却時までの減価償却費の合計（＝減価償却累計額）を引いた金額が帳簿価額になります。個人事業主における固定資産の売却は譲渡所得で取り扱い、固定資産を売却し、売却損が出た際は**事業主貸**で計上します。

摘要　土地売却損、建物売却損、建物付属設備売却損、構築物売却損、機械売却損、車両売却損、備品売却損、借地権売却損、機械下取損など

増加する取引

売却した固定資産の簿価を貸方に記帳すると同時に、売却代金を借方に記帳します。そして、その差額を固定資産売却損で借方に記帳します。

法人保有の土地 2,000 万円を 1,500 万円で売却し、代金が普通預金口座に入金された。

借方	普通預金	15,000,000 円	貸方	土地	20,000,000 円
	固定資産売却損	5,000,000 円			

摘要例：土地売却損

減少する取引

減少する取引は原則ありません。科目の修正が必要の際に減少させることもあります。

仕訳なし

仕訳例

例 機械（間接法）の売却（法人）

帳簿価額（取得価額 1,000 万円、減価償却累計額 800 万円）の機械を 50 万円で下取りに出し、代金は小切手で受け取った。当社は間接法を採用している。

借方	現金	500,000 円
	減価償却累計額	8,000,000 円
	固定資産売却損	1,500,000 円

貸方	機械装置	10,000,000 円
		摘要例：機械下取り

間接法では、売却時において建物の取得価額を貸方に記帳し、計上してきた**減価償却累計額**を借方に計上します。

例 機械（直接法）の売却（法人）

帳簿価額（取得価額 1,000 万円、減価償却累計額 800 万円）の機械を 50 万円で下取りに出し、代金は小切手で受け取った。当社は直接法を採用している。

| 借方 | 現金 | 500,000 円 |
| | 固定資産売却損 | 1,500,000 円 |

貸方	機械装置	2,000,000 円
		摘要例：機械下取り

直接法の場合は減価償却累計額を使用せず、機械装置勘定から直接減価償却費を控除します。よって、売却時は、帳簿に計上されている機械装置を貸方に記帳し、売却代金との差額を固定資産売却損で計上します。

例 機械の売却（個人）

取得価額 1,000 万円で減価償却累計額 800 万円の機械を 50 万円で下取りに出し、代金は現金で受け取った。

借方	現金	500,000 円
	減価償却累計額	8,000,000 円
	事業主貸	1,500,000 円

貸方	機械装置	10,000,000 円
		摘要例：機械下取り

個人事業の場合も、帳簿に計上されている機械装置を貸方に記帳します。売却代金との差額は固定資産売却損ではなく**事業主貸**で計上し、事業上の損失にしないように処理します。そして、確定申告では**譲渡所得**として計算します。

固定資産除却損

対象 法人・個人
消費税区分 対象外

損益計算書

費用	売上原価
	販管費
	営業外費用
	特別損失
	税金他

収益	売上高
	営業外収益
	特別利益

> **どんな科目か** 機械などの固定資産を廃棄処分する場合、廃棄の際に発生する損失額を処理します。廃棄時点の固定資産の帳簿価額と廃棄のための費用の合計額を計上します。長期保有が前提の固定資産の除却損失は、臨時的な費用と考えられるため、**特別損失**として計上します。建物、自動車などの帳簿価額は、取得価額から売却時までの減価償却費の合計（＝減価償却累計額）を差し引いた金額です。

> **摘要** 建物売却損、構築物除却損、機械除却損、車両除却損、工具除却損、器具除却損、備品除却損、廃棄、取り壊し、滅失など

⩘ 増加する取引

固定資産の廃棄処分やスクラップ化などで除却した場合、固定資産の帳簿価額と除却するためにかかった費用の合計額を固定資産除却損で計上します。

パソコン（取得価額 40 万円、減価償却累計額 30 万円）を廃棄処分した。

借方 減価償却累計額	300,000 円	**貸方** 工具器具備品	400,000 円
固定資産除却損	100,000 円		
			摘要例：パソコンを廃棄処分

⩗ 減少する取引

原則、減少する取引はありません。除却処理をしたが、廃棄されていなかったことが判明して、計上した固定資産除却損を貸方に記帳することで、ゼロにします。

仕訳なし

仕訳例

例 固定資産の廃棄

工具（取得価額50万円、減価償却累計額45万円）を廃棄した。直接法を採用している。

借方	固定資産除却損	50,000 円

貸方	工具器具備品	50,000 円

摘要例：工具の廃棄処分

　直接法の場合、減価償却費を直接工具器具備品から控除していくので、廃棄時点で工具器具備品勘定は5万円です。

例 除却時に費用がかかる場合（建物の取り壊し）

資材倉庫（取得価額800万円、減価償却累計額730万円）が老朽化したため、取り壊した。取り壊し費用50万円を現金で業者に支払った。間接法を採用している。

借方	減価償却累計額	7,300,000 円
	固定資産除却損	1,200,000 円

貸方	建物	8,000,000 円
	現金	500,000 円

摘要例：資材倉庫の取り壊し

　建物の取り壊し費用が掛かった場合、建物の帳簿価額「800万円−730万円＝70万円」と取り壊し費用50万円の合計額120万円を固定資産除却損で計上します。

ポイント

税法上の固定資産除却の取り扱い〜有姿除却について〜

使用しなくなった固定資産を廃棄処分したくても、多額の処分費用がかかってしまうので放置せざるを得ないことがあります。税法上、決算時にそのような固定資産を損金計上する方法があり、これを有姿除却といいます。固定資産を除去していない場合でも、その固定資産の帳簿価額から処分見込価額を控除した金額を固定資産除却損として損金の額に算入することができます。この有姿除却ができるのは、次の場合です。

・その使用を廃止し、今後通常の方法により事業の用に供する可能性がないと認められる固定資産
・特定の製品の生産のために専用されていた金型などで、その製品の生産を中止したことにより将来使用される可能性のほとんどないことがその後の状況などからみて明らかなもの

貸倒引当金戻入益

対象 法人・個人
消費税区分 対象外

損益計算書

費用	売上原価		収益	売上高
	販管費			営業外収益
	営業外費用			特別利益
	特別損失			
	税金他			

> **どんな科目か** 取引先の倒産などによって、売掛金や貸付金などの金銭債権が回収できなくなる場合に備えて、取立不能となる金額をあらかじめ見積り、計上しておくものを貸倒引当金といいます。貸倒引当金戻入益は、決算の際に前期の貸倒引当金残高がある場合、収益として戻し入れる(取り崩す)ために使用します。
>
> **摘要**
>
> 貸倒引当金の戻入、前期貸倒引当金戻入、貸倒引当金の洗替など

≫ 増加する取引

決算にあたり、貸倒引当金の設定に際して、前期の貸倒引当金の残高がある場合に、全額または一部の金額を戻し入れるために計上します。

決算に際し、前期末に計上した貸倒引当金5万円を全額取り崩した。

借方 貸倒引当金	50,000 円	貸方 **貸倒引当金戻入益** 50,000 円
		摘要例：貸倒引当金の戻入

≫ 減少する取引

貸倒引当金繰入額が減少する取引は、基本的にありません。

仕訳なし

仕訳例

例 貸倒引当金の設定・取り崩し

❶ 決算に際し、売掛金 100 万円に対して、法定繰入率 1.0％での貸倒引当金を計上した。

借方 貸倒引当金繰入額 10,000 円	貸方 貸倒引当金 10,000 円
	摘要：貸倒引当金計上

❷ 翌期末において、❶を全額取り崩した。

借方 貸倒引当金 10,000 円	貸方 貸倒引当金戻入益 10,000 円
	摘要：貸倒引当金取り崩し

ポイント

貸倒引当金の計算方法

税法上、貸倒引当金の損金算入が認められているのは、基本的には資本金が 1 億円以下の中小法人のみで、金融機関などを除いて、規模の大きな法人には認められていません。貸倒引当金の計算方法は、一括評価と個別評価に分けられます。個別評価をしないといけないものは、回収不能になる可能性がかなり高いもので、一括評価できるものはそれ以外です。

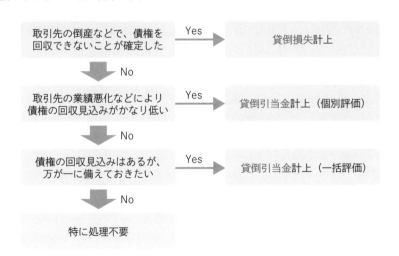

一括評価での貸倒引当金の計上する場合、受取手形、売掛金、貸付金などの金銭債権を合計して、過去3年間の貸倒損失発生額にもとづく実績繰入率を乗じて計算します。ただし、資本金1億円以下の中小法人は、一部を除いて法定繰入率を使用して貸倒引当金繰入額を計算することが認められています（個別評価の対象になる金銭債権は除きます）。青色申告の個人事業主（事業所得）も法定繰入率を使用した貸倒引当金の計上が認められています。

> 繰入限度額　＝　期末における金銭債権の金額　×　法定繰入率

法定繰入率は、業種によって次の通りに決まっています。

法人					個人事業主（青色申告者）	
卸・小売業	製造業	金融保険業	割賦小売業	その他事業	金融業	その他
1.0%	0.8%	0.3%	1.3%	0.6%	3.3%	5.5%

例 貸倒引当金の計上（洗替法）

今期末の売掛金に対して、貸倒引当金10万円を計上する。前期末には、貸倒引当金を15万円計上していた。

借方	貸倒引当金	150,000円
	貸倒引当金繰入額	100,000円

貸方	貸倒引当金戻入益	150,000円
	貸倒引当金	100,000円

摘要例：貸倒引当金計上

　洗替法を採用する場合、前期末に計上した貸倒引当金を全額戻し入れて、新たに今期決算時に計算した貸倒引当金を繰り入れます。前期に計上した貸倒引当金15万円を貸倒引当金戻入益に振り替えていったんゼロにし、新たに今期分の10万円を計上します。その際に、借方は**貸倒引当金繰入額**の科目で記帳します。

例 貸倒引当金の計上（差額補充法）

今期末の売掛金に対して、貸倒引当金10万円を計上する。前期末には、貸倒引当金を15万円計上していた。

借方	貸倒引当金	50,000円

貸方	貸倒引当金戻入益	50,000円

摘要例：貸倒引当金計上

　「前期計上額＞当期計上額」の場合、当期の貸倒引当金が10万円になるように調整します。よって、「前期計上額15万円－当期計上額10万円＝5万円」を貸倒引

当金戻入益で計上し、貸倒引当金を借方に記帳します。

例 貸倒引当金の計上（差額補充法）

今期末の売掛金に対して、貸倒引当金を 10 万円計上する。前期末には、貸倒引当金を 7 万円計上していた。

借方 貸倒引当金繰入額 30,000 円	貸方 貸倒引当金 30,000 円
	摘要例：貸倒引当金計上

「前期計上分 7 万円＜今期計上分 10 万円」なので、差額 3 万円を補充します。差額補充分は**貸倒引当金繰入額**で計上します。

ポイント
洗替法と差額補充法

前期の決算時に計上した貸倒引当金が残っているときには、洗替法と差額補充法のいずれかの方法で会計処理を行います。洗替法は、前期に計上した貸倒引当金を貸倒引当金戻入益で全額戻し入れて、新たに今期末計上する分を貸倒引当金繰入額で計上します。差額補充法は、前期末に計上した分と、今期末に計上する分の差額を補充する方法です。前期計上額よりも今期計上額が多い場合、差額を貸倒引当金繰入額の科目で計上します。前期計上額の方が今期計上額よりも多い場合は、差額を貸倒引当金戻入益の科目で戻し入れます。

例 前期以前に貸倒処理した債権が回収できた場合

前期に貸倒損失として処理した債権について、残余財産として 2 万円が普通預金に入金された。

借方 普通預金 20,000 円	貸方 償却債権取立益 20,000 円
	摘要例：残余財産分配金受取

前期以前に貸倒処理した債権が回収できた場合、回収できた金額は**償却債権取立益**で特別利益に計上します。

法人税等

対象 法人
消費税区分 対象外

損益計算書

費用		収益	
	売上原価		売上高
	販管費		営業外収益
	営業外費用		特別利益
	特別損失		
	税金他		

どんな科目か 法人が決算作業を行い、確定した法人税、住民税（道府県民税・市町村民税）、事業税（所得割）を処理する科目です。事業年度ごとに利益を計算し、事業年度の終了日の翌日から２か月以内に確定申告と納税を行います。申告の際に、課税所得を基準に納めるべき税金を計算し、その合計額を法人税等で計上します。**法人税住民税及び事業税**という科目を使うこともあります。

摘要
法人税等の計上、法人税等の未納付税額、確定納付額、法人税、住民税、事業税、中間納付額還付など

増加する取引

法人税等は借方に記帳し、法人税、住民税、事業税をまとめて１つの仕訳で計上します。決算時点では納付していないので、貸方の科目は**未払法人税等**になります。

決算に際し、計算された法人税・住民税・事業税の合計額 50 万円を未払計上した。

借方		貸方	
法人税等	500,000 円	未払法人税等	500,000 円
			摘要例：法人税等の未納付税額計上

減少する取引

中間決算を行い、半期で納めるべき法人税等を支払うことがあります。本決算の際、中間決算で納めた税金が還付される場合、法人税等を減らす処理を行います。

中間申告を行い、法人税等を 30 万円納付した。その後業績が落ち込んだ影響で、決算時に納めるべき税金が 20 万円となり、差額の 10 万円が普通預金口座に還付された。

借方		貸方	
普通預金	100,000 円	法人税等	100,000 円
			摘要例：中間納付額還付

仕訳例

例 中間・予定納付がない場合

決算時、当期の法人税などの合計額47万円を未払計上した（決算時）。

借方 法人税等	470,000円		貸方 未払法人税等	470,000円
				摘要例：法人税等の計上

法人税等の納付期限は事業年度終了日から2か月以内です。よって、貸方の**未払法人税等**は、1年以内に支払期限が到来するので、**流動負債**に計上します。

例 中間・予定納付がある場合

❶ 前期決算から半年が経過し、税務署等から届いた納付書により、前期の納税額の半分である30万円を現金で予定納税した（中間・予定納付時）。

借方 仮払法人税等	300,000円		貸方 現金	300,000円
				摘要例：予定納付額支払い

❷ 決算を行い、当期の法人税の納付額は70万円になった（決算時）。

借方 法人税等	700,000円		貸方 仮払法人税等	300,000円
			未払法人税等	400,000円
				摘要例：法人税等の計上

中間決算を行い、法人税等を半期で納める場合、事業年度開始日から6か月を経過した日から2か月以内（つまり8か月以内）に、中間申告を行い、税金を納めます。中間申告の方法には、前期に納付した法人税等の半額を納める**予定申告方式**と、当期の事業年度開始日から6か月間を一課税期間とみなして仮決算を行い、納税額を計算する**仮決算方式**があり、法人が選択することができます。一般的には予定申告方式を選択している法人が多いですが、仮決算方式を選択することでいったん納める税金が少なくなる場合は、法人の経営状態を見ながら仮決算方式を選択した方がよいです。

また、前事業年度が赤字だったり、納付した確定法人税額が20万円以下だったりする法人は、中間申告をしなくてもよいことになっており、納付も不要です。中間申告を行い予定納付を行っている場合、借方に計上していた仮払法人税等を貸方に記帳してゼロにし、法人税等と仮払法人税等の差額を決算時に納めるべき税金として、**未払法人税等**で記帳します❷。

事業主貸

対象 個人
消費税区分 対象外

損益計算書

費用	売上原価	収益	売上高	
	販管費		営業外収益	
	営業外費用			
	特別損失		特別利益	
	税金他			

> **どんな科目か** 個人事業主が、事業用の資金を事業以外の私的な目的で使用した場合、支払った金額を処理する科目です。また、決算の際に、期中に計上してきた経費のうち、家事費に該当する割合を差し引くときにも使います。確定申告の際に提出する決算書では、事業主貸は資産の部の一番下に印字されています。
>
> **摘要** 生活費の支払い分、個人所得税の支払い、国民健康保険料の支払い、家事消費光熱費（家事割合分）、地代家賃（家事割合分）など

≫ 増加する取引

事業主貸が増える場合、借方に記帳します。例えば費用のうち、事業で使っている割合分はそれぞれの経費科目で計上し、家事割合分は事業主貸で処理します。

事業用の普通預金口座から、個人的な書籍代 5,000 円を振り込んだ。

借方 事業主貸	5,000 円	貸方 普通預金	5,000 円
			摘要例：個人的支払い分

≫ 減少する取引

決算時に、期中に計上してきた事業主貸と事業主借を相殺します。借方に事業主借、貸方に事業主貸を記帳し、差額は元入金にします。元入金は、法人における資本金で、個人事業者の元手と事業で獲得した利益の合計額です。

決算に際し、事業主貸 100 万円と事業主借 80 万円を相殺した。

借方 事業主借	800,000 円	貸方 事業主貸	1,000,000 円
元入金	200,000 円		
			摘要例：事業主借と相殺

仕訳例

例 税金の支払い

事業主の個人所得税 30 万円が、事業用の普通預金口座から引き落とされた。

借方 事業主貸	300,000 円

貸方 普通預金	300,000 円
	摘要例：個人所得税の支払い

　個人事業主の税金や保険の支払いの中には、経費になるものとならないものがあります。経費になるものは、租税公課などの経費科目で記帳し、経費にならないものは事業主貸で記帳します。経費になるものの例としては、事業税や消費税、事業割合分の固定資産税・自動車税・印紙税・火災保険料・自動車保険料などが挙げられます。逆に経費にならないものは、所得税、住民税、国民年金保険料、国民健康保険料、生命保険料、延滞税、駐車違反、罰金、加算税などです。

例 事業分と家事費分の按分

自宅兼事務所の電気代1万円が事業用の普通預金口座から引き落とされた。自宅のうち事務所として使用している割合は 30%である。

借方 水道光熱費	3,000 円
事業主貸	7,000 円

貸方 普通預金	10,000 円
	摘要：電気代支払（事業割合 30％）

　毎月の取引の際に、事業で使用している割合のみを水道光熱費に計上します。差額は家事費として事業主貸で記帳します。決算時にまとめて振り替えてもよく、その方が経理処理が容易ですが、毎月の収支を正しく計算できないデメリットがあります。

ポイント

事業経費

個人事業主の場合、プライベート用のお金と事業用のお金が混ざってしまいがちですが、事業経費にできるのは、あくまでも事業で使用している分のみです。例えば、次の項目について按分が必要になりますが、その按分方法は内容に応じて異なります。

▼表　案分方法

按分方法	項目例
床面積割合	家賃・駐車場代・固定資産税・火災保険料など
使用割合（使用時間など）	電気代・電話代・ネット代・ガソリン代・自動車関係税など

12

税金他

事業主借

対象 個人
消費税区分 対象外

損益計算書

費用	売上原価	収益	売上高	
	販管費		営業外収益	
	営業外費用			
	特別損失		特別利益	
	税金他			

> **どんな科目か** 個人事業主が、個人的なお金を事業用の口座に入金したり、事業経費を個人名義のクレジットカードで支払ったりする場合などに使用します。個人的な出費を事業用のお金から支払った場合は、事業主貸で処理します。決算時に事業主貸と事業主借を相殺して、差額は元入金に振り替えます。

> **摘要** 事業主からの資金補充、個人カードからの支払い、普通預金利息、有価証券売却金の受取、保険満期金受取、所得税還付金受取など

≪ 増加する取引

事業用の備品の代金を個人名義のクレジットカードから支払った場合などに、貸方に記帳します。また、事業用口座に利息が付いた場合も、事業主借で処理します。

事業用の普通預金口座の資金が不足してきたので、個人のお金を 50 万円入金した。

借方 普通預金	500,000 円	貸方 事業主借	500,000 円
			摘要例：資金補充

≫ 減少する取引

決算時、借方に事業主借、貸方に事業主貸を記帳し、差額は元入金とします。決算時に事業主貸と事業主借を集計し、事業主借が多い場合、元入金を貸方に記帳して残高を増加させます。

決算に際し、事業主貸 100 万円と事業主借 120 万円を相殺した。

借方 事業主借	1,200,000 円	貸方 事業主貸	1,000,000 円
		元入金	200,000 円
			摘要例：事業主貸と相殺

仕訳例

例 消耗品の個人クレジットカード払い

仕事で使うモニター5万円を購入し、個人のプライベート用のカードで支払った。

借方	消耗品費	50,000 円

貸方	事業主借	50,000 円

摘要例：消耗品の個人カード払い

頻繁にクレジットカードで経費などの支払いをする人は、プライベート用のカードと事業用のカードを別にしましょう。毎月の儲けを正確に把握するために、プライベートと事業用で財布や通帳、カードを別に分けることをおすすめします。

例 預金利息の受取

事業用の普通預金口座に利息100円が入金されていた。

借方	普通預金	100 円

貸方	事業主借	100 円

摘要例：預金利息受取

預金利息は事業外の収入になります。預金利息の受取は、**利子所得**になります。なお、入金された利息からはすでに税金が天引きされています。

例 事業主貸との相殺

決算にあたり、事業主貸80万円と事業主借100万円の残高を相殺した。

借方	事業主借	1,000,000 円

貸方	事業主貸	800,000 円
	元入金	200,000 円

摘要：事業主貸と相殺

事業主借の方が多かった場合、プライベートの資金から事業用資金へ移動した金額の方が多かったということなので、元入金が増えます。

ポイント
個人事業主の貸付

個人事業主が事業用の口座にプライベートのお金を入金しても精算する必要はありません。個人事業主が自分にお金を貸すということになり、法律的な債務ではないためです。よって、期中に計上した事業主借は、事業主貸と相殺し、差額が元入金に振り替えられるだけで、事業資金とプライベート資金の間でお金の移動はしません。

元入金

対象 個人
消費税区分 対象外

損益計算書

費用	売上原価
	販管費
	営業外費用
	特別損失
	税金他

収益	売上高
	営業外収益
	特別利益

> **どんな科目か** 個人事業主のみが使う科目で、法人における**資本金**です。個人事業を開業するにあたって準備した元手のことをいいます。開業した年の翌年以降は、事業で得た利益や、事業に投入した金額が足されたり引かれたりするので、基本的に毎年金額が変わります。法人の資本金は、増資などをしない限り金額が変動しないので、法人の決算書の純資産の部（資本金・剰余金）と考えた方がよいかもしれません。期中は、元入金の科目を使うことはありません。

> **摘要** 開業資金の入金、事業開始資金の拠出、期首振替、事業主借から振替、事業主貸と相殺など

≫ 増加する取引

開業の際、元手となる資金を準備した場合、貸方に記帳します。年度末に事業主借を元入金に振り替える際にも、元入金が増えるという処理になります。

開業にあたり、準備した事業資金100万円を事業用の普通預金口座に入金した。

借方 普通預金	1,000,000 円

貸方 元入金	1,000,000 円
	摘要例：事業資金入金

≫ 減少する取引

翌期首（1月1日）に事業主貸が残っている場合、元入金残高と相殺し、事業主貸をゼロにします。事業主貸を元入金と相殺した際に、借方に記帳します。

年度初めに、事業主貸50万円を元入金と相殺した。

借方 元入金	500,000 円

貸方 事業主貸	500,000 円
	摘要例：事業主貸と相殺

仕訳例

例 個人事業開業時の処理

個人事業を開業するにあたり、元手資金を 30 万円準備した。

借方 現金	300,000 円

貸方 元入金	300,000 円
	摘要例：事業資金準備

事業資金を準備した際に、元入金でなく**事業主借**で処理してもよいことになっています。ただ、その場合は、事業スタート時に準備したお金と、期中における追加での入金や決算整理で事業経費を按分で計上した金額などと一緒になってしまいます。開業時の準備資金を明確にしたいときには、元入金を使用しましょう。ただ、どちらの勘定科目を使用しても、翌年度はじめの元入金は同じ金額になります。

例 開業準備時の出費がある場合

3 月 1 日に事業を開始し、開業資金として 150 万円を事業用の普通預金口座に入金した。また、開業日までに広告費や消耗品などで合計 10 万円を出費している。

借方 普通預金	1,500,000 円
開業費	100,000 円

貸方 元入金	1,600,000 円
	摘要例：開業資金入金・開業費計上

個人事業を開業する際、所轄の税務署に開業届を提出します。そこに開業日を記入しますが、開業日より前に準備資金を支出したときには、**開業費**で計上できます。開業前の支出なので当然事業用の資金がないので、現金などで処理することはできません。よって開業日に、これまで支払った準備資金は開業費で計上し、相手勘定は元入金で処理します。

例 期首（年度初め）の処理

期首に、前期から繰り越されてきた事業主借 50 万円を元入金に振り替えた。

借方 事業主借	500,000 円

貸方 元入金	500,000 円
	摘要例：期首振替

期首に事業主借が残っている場合、元入金に振り替えて、**事業主借**をゼロにします。

現金過不足

対象 法人・個人
消費税区分 対象外

損益計算書

費用	売上原価		収益	売上高
	販管費			
	営業外費用			営業外収益
	特別損失			特別利益
	税金他			

どんな科目か 帳簿上の現金残高と実際の現金有高が合わない時に使います。帳簿上の残高と手元にある現金有高は合うはずですが、なんらかの原因でずれてしまうことがあります。ずれが判明した時点で、差額を現金過不足で計上し、帳簿残高を実際の現金有高に合わせます。ずれの原因がわかった際に、正しい仕訳処理を行い、現金過不足をゼロにします。現金過不足は**一時的に処理する仮の科目**なので、期末まで残ってしまった場合、決算整理で**雑損失か雑収入に振り替えます。**

摘要
現金有高不足分、現金有高超過分、雑収入に振替、雑損失に振替など

⨠ 増加する取引

帳簿上の現金残高より現金有高が少なかった場合、差額分の現金残高を帳簿から減らすために、貸方に現金を、借方に現金過不足を、記帳します。

期中に手元にある現金を確認したところ、帳簿上の金額よりも 2,000 円少なかった。

借方 現金過不足	2,000 円	貸方 現金	2,000 円
			摘要：現金有高不足分

⨠ 減少する取引

帳簿上の現金残高より現金有高が多かった場合、差額分の現金残高を帳簿上、増やすために、借方に現金を、貸方に現金過不足を、記帳します。

期中に手元にある現金を確認したところ、帳簿上の金額よりも 3,000 円多かった。

借方 現金	3,000 円	貸方 現金過不足	3,000 円
			摘要例：現金有高超過分

仕訳例

(例) 現金有高不足

❶ 金庫に現金が 29 万円あったが、帳簿上の現金残高を確認すると 30 万円だった。

(借方) 現金過不足	10,000 円

(貸方) 現金	10,000 円
	摘要例：現金有高不足分処理

❷ 消耗品費 4,000 円を現金で支払った際に処理し忘れていたことがわかった。

(借方) 消耗品費	4,000 円

(貸方) 現金過不足	4,000 円
	摘要例：消耗品費の計上漏れ分

❸ ❶の原因を調査してきたが、❷以外に発見できず、期末を迎えた（決算整理）。

(借方) 雑損失	6,000 円

(貸方) 現金過不足	6,000 円
	摘要例：現金不足分を雑損失に振替

実際の現金有高 29 万円よりも帳簿上の現金残高の方が 1 万円多いので、実際の現金有高に合わせるために、帳簿上の現金を 1 万円減らします。貸方に現金 1 万円を計上することで現金を減らし、相手勘定である借方には、現金過不足を記帳します❶。現金過不足の主な原因は、現金の数え間違いか、記帳の間違いです。

現金過不足が多いと、税務署や金融機関は、現金管理がしっかりできていないとみなします。現金過不足が生じないように、現金残高の確認をこまめに行い、記帳ミスが起こらない工夫が必要です❷。

期末に現金過不足が残っている場合、現金過不足勘定は期中にしか使用することができない仮勘定なので、決算整理で**雑損失**または**雑収入**に振り替えます❸。

(例) 現金有高過多

期中に現金残高を確認した際、帳簿上の現金有高よりも 1 万円多く、現金過不足で処理していたが、原因不明なまま決算を迎えた（決算整理）。

(借方) 現金過不足	10,000 円

(貸方) 雑収入	10,000 円
	摘要例：現金有高過多分振替

現金過不足が貸方に残ったまま決算を迎えた場合、**雑収入**に振り替えます。

共に成長発展を目指せる税理士を探そう

　私が「簿記」というものを知ったのは、大学生の時でした。就職に有利になりそうだから資格を取っておこうと簿記検定のテキストを購入。最初に出てきた仕訳がこれです。

【問題】資本金 100 万円を現金で出資した
【回答】（借方）現金　　　 1,000,000 円　　　（貸方）資本金　　 1,000,000 円

　私はこの仕訳の意味が全くわからず、1 時間も悩みました。なぜお金を出しているのに現金が増えているの？という疑問。悩みに悩んで、ようやく「個人と会社のお金は別」ということに気付きました。最初の仕訳でつまずいたので、簿記のセンスがないかもしれないと不安になりましたが、その後はパズルをはめ込むような面白さにはまり、今はその簿記を扱う税理士として働いています。お客様から記帳方法のご相談や仕訳の質問をお受けすることも多いですが、とにかく日々の記帳を負担に感じることがないよう、悩んだらすぐにご相談してくださいとお伝えしています。それは私たち税理士の大切な仕事の 1 つです。

　税理士などの専門家に相談するのは、なんとなく敷居が高い、気が重いと感じる方が多いのではないでしょうか。税理士は先生と呼ばれることが多い職業ですが、お客様に一方的に教えたり、指導したりする人間ではありません。税理士は、事業の成長発展のために奮闘されている経営者の「良きパートナー」であり、その会社の「応援団長」です。多くの事業者の皆様が、税務に限らず、なにかあったらまずは顧問税理士に相談してみよう、そう思えるような税理士に出会い、共に成長発展していかれることを願っています。

　コロナ禍で厳しい状況に置かれている事業者様も多いことでしょう。弊所も顧問先様の事業を守るために必死に立ち向かっています。どんな状況下にあっても、なにか打開策はないかと探し続けること、そして一人で悩まないことが大事です。税理士などの各種専門家や、国や自治体の相談・支援窓口などを活用し、戦後最大の危機ともいわれる今を乗り越えましょう。『打つ手は無限』です。

用語索引

摘要索引

摘要索引

摘要索引

勘定科目別索引

勘定科目別索引

勘定科目別索引

勘定科目別索引

[著者略歴]

樋渡順 (ひわたしじゅん)

税理士・CFP・心理カウンセラー（認定臨床心理療法士）

樋渡順税理士事務所　合同会社ひまわりFP事務所　代表

大学卒業後、都内3か所の税理士事務所に勤務。長女の妊娠出産を機に独立開業。前職のTOMAコンサルタンツグループ株式会社では、事業財産承継部（資産税部）に所属、理事・課長として主に相続・事業承継支援業務に従事。独立後は法人・個人の税務申告業務とともに、西東京市の創業スクールや女性の働き方をサポートする「ハンサムMama」プロジェクトのアドバンス講座講師を担当、起業支援にも力を入れている。また2児の母として、未来を担う子供たちに向けた租税教育にも関心が高く、地元の小中学校で行う租税教室の講師も担当している。

事務所サイト　https://hiwatashi-tax.com

●装丁
　井上新八

●本文デザイン＆DTP
　SeaGrape

●編集
　土井清志

●お問い合わせページ
　https://book.gihyo.jp/116

■お問い合わせについて
本書の内容に関するご質問は、下記の宛先までFAXまたは書面にてお送りください。電話によるご質問、及び本書に記載されている内容以外の事柄に関するご質問にはお答えできかねます。あらかじめご了承ください。

〒162-0846
東京都新宿区市谷左内町 21-13
株式会社技術評論社　書籍編集部
「図解即戦力
勘定科目と仕訳がこれ1冊でしっかりわかる本」質問係
FAX番号 03-3513-6167

なお、ご質問の際に記載いただいた個人情報は、ご質問の返答以外の目的には使用いたしません。また、ご質問の返答後は速やかに破棄させていただきます。

図解即戦力

勘定科目と仕訳がこれ1冊でしっかりわかる本

2021年　2月16日　初　版　第1刷発行
2024年　1月27日　初　版　第5刷発行

著　者　　樋渡　順
発行者　　片岡　巌
発行所　　株式会社技術評論社
　　　　　東京都新宿区市谷左内町 21-13
　　　　　電話　03-3513-6150　販売促進部
　　　　　　　　03-3513-6160　書籍編集部
印刷 / 製本　株式会社　加藤文明社

定価はカバーに表示してあります。

ISBN978-4-297-11908-9　C0034
Printed in Japan